新时代乡村儿童教育丛书|总主编　江净帆　蒋宗珍

乡村留守儿童心理健康教育指导手册

彭燕凌 等　著

重庆市人文社科重点研究基地“重庆市儿童教育发展研究中心”资助成果;
2024年重庆市人文社科重点研究基地重庆市儿童教育发展研究中心项目
“西部农村留守儿童心理健康教育研究”（项目编号：24SKJD153）阶段性成果

科 学 出 版 社
北 京

内容简介

本书紧密围绕儿童心理发展的主题，深入浅出地介绍了其相关心理学流派的理论。通过列举具体案例，本书详细剖析了乡村留守儿童所面临的心理问题。从学校、家庭、社会视角出发，系统阐述开展留守儿童心理健康教育工作的具体途径和方法，对开展留守儿童心理健康教育与指导具有较高的实用价值。

本书既有理论阐述，又结合实际案例，专为乡村留守儿童心理健康教育而设计，可作为广大留守儿童教育工作者及家长开展心理健康教育的指导手册，促进乡村留守儿童的心理健康及全面发展。

图书在版编目（CIP）数据

乡村留守儿童心理健康教育指导手册 / 彭燕凌等著. -- 北京 : 科学出版社, 2025. 3. -- （新时代乡村儿童教育丛书）. -- ISBN 978-7-03-080283-5

Ⅰ. G444-62

中国国家版本馆 CIP 数据核字第 2024Z1C446 号

责任编辑：王　彦　袁星星 / 责任校对：王万红
责任印制：吕春珉 / 封面设计：鲁子语

科学出版社 出版
北京东黄城根北街 16 号
邮政编码：100717
http://www.sciencep.com

天津市新科印刷有限公司印刷
科学出版社发行　各地新华书店经销

*

2025 年 3 月第　一　版　开本：787×1092 1/16
2025 年 3 月第一次印刷　印张：12 1/2
字数：292 000

定价：49.00 元

（如有印装质量问题，我社负责调换）

销售部电话 010-62136230　编辑部电话 010-62130750

前言

回望过去数十年，中国社会的深刻变革令人瞩目。在城市化与工业化的浪潮中，无数农民背井离乡，投身于充满机遇的城市生活，留下了一群孤独守望的孩子——乡村留守儿童。这一现象，不仅是家庭结构的变迁，更是社会转型期不可避免的痛楚，触动着每一个关心国家未来与民族希望的心灵。

乡村留守儿童问题是一个多维度的社会难题，不仅关乎儿童个体的身心健康，更牵涉到家庭、学校、社区乃至整个社会的和谐稳定。留守儿童在成长过程中，由于缺乏必要的家庭教育和情感支持，更容易出现心理失衡、行为偏差等问题，如果得不到及时有效的干预和纠正，将对他们的未来产生难以估量的负面影响。因此，加强乡村留守儿童的心理健康教育，不仅是对他们基本权利的维护，更是对构建一个更加公正与和谐的社会的重要贡献。

在这样的背景下，《乡村留守儿童心理健康教育指导手册》一书应运而生，不仅是对当前社会现象的深刻反思，更是对未来教育的殷切呼唤。本书旨在为乡村留守儿童提供一份全面、实用的心理健康教育指南。我们深知，每一个孩子都是独一无二的，他们有着不同的成长背景、性格特点和心理需求，本书在编写过程中，充分考虑了乡村留守儿童的实际情况，力求做到内容贴近现实、方法简单易行、效果显著可靠。

在内容安排上，本书首先对乡村留守儿童的心理健康现状进行了全面而深入地分析，揭示了留守儿童在情感、认知、行为等方面存在的普遍问题。接着，本书从家庭、学校、社会等多个层面，探讨了留守儿童心理问题的成因，指出了其为家庭教育缺失、学校教育不足、社会环境复杂等多重因素共同作用的结果。本书提出了一系列具有创新性和实用性的心理健康教育策略，既有对留守儿童个体进行心理干预和辅导的方法，也涵盖对家庭、学校和社会环境进行改善和优化的建议。例如，通过加强家庭教育指导，帮助家长树立正确的教育观念，提高家庭教育质量；通过改进学校教育方式，关注学生的个体差异和情感需求，营造健康和谐的校园氛围；通过优化社会环境，加强对留守儿童的社会支持和保护，减少社会不良因素对他们的影响。

本书由彭燕凌（重庆第二师范学院教师教育学院、重庆第二师范学院“6～12 岁儿童发展协同创新中心”平台研究人员）、蒋宗珍（重庆第二师范学院）、张富强（重庆青年职业技术学院）、万永春（重庆第二师范学院）、杨桂云（重庆第二师范学院）、陈颖（重庆第二师范学院）、陈虹（重庆三峡学院）共同著作。具体分工如下：陈颖、蒋宗珍撰写第一章“留守儿童心理健康概述”及第二章“留守儿童心理问题的相关理论”；彭燕凌、张富强撰写第三章“留守儿童的儿童福利与权利”，第五章“留守儿童环境适应问题”，第七章“留守儿童学习指导”，第十一章“留守儿童心理健康教育展望”；万永春撰写第四章“留守儿童心理健康的影响因素”及第九章“留守儿童情绪问题”；杨桂云撰写第六章“留守儿童人际关系问题”及第八章“留守儿童的自我认同”；陈虹、张富强撰写第十章“留守儿童的网络心理调适”。

本书在撰写过程中，充分吸收了国内外相关研究的最新成果，在此向所有被参阅文献的作者致以诚挚的谢意。书中注重理论与实践的结合，不仅引用了大量的实证研究数据，还结合了许多生动的案例，使得理论阐述更加具体，为读者提供了更加直观、易于理解的学习材料。由于水平有限，书中仍存有不足之处，诚恳欢迎广大读者提出宝贵的意见和建议，以便我们不断修正和完善。

我们衷心希望，本书能够成为乡村留守儿童心理健康教育工作者、学校老师、家长及社会各界人士的得力助手，共同为乡村留守儿童的心理健康保驾护航。让我们携手努力，为这些孩子们创造一个更加光明、温暖的未来！

愿每一个乡村留守儿童都能在阳光下快乐成长，拥有健康、美好的心灵家园！

彭燕凌

目录

第一章
留守儿童心理健康概述

“爷爷，我今天在学校看到小丽的妈妈来接她放学，她们手牵手一起回家，我好羡慕啊。”小念轻轻叹了口气。

“小念，你爸妈在外面工作也是为了我们的将来，他们也很想你。”爷爷摸了摸小念的头。

“我知道，爷爷。但是，我真的好想他们，想和他们一起生活，想让他们看看我在学校学到的东西。”小念眼眶微红地说道。

小念住在贵州石阡县的一座宁静的小山村里，小念的父母为了生计外出打工，留下她与年迈的爷爷相依为命。

在学校，她总是安静地坐在教室的角落里，眼神中透露出对知识的渴望，却很少主动举手回答问题。她害怕同学们的目光，害怕自己的回答不够完美。课间休息时，孩子们在操场上追逐嬉戏，而小念则喜欢独自坐在树荫下，望着远方的山峦发呆。她想象着一家人幸福的场景。

小念的爷爷是个沉默寡言的老人，他用自己的方式疼爱着孙女，却不懂得如何表达。每当夜幕降临，小念总会坐在窗前，望着星空许下愿望，希望有一天，她的父母能够回到她的身边，填补她心中的空缺。

传统上，家庭既是儿童最为重要的生活场所，又是其健康成长和发展最为重要的资源保障。这个故事展示了乡村留守儿童在缺乏父母陪伴和关爱的情况下所面临的困境，家庭关爱的不足，足以对他们的成长和心灵产生较大的负面影响。

第一节　留守儿童相关概念

一、留守儿童的基本内涵

（一）留守儿童相关数据

改革开放以来，随着中国社会经济的快速发展，城市化进程的不断加快，越来越多青壮年被吸纳到城市，为改善生活条件和寻求更好的收入机会而离开了乡村。由于户籍制度的限制，多数打工者选择将孩子留在农村，由其他亲属、朋友或邻居照顾。

截至 2020 年，据《2020 年中国儿童人口状况：事实与数据》显示，全国约有留守儿童 6693 万人，占我国儿童总人口的 46.4%。农村留守儿童在各省分布不均，主要集中在中西部地区，尤其是经济相对欠发达、劳动力外出务工比例较高的省份。例如，四川、河南、安徽、湖南、江西等地。从具体照顾者比例看，超过 80%的留守儿童由祖辈照顾；约 15%的留守儿童由其他亲属照顾，如叔婶、姑嫂等；极少数年龄较大的留守儿童处于自我照顾的状态，占比约 5%。从教育和心理健康状况看，约 85%的留守儿童能够正常接受义务教育，但仍有 15%的留守儿童在学习上存在困难，约 30%的留守儿童存在不同程度的心理健康问题，如焦虑、抑郁、孤独感等。

（二）哪些孩子是留守儿童

根据国务院规范性文件的界定，留守儿童是指父母双方或一方跨乡镇街道外出流动半年及以上，留在原籍不能与父母双方正常共同生活的 0～17 岁儿童。农村留守儿童是指留守儿童中户籍所在地为农村的儿童。农村留守儿童是中国特有的儿童群体，其特点是通常生活在经济落后的农村地区，面临缺乏父母陪伴和教育资源不足的困境，又因乡村和农村原本是同一个物质空间，它们在许多情况下被交替使用，所以在全书的所有章节中，乡村留守儿童简称留守儿童。

留守儿童的定义中包含了几个关键要素。首先，留守儿童通常是由于父母务工等原因而被迫分离，与父母长时间分离是其最主要的特点。其次，留守儿童在农村家中居住，并由其他家庭成员或学校提供的寄宿条件照顾。这种照顾方式在一定程度上弥补了儿童缺乏父母陪伴的不足，但也存在一定的问题。最后，留守儿童通常是被迫留在农村，而不是自愿选择留在农村。

留守儿童的定义不仅仅是对儿童身份的概括，更是对他们所处环境和所面临问题的描述。只有深入了解和准确把握留守儿童的定义，才能更好地关注和解决他们的心理健康问题，为他们提供更好的发展环境和机会。

（三）留守儿童的特点

留守儿童的特点包括与父母的分离困境、教育资源匮乏和自理能力的不足。与其他儿童相比，留守儿童面临着特定的心理、社会和教育问题。

首先，留守儿童通常在很小的年龄就面临着与父母或其他监护人分离的困境。他们经历着从父母身边分离的痛苦，这种分离可能会导致他们产生孤独感、失落感和不安全感。同时，由于缺乏父母的陪伴和关爱，留守儿童常常感到无助和寂寞，缺乏情感支持和安全感。

其次，留守儿童常常面临着教育资源的匮乏问题，教育现状堪忧。由于父母长期在外地工作，留守儿童的教育状况往往受到限制。他们可能无法获得良好的教育资源，比如优质的学校和教育机会，这导致他们在知识和技能方面的发展相对滞后，可能面临着教育差距。而且大量留守儿童家庭生活支离破碎，安全隐患大，法制与安全教育、思想品德教育严重缺失，厌学、辍学、早恋等现象比较突出。

此外，由于缺乏父母的监护和照料，留守儿童可能面临着生活自理能力的挑战。他们需要自己处理日常生活的事务，比如煮饭、洗衣等。这样的责任和负担可能超过了他们的年龄和能力范围，对他们的身心发展产生了一定的负面影响。

二、留守儿童心理健康发展状况

党的二十大报告指出，要“重视心理健康和精神卫生”。中国留守儿童的心理健康早在 2005 年左右就引起了教育学界的关注。

与非留守儿童相比，留守儿童的心理健康状况更差。就某些特定消极情绪或精神症状而言，农村留守儿童的社交焦虑检出率（36.1%）高于非留守儿童（20.2%）。郭智慧等的研究表明，留守儿童孤独感发生率明显高于非留守儿童，留守儿童的强迫、偏执、敌对情绪化、人际关系差、社会适应不良、心理不平衡 6 个因子及总分高于非留守儿童。此外，研究发现与非留守儿童相比，留守儿童在自我意识、学业成就等方面也表现出了不同程度的问题。张婷皮美和石智雷研究发现，在社交心理维度上，父母外出务工会显著提升留守儿童社交心理问题的发生概率。

留守儿童群体在我国数量庞大且会长时间存在，总体而言，独特的家庭环境对他们的心理发展产生了显著影响。我国留守儿童普遍存在着多种心理健康问题，有较多消极痛苦的情绪感受，如焦虑、抑郁、自卑和孤独感等。因此，对留守儿童进行心理健康教育指导应该关注留守儿童的积极心理品质，尤其是社交心理方面的培养，在教育中强化正面心理品质，提升留守儿童的积极情感体验，为留守儿童提供充足的心理支持，缓解当前留守儿童教育发展存在的问题。

三、留守儿童的研究历程及现状

自新中国成立以来，留守儿童问题经历了从无到有、从少到多的发展过程，这一过程与国家的经济社会变迁密切相关。在我国，留守儿童的发展历程主要可以分为以下几个阶段。

1. 计划经济时期（1949—1978 年）

在新中国成立初期，国家实行计划经济体制，城乡人口流动受限，留守儿童问题并不显著。这一时期，农村家庭结构相对完整，父母多在本地从事农业生产，儿童与父母共同生活。

2. 改革开放初期（1978—20 世纪 90 年代初）

随着改革开放政策的实施，中国经济快速发展，城乡差距逐渐扩大。农村劳动力开始向城市流动，寻求更好的就业机会。这一时期，留守儿童问题开始出现，但数量相对较少，社会对这一问题的关注有限。

3. 经济快速发展与留守儿童问题凸显（20 世纪 90 年代—21 世纪 00 年代初）

进入 20 世纪 90 年代，随着经济的进一步发展，城市化进程加快，大量农村劳动力涌入城市，留守儿童数量显著增加。这一时期，留守儿童的教育、心理健康、安全等问题开始受到社会各界的关注。政府和社会组织开始采取措施，如建立留守儿童关爱保护体系，提供教育和心理支持。

4. 政策关注与社会行动（21 世纪 00 年代初—21 世纪 10 年代初）

进入 21 世纪，留守儿童问题成为社会关注的焦点。政府出台了一系列政策，如《国务院关于加强农村留守儿童关爱保护工作的意见》，旨在改善留守儿童的生活条件和教育环境。同时，社会组织和慈善机构也积极参与到留守儿童的关爱和保护工作中，提供课后辅导、生活救助、心理疏导等服务。

5. 乡村振兴战略与留守儿童问题的新机遇（21 世纪 10 年代至今）

随着乡村振兴战略的提出和实施，国家加大了对农村教育、医疗、文化等公共服务的投入，推动农村经济发展，鼓励农民工返乡创业，减少留守儿童的数量。这一战略为留守儿童问题的解决提供了新的机遇，留守儿童的生活和教育条件得到了进一步改善。在这一时期，国家继续深化留守儿童关爱保护政策，完善服务体系。例如，在全国范围内建立了乡镇（街道）儿童督导员、儿童主任的基层儿童工作队伍，为留守儿童提供更全面的关爱和保护。

6. 面向未来的挑战与机遇（21 世纪 20 年代至今）

随着“十四五”规划纲要的实施，儿童福利和保护体系预计将取得重大突破。乡村儿童发展面临的挑战和任务包括普惠性资源需求的快速释放、儿童主任人才队伍的专业化发展、儿童福利服务水平的结构性短板，以及儿童安全保护和心理健康的迫切性需求。面对这些问题，普惠性补充、专业化发展、制度化转型、公共化转变和信息化建设等五项基本任务被提出，以建立多层次、基础性和普惠性的乡村儿童发展支持体系。

总体来看，新中国成立以来，留守儿童问题的发展与国家的经济社会变迁紧密相联。从最初的不被关注，到逐渐成为社会焦点，再到国家层面的全面介入和政策支持，留守儿童问题的处理体现了国家对儿童福利和保护的重视。未来，随着乡村振兴战略的深入实施，留守儿童问题有望得到进一步缓解，乡村儿童的发展将更加均衡和全面。

了解留守儿童的发展历程和现状对于加强对他们的关爱、改善他们的生活状况具有重要意义。通过政府、社会、家庭等多方合作，我们可以共同努力，为留守儿童提供更好的成长环境和心理健康支持，促进他们的全面发展。

四、典型案例

在了解留守儿童时，典型案例可以为我们提供具体的案例分析和理解。通过对一些典型案例的研究，能够更加深入地了解留守儿童问题的本质和影响因素。以下是几个典型的案例，它们展示了留守儿童面临的挑战。

案例1-1

小黄的故事

小黄的父母离异后，他与父亲相依为命，但为了生计，父亲不得不长期在外地打工，留下他由奶奶照顾。每当春节来临，他的父亲会风尘仆仆地赶回家，那是小黄一年中最期待的时刻。然而，团聚的时光总是短暂的，几天后，父亲又将踏上返程的列车，留下小黄和奶奶在这宁静的村庄里生活。

小黄在父亲离家后，感到了前所未有的孤独和不安。他开始在学校里变得沉默寡言，不再像以前那样和小伙伴们追逐嬉戏。奶奶注意到，小黄晚上经常做噩梦，梦中他会呼唤父亲的名字，泪水浸湿了枕头。

小黄对父亲的思念深深影响了他的情绪和行为。每当父亲回家，小黄总是紧紧地抓住父亲的衣角，生怕一松手，父亲就会再次消失。小黄的眼神中充满了对父爱的渴望和对离别的恐惧。

奶奶看在眼里，疼在心里。她尽力给予小黄更多的关爱和陪伴，但始终无法替代父亲在孩子心中的位置。小黄的笑声变得稀少，他开始喜欢一个人静静地坐在门槛上，望着远方，期盼着父亲的归来。

案例1-2

小杰的故事

小杰的家坐落在一个偏远的乡村，自从父母远赴城市打工，他的生活便失去了应有的约束。起初，小杰还能按时上学，认真听讲，但渐渐地，他开始感到孤独和无聊。没有父母的监督，他开始逃课，与村里的一些不良少年混在一起。他们一起沉迷于电子游戏，荒废了学业，也迷失了自我。小杰的奶奶虽然忧心忡忡，但年事已高，力不从心，无法给予小杰足够的关爱和引导。

学校里的老师注意到了小杰的变化，他们试图介入，与小杰进行谈心，希望能够帮助他认识到自己的错误，重回正轨。然而，缺乏有效的长期支持和指导，小杰的行为并没有得到根本的改善，他似乎已经习惯了这种无人管束的生活。

随着时间的推移，小杰的成绩一落千丈，他甚至开始参与一些小规模的盗窃活动，虽然涉案金额不大，但已经触犯了法律。

小黄、小杰的故事反映的一些现实问题，是许多留守儿童的真实写照。他们在成长的过程中，在情感、教育和行为上面临多重挑战。父母的缺席导致孩子们缺乏必要的情感支持和行为指导，这不仅影响了他们的心理健康，也导致了学业上的失败和不良行为的加剧。此外，孩子们缺乏有效的监督和引导，容易受到外界不良风气的影响，走上歧途。这不仅是家庭的悲剧，更是社会的悲哀。我们不禁要思考，如何才能为这些留守儿童提供更多的关爱和支持，帮助他们健康成长？

第二节　心理健康概述

一、心理健康的含义

（一）什么是心理健康

心理健康是一个多维度的概念，涉及个体在心理方面的整体状态与功能。它不仅包括个体对自身情感、认知和行为的感受和评价，也涉及与社会、文化和环境的交互作用。从狭义层面来看，心理健康是指个体在心理方面的良好状态，即个体在思维、情感和行为方面的正常功能和适应能力。

（二）心理健康的标准

一个人的心理健康程度是通过其心理状态的稳定和积极程度来衡量的。心理健康的含义涵盖了多个方面。首先，心理健康包括个体的心理状况的平稳和稳定，即一个人不会出现明显的心理疾病症状，如焦虑、抑郁等。其次，心理健康还意味着个体能够有效地应对生活中的压力和挑战，并能够适应各种环境变化。另外，心理健康还包括积极的情感体验和健康的人际关系，能够体验到快乐、满足和幸福，并与他人建立稳定和良好的关系。

任何事物都不是绝对的，心理健康状态是一个动态发展的过程，心理健康与心理不健康之间可以相互转化。偶尔的不健康心理和行为不代表心理不健康或心理疾病。心理健康的标准包括安全感、智力、情绪、人际关系、社会适应、意志品质、自我观念和人格，以及符合年龄特征的心理行为等各方面。

我国著名精神病学专家许又新教授，在心理健康领域提出了著名的心理健康三标准，这些标准被广泛应用于心理健康教育和心理咨询实践中。许又新教授的心理健康三标准主要包括：心理适应能力、自我实现能力和人际交往能力。心理适应能力，即个体能够有效地适应环境的变化，包括适应自然环境、社会环境和个人生活的变化。这种适应能力意味着个体在面对压力、挑战和困难时，能够保持心理平衡，采取适当的应对策略，以维持正常的生活功能和心理健康状态。自我实现能力，即个体能够认识自己的潜能和价值，追求个人的成长和发展，实现自我价值。这意味着个体有明确的生活目标，能够积极地参与社会活动，发挥自己的才能，实现自我潜能，并在工作和生活中取得成就。人际交往能力，即个体能够建立和维护良好的人际关系，与他人进行有效的沟通和互动。这意味着个体在社交中能够理解他人，表达自己的情感和需求，解决人际冲突，并在群体中扮演适当的角色，构建稳定的社会支持网络。

以上三个标准强调了心理健康不仅仅指没有心理疾病，还包括个体在适应、发展和社交方面拥有足够的能力。

二、心理健康的意义

心理健康对个人成长和社会适应能力至关重要。心理健康是人们在日常生活中保持平衡、积极和适应的心理状态。它不仅涉及个体内部的心理功能，还涉及与他人和环境的关系。首先，心理健康对个体的影响是显著的。具有良好心理健康的个体往往能够更好地应对各种压力和挑战，更容易获得幸福感和生活满意度。心理健康的个体通常表现出积极的情绪状态，更具有自信心和适应能力，能够更好地克服困难和挫折。其次，个人心理健康对家庭的影响也不可忽视。在家庭中，一个心理健康的人能够更好地与配偶、父母和子女建立稳定、和谐的关系。他们更容易理解和尊重他人的感受，能够更好地解决家庭中的矛盾和问题，维护家庭的稳定和幸福。另外，个人心理健康对社会的影响也是至关重要的。心理健康的人能够积极融入社会，与他人建立良好的人际关系。他们更容易与他人进行合作，共同完成一些社会任务和目标。心理健康的人在社会中更具有创造力和创新能力，能够为社会的进步和发展做出更大的贡献。

三、相关理论

心理健康作为一个多维度的概念，在社会、哲学和心理学等领域拥有不同的解释。从社会学视角看，心理健康是个体在社会交往中得到应有关注和支持的能力，是社会系统对个体心理需求的满足。社会学从社会结构、文化传承和社会化过程等方面探索了心理健康的影响因素。从哲学视角看，心理健康是个体对自身生命存在的理性认知和积极感受的全面反映，是个体对人生意义的追求和实现。哲学将心理健康与个体的世界观、价值观、人生观等有机地结合在一起。从心理学视角看，心理健康是个体自我认知和正向心理素质的体现，是个体内外环境的协调和适应。心理学研究了心理健康的发展过程、心理健康问题的识别和干预策略等。

在社会层面，社会支持、社会资本和社会文化环境等因素被认为是影响心理健康的重要因素。社会支持是个体获得情感、信息和物质支持的重要因素，包括家庭支持、朋友支持和社会支持网络的建立。社会资本强调个体在社会关系中获得的资源和信任，包括社会关系网络和社会参与等方面的因素。社会文化环境对个体的生活方式、价值观和社会认同等方面产生重要影响，国家的社会制度和社会政策也对心理健康的形成和发展起到重要作用。

在哲学层面，价值观、道德观和人生观等因素被认为与心理健康密切相关。个体对自身生命价值的认知和追求，对道德责任和社会义务的履行，以及对人生意义的思考和追寻，对心理健康起到重要作用。哲学上的人文关怀、人本主义和人权等理念也是心理健康意义的重要构成。

在心理学层面，个体的情绪、人格和动机等被视为心理健康的重要影响因素。情绪对个体心理健康有直接影响，积极情绪能够促进个体的成长和适应。人格特质与心理健康密切相关，如乐观、自尊和自我控制等特质与心理健康有正向关系。动机是个体行为背后的驱动力，个体心理生活的需求和满足程度与心理健康密切相关。

社会、哲学和心理学的相关理论为探讨心理健康提供了多角度和多层次的认识。这些理论的综合应用，能够让我们更好地理解和解决心理健康问题，为个人的心理健康教育和干预提供理论指导和实践支持。

第三节　留守儿童常见的心理问题

一、心理问题的含义

心理问题是指个体在心理和情感方面出现的不适或异常，涉及个体的思维、情感、行为和人际交往等方面。这些问题可能是由于外部环境、个体内部因素或二者的相互作用导致的。

首先，心理问题可以包括心理疾病、心理障碍和心理困扰等不同程度和类型的问题。例如，焦虑症、抑郁症、注意力缺陷、多动障碍等都是心理问题的典型示例。这些问题可能导致个体情绪低落、注意力不集中、行为异常等。其次，心理问题还可以包括一些个体的心理困惑和困扰情况。在人生不同阶段，个体可能会面临不同的心理问题，比如在青春期期间会出现自我认同困惑、自我形象不确定等问题；在学业压力大的时候，可能会出现考试焦虑、学习压力过重等问题。此外，心理问题还可以包括一些与心理健康不良相关的问题。个体可能表现出压力过大、情绪波动大、人际关系障碍等问题，这些问题都可能威胁到个体的心理健康。

总而言之，心理问题是指个体在心理和情感方面出现的不适或异常，包括心理疾病、心理困扰和心理健康不良等。

二、留守儿童常见心理问题类型及表现形式

儿童心理健康发展是人的心理健康发展的重要的早期阶段。依据世界卫生组织发布的数据，儿童心理障碍发病率接近 20%，并且未来还将进一步增加，成为儿童致病、致残、致死的主要原因之一。对于留守儿童来说，由于长期与父母分离、生活环境的改变等不利因素的影响，他们更容易出现心理问题。特别是当他们遇到困难时，无人安抚其情绪，也无人帮助其解决困难，久而久之就可能出现比较明显的心理健康问题。

过去的研究表明，留守儿童的心理健康问题日益凸显。他们常常面临着情感上孤独、安全感缺失、自尊心受损等问题。在充满挑战的成长环境下，留守儿童容易出现焦虑、抑郁、逆反、孤独等心理问题。这些问题不仅对留守儿童个体的发展产生负面影响，还可能导致他们在学业、社交和家庭生活中出现困扰。在留守儿童群体中，心理问题的类型和表现形式多种多样。以下将介绍留守儿童常见的心理问题类型及其具体表现形式。

（一）分离焦虑症

案例1-3

小林的等待

小林10岁了，他的父母在他 6 岁那年就去了沿海的城市打工，留下他和爷爷相依为命。

小林的分离焦虑始于父母离家的那个清晨。天还没亮，父母就提着大包小包，轻声

告别了还在睡梦中的他。从那以后，小林的心中就种下了一颗不安的种子。

每当夜幕降临，小林就会站在家门口，望着那条蜿蜒的山路，期盼着父母的身影能够出现在路的尽头。他开始害怕夜晚，害怕那种被遗弃的感觉，害怕在梦中一遍遍重温父母离家的场景。

在学校，小林总是心不在焉。老师提问时，他常常答非所问。他害怕放学，害怕回到那个空荡荡的家，害怕面对那扇紧闭的家门。

小林哭着对爷爷说："爷爷，我好想爸爸妈妈，我每天晚上都会梦见他们不要我了。"

小林的爷爷是个沉默的老人，他尽力照顾小林的生活，却不懂如何抚慰小林内心的创伤。爷爷总是安慰他说："快了，快了，等你长大一些，他们就会回来。"

然而，小林的分离焦虑程度并没有因为爷爷的安慰而减轻。相反，随着时间的流逝，他的焦虑越来越严重。他开始出现身体上的症状：头痛、胃痛、失眠……他的心灵和身体都在渴望着父母的归来。

分离焦虑症是留守儿童常见的心理问题之一。由于亲人长时间的离家，亲子关系的疏离以及长期单一的生活模式，留守儿童常常感到孤独和不安，焦虑的心理问题相对较多。这种焦虑源于对父母关爱和陪伴的需求得不到满足，表现形式包括担心亲人安全、情绪不稳定、失眠和多梦等。如果分离焦虑症得不到及时的干预和治疗，可能会对儿童的长期心理健康产生影响，比如发展成慢性焦虑障碍或其他心理问题。小林这样的情况，需要专业的心理咨询或治疗，帮助他处理分离焦虑情绪，学习应对策略，并提供情感支持。同时，还需要增强与父母的沟通，哪怕是远程的，也非常重要。

（二）社交困难

案例1-4

师师的寂静世界

师师的父母在她很小的时候就去了远方的城市打工，留下她和爷爷奶奶一起生活。在学校，她的存在感很弱，几乎不被人注意。上课时，她总是坐在教室的角落里，静静地听着老师的讲解，却很少主动举手发言。即使偶尔被老师点名，她的回答也是轻声细语，仿佛怕打扰到别人。每当要回答问题时，师师就会心跳加速，害怕自己说错话，害怕成为众人的焦点。

下课时，操场上总是充满了欢声笑语，但师师很少参与其中。她更喜欢独自一人留在教室里，拿出彩笔和画纸，沉浸在自己的绘画世界里。她用画笔描绘着心中的美好：蓝天、白云，还有那个她无数次梦见的，和父母一起在公园里放风筝的场景。

师师的爷爷奶奶是朴实的农民，他们日出而作，日落而息。为了生计，他们不得不在农忙季节把师师一个人留在家里。虽然他们尽力给师师创造一个安全的环境，但无法填补她内心的缺口。随着时间的流逝，师师变得越来越内向。她开始害怕与人交流，害怕走出自己的小世界。

情感上父母长期缺席，社交方面缺乏与同龄人的互动，造成了师师的内向孤僻。她在学校的存在感弱，则可能是她内心缺乏安全感和自我价值感的外在表现。每个孩子都需要关爱和理解，留守儿童常常缺少与同龄人交流的机会，久而久之，性格变得越来越内向腼腆。见人时，常常感到不自信和紧张，害怕被别人嘲笑或排斥。表现形式包括避免与他人交流、害怕在公众场合发表意见、低自尊等。对于像师师这样的留守儿童来说，他们需要的是被看见、被倾听、被理解。

（三）自卑感

案例1-5

小华的隐形斗篷

小华是一个10岁的男孩，自从他记事起，父母的身影就总是匆匆忙忙，每年只有在春节的时候，他才能见到他们一次。小华的父母在他很小的时候就去了繁华的城市打工，留下他在乡下和叔叔一家生活。

叔叔家有三个孩子，总是热闹非凡，但小华却显得格格不入。他经常被忽视，甚至在不经意间成为比较的对象。堂兄弟姐妹们在学习、运动上的成就总是被拿来和他对比，这让小华内心充满了自卑。他开始相信自己不够聪明，也不擅长运动，觉得自己在任何方面都不如他们。

在学校，小华总是独自一人，很少主动与同学交流，害怕自己的言行会成为别人的笑柄。每当他看到同学们在一起玩耍、谈笑风生时，他就会觉得自己像是被一层看不见的斗篷包裹着，让他无法融入他们的世界。

课堂上，小华的心中有着答案，但他的手却像被千斤重的石头压着，无法举起回答老师的问题。他害怕自己的答案不够完美，害怕同学们的嘲笑和老师的失望。即使偶尔鼓起勇气回答问题，一旦遇到一点点批评，他就会像被扎破的气球一样，所有的自信瞬间消失。

小华的故事告诉我们，自卑往往来源于不断的比较和内心的否定。对于留守儿童来说，长期与父母分离，很容易催生自卑感。他们可能常常觉得自己与他人不同，无法适应集体生活，容易受到他人的排挤和歧视。在面对问题时往往缺乏独立解决的勇气和能力，表现形式包括自责、自卑、社交回避等。他们需要理解、鼓励和认可。我们要给予足够的关爱和支持，帮助他们发现自己的优点和兴趣，使他们逐渐摆脱自卑，找到自信，勇敢地面对生活中的挑战。

（四）抑郁情绪

案例1-6

小曦的忧郁天空

小曦生活在一个偏远的乡村，她的父母在她很小的时候就因一场车祸离世，留下她由年迈的爷爷奶奶抚养。尽管周围的人都给予小曦非常多的爱与关心，但现实的困境还是让她感到了深深的无助和迷茫。

小曦的爷爷奶奶每个月只有几百块钱的生活补贴，家境贫寒。她意识到，随着爷爷奶奶年纪的增长，她将不得不承担起家庭的经济责任。每当想到这些，小曦的心中就充满了忧虑和恐惧。她不知道自己是否能够找到一份稳定的工作，是否能够承担起照顾爷爷奶奶的责任。

对未来的迷茫和对现实的无力感让小曦的情绪变得越来越消极。她开始怀疑自己的能力，对未来充满了失望。

小曦的班主任李老师注意到了她的情绪变化。一天下午，李老师把小曦叫到了办公室，轻声问道："小曦，老师发现你最近总是闷闷不乐，能告诉老师发生了什么事吗？"

小曦的眼泪不由自主地流了下来，她哽咽着说："老师，我很害怕。我担心将来我不能照顾好爷爷奶奶，我不知道自己能不能找到工作，我害怕未来……"

小曦经历了父母早逝的悲剧，并且家庭经济条件较差，这给她带来了额外的压力和忧虑，使她不得不考虑未来的生活和经济问题。作为家中唯一的希望，小曦感到了巨大的压力。留守儿童因各种原因常感到寂寞和无助，缺乏安全感和依靠感，容易产生抑郁情绪。表现形式包括情绪低落、兴趣减退、悲观消极、注意力不集中等。他们面临的困境和压力需要我们共同的帮助和支持，帮助其建立自信和积极的心态，学会应对压力和焦虑，学会规划未来。

（五）学习困难

案例1-7

小文的求学之路

小文的父母在他很小的时候就离异了，父亲为了生计，远赴他乡工作，留下小文和年迈的奶奶相依为命。奶奶虽然慈祥，但文化程度不高，对于小文的学习，她感到力不从心，也不知道如何辅导。加上小文自身爱玩，在学校，小文的成绩一直不理想。一年级时，他没有认真学习，导致很多基本的知识都没有掌握。到了二年级，学习变得越来越困难，他不识字，无法阅读课本，也无法完成老师布置的作业。语文老师经常单独辅导他，从拼音开始从头教起，但小文仍然提不起学习的兴趣，他的学习态度消极，成绩一直没有起色，一学期下来仍然不识字。

小文的家庭无法给予小文学习上的帮助。由于家庭环境和教育资源的不足，留守儿童普遍存在学习困难。一是缺乏父母的直接照顾和监督，通常祖父母或外祖父母文化水平较低，无法给予留守儿童学习上的指导和帮助。二是学校资源有限，缺乏有效的课外辅导和学习激励机制。三是留守儿童还没有意识到学习的重要性，或者没有找到学习的乐趣。随着时间的推移，他们会逐渐对学习失去兴趣和动力，不愿意投入精力，表现形式包括注意力不集中、记忆力减退、学习能力下降等。

（六）情绪调节困难

案例1-8

小雪的心情日记

小雪的父母在她很小的时候就去了遥远的城市打工，每当夜深人静时，小雪就会拿出她的日记本，记录下自己的心情。她写道："今天，我又梦到爸爸妈妈了。他们在梦里对我笑，我感觉好幸福。但是醒来后，一切都消失了，只剩下我一个人。"

在学校，小雪的情绪变得越发不稳定。她经常感到焦虑和沮丧，难以集中注意力听讲。常常因为一点小事生气，或者心情低落，不自觉流泪。老师提问时，她总是紧张得说不出话来。她的学习成绩开始下滑，这让她感到更加沮丧和无助。

奶奶试图和小雪交流，心疼地问她："小雪，告诉奶奶，你怎么了？是不是想爸爸妈妈了？"

小雪低声说："奶奶，我好想他们。每次他们回来，我都好开心。但是他们一走，我就好难过，心里像被掏空了一样。我知道他们要工作，但是每次他们离开，我都感到无助，想大哭一场。"

小雪的情绪经常在焦虑、沮丧、生气和低落之间波动，这表明她难以维持稳定的情绪状态。小雪在面对情绪困扰时，似乎没有有效的应对策略，情绪问题导致了她的学习成绩下滑，进一步加剧了她的沮丧感。留守儿童在面对困难时，常常难以有效地调节自己的情绪。由于父母长期不在身边，留守儿童可能缺乏安全感和情感支持，导致情绪不稳定。表现形式包括情绪激动、易怒、情绪波动大等。这种情绪问题会影响他们的学习和生活。

三、上述心理问题的产生原因

留守儿童心理问题的产生原因包括家庭关爱缺失、学业压力过大、社交困难、社会环境变化、缺乏父母的监护和教育等多个方面。

家庭关爱缺失是留守儿童心理问题产生的重要原因之一。留守儿童由于和父母长期分离，缺乏父母的爱和关怀，无法获得足够的家庭支持和安全感。这导致他们在情感上感到孤独、无助和不安全，易出现焦虑、抑郁等心理问题。

由于父母长期不在身边，留守儿童在学习上往往面临着额外的困扰和压力。同时，他们的学习环境和资源相对较差，往往难以获得良好的学习成果。这种差距和压力会导致留守儿童产生自卑感和学习焦虑，甚至出现成绩退步和逃学等问题。

另外，社交困难也是造成留守儿童心理问题的重要原因。由于长期缺乏与父母的亲密接触和与同伴的交流，留守儿童在社交能力方面往往存在一定的障碍。他们可能不擅长与他人交流、建立友谊，容易感到孤独和被排斥。这会导致留守儿童在情感上受挫，产生自卑感和抑郁情绪。

此外，社会环境的变化也会对留守儿童的心理产生负面影响。随着现代化进程的加快，社会风气、道德观念的转变，社交媒体的信息爆炸可能给留守儿童的心理健康带来一定的冲击。留守儿童在社会认同、价值观等方面可能存在一定的困惑，容易产生自我认同不清、价值观混乱等问题。

最后，缺乏父母的监护和教育，在没有父母指导和约束的情况下，留守儿童易受到网络、同伴的负面影响，从而产生不良行为和问题行为。

四、留守儿童心理问题的评估与测量

留守儿童心理问题的鉴别、诊断与测量是保障留守儿童心理健康的重要环节。评估留守儿童心理问题的方法主要包括定性和定量两种方法。定性方法主要是通过观察、访谈、案例分析等方式来了解留守儿童的心理问题，帮助揭示留守儿童的个体差异和特点。定量方法则是采用心理测量工具对留守儿童进行评估，以量化的指标来揭示其心理问题的程度和类型，从而对心理差异进行系统整合和分析。评估留守儿童心理问题时应综合运用多种方法，相互印证，以提高评估的准确性和科学性。

（一）问卷调查

1. 问卷设计

问卷设计是进行留守儿童心理健康评估的重要步骤之一。为了确保问卷的科学性和有效性，需要在设计过程中考虑多个因素，如问卷的结构、内容、语言表达方式、适用性等。

首先，在问卷的结构设计方面，应该遵循逻辑性和连贯性原则。问卷应该按照一定的次序进行组织，以便回答者能够清晰地理解和回答问题。一般来说，问卷的开头部分应该包括一些基本的背景信息，例如被调查者的基本个人信息和与留守儿童相关的情况。接下来，可以设计有关留守儿童心理状态的问题，包括他们的情绪状态、社交能力、自尊心等。最后，可以设计关于家庭环境、教育资源等方面的问题，以全面了解留守儿童的心理健康状况。

其次，在问卷的内容设计方面，应该综合考虑留守儿童所面临的心理问题。问卷应该包含一些常用的心理评估工具和量表，这些工具和量表能够提供客观的数据，有助于了解留守儿童的心理问题的类型和程度。此外，还应该根据具体的研究目的设计一些开放性问题，以收集留守儿童的主观感受和意见。

再次，在问卷的表达方式方面，应该选择简洁明了、通俗易懂的语言。考虑到留守儿童的年龄和教育程度，问卷的语言表达应该简单明了，避免使用过于专业或抽象的术语。问卷的表述应该注意避免歧义性和主观性，以确保回答者能够准确理解和回答问题。

最后，在问卷的适用性方面，设计问卷时应该考虑到留守儿童的文化背景、生活环境和教育经验等因素。问卷的内容和形式应该与留守儿童的实际情况相匹配，以确保问卷能够准确反映留守儿童的心理健康状态。在问卷的设计过程中，可以进行前期的小样本试用调查，以便查找和纠正可能存在的问题。

2. 问卷发放和收集

问卷调查方法是留守儿童心理健康评估中常用的一种方法。问卷发放和收集是实施问卷调查的重要环节，它们的质量直接影响到评估结果的准确性和可靠性。

问卷发放的第一步是确定调查对象。在确定调查对象时，需要考虑留守儿童的年龄、性别、地域以及其他相关背景信息，以确保样本的代表性和多样性。确定调查对象后，需要选择合适的问卷工具。目前，有许多关于留守儿童心理健康的问卷工具可供选择，如儿童行为量表（child behavior check list，CBCL）、儿童抑郁量表（children's depression inventory，CDI）、儿童焦虑量表（Spence children's anxiety scale，SCAS）等。根据评估目的和所研究的心理问题类型，选择适合的问卷工具进行调查。

确定好调查对象后，将问卷发放给留守儿童。可以选择面对面发放，也可以选择通过邮寄或电子邮件等方式进行远程发放。在发放过程中，应向留守儿童解释问卷的目的和意义，并告知他们如实回答。在规定的时间内，回收问卷。可以通过邮寄、收集箱或网络收集等方式进行。收集问卷时要及时进行检查，确保问卷的完整性和一致性。在收集到足够的问卷后，将问卷中的数据进行录入和清理。录入数据时要确保准确无误，清理数据时要排除异常或错误数据。

（二）访谈

1. 定义和特点

访谈法是一种常用的留守儿童心理健康评估方法，通过与留守儿童进行面对面交流，倾听他们的内心感受和观点，了解他们的心理状态和心理健康问题。通过访谈，专业人员可以根据评估结果制订个性化的心理问题干预计划。同时，访谈也为留守儿童提供了一个表达自己感受和需求的平台，促进他们的心理成长和发展。访谈法的特点包括以下几个方面。

首先，访谈法是一种主动倾听和沟通的方法。它需要评估者与留守儿童建立起互信的关系，通过开放性的问题和适当的回应方式，激发留守儿童的表达欲望，使他们能够自由地表达自己的内心感受和需求。

其次，访谈法是一种个别化的评估方法。在访谈中，评估者可以根据留守儿童的具体情况和需求，灵活地调整问题的顺序和深度，以获取更为全面和具体的信息。这种个别化的评估方法有助于评估者更好地了解留守儿童的心理问题和需求，从而有针对性地制订干预方案。

另外，访谈法是一种亲密性较高的评估方法。访谈的过程中，评估者与留守儿童之间建立起一种比较亲密的关系，这种关系有助于留守儿童敞开心扉，主动分享自己的内心感受和问题。通过面对面交流，评估者可以更深入地了解留守儿童的生活环境、家庭关系、亲子关系等因素对其心理健康的影响。

此外，访谈法是一种灵活性较强的评估方法。评估者可以根据留守儿童的年龄、性别、学历等不同特点和需求，灵活运用不同的面谈技巧和方法，以获得更多信息。评估者可以通过提问、倾听、观察等方式，获取留守儿童的心理健康状态信息，并在此基础上制订相应的心理健康干预措施。

2. 限制条件

访谈法的适用性同时面临一些限制条件，包括以下几个方面。

一是用访谈法评估留守儿童心理健康时，可能受到社交期望和社交回应的影响。留守儿童可能会因为面对陌生的评估者而感到紧张和拘谨，也可能会为了取悦评估者而提供符合社会期望的回答。这可能导致评估结果不准确。

二是访谈法受到语言和表达能力的限制。留守儿童可能由于年龄、文化背景、教育程度等原因，语言和表达能力有限。评估者需要在对留守儿童进行面谈时，考虑到他们可能存在的沟通障碍，并采用适当的沟通方式和工具，以确保他们能够充分表达自己的内心感受。

三是访谈内容的可靠性和效度可能受到评估者主观因素的影响。访谈法需要评估者具备一定的专业背景和技能，能够准确地识别和理解留守儿童的心理问题。不同的评估者可能会因为理解和判断的差异而产生主观偏见，从而影响评估结果的准确性和可靠性。

3. 操作步骤与要点

访谈法的步骤和操作要点如下。

（1）确定评估目的：在使用访谈法进行留守儿童心理健康评估之前，需要明确评估的具体目的。比如，是为了了解留守儿童的心理问题类型和程度，还是为了探索他们的需求和帮助途径。

（2）制订访谈计划：在进行访谈之前，需要制订访谈计划。计划应包括选择合适的时间和地点，确定访谈人员和访谈顺序，并准备访谈所需的工具和材料。

（3）建立信任关系：在开始访谈之前，需要与留守儿童建立良好的信任关系。这可以通过友好和耐心的态度、真诚的关怀和尊重他们的意见和感受来实现。

（4）选择访谈方法：访谈方法有多种选择，可以根据留守儿童的年龄、发展水平和个体特点选择合适的方法。常用的方法包括结构化访谈、半结构化访谈和非结构化访谈。

（5）提问和倾听：在访谈过程中，访谈人员需要灵活运用提问和倾听的技巧。提问应具有针对性和开放性，以便获得留守儿童真实的内心体验和感受。同时，访谈人员要倾听和关注留守儿童的言语和非言语表达，以获取更多的信息。

（6）记录和整理信息：在访谈过程中，访谈人员应及时记录重要的信息，并对信息进行整理和归纳。这些信息将作为评估结果的依据，为后续的干预和支持工作提供参考。

（7）沟通评估结果：访谈结束后，访谈人员需要与留守儿童和他们的家人进行沟通，将评估结果和建议向他们详细解释。这有助于留守儿童和家人了解他们的心理健康状况，提高对问题的认识，并接受相应的支持和帮助。

（三）观察法

观察法是一种常用的留守儿童心理健康评估方法。观察法通过观察留守儿童在特定情境下的行为、表现和互动，来获取有关他们心理健康状况的信息。这种方法对于了解留守儿童的日常行为、情绪变化和社交互动等方面非常有效。

观察法的主要特点是能够直接观察并记录儿童的行为，不依赖于儿童的自述，因此可以在更自然的环境中进行评估。通过观察留守儿童在家庭、学校或其他社交场合中的表现，可以获取更真实、客观的信息。

使用观察法进行留守儿童心理健康评估时，可以采取以下步骤。

（1）选择合适的观察环境和观察者。观察环境应该尽可能接近儿童日常生活的真实情境，例如家庭、学校、户外等地方。观察者应该具备一定的专业背景和经验，能够准确观察并记录儿童的行为表现。

（2）确定观察的目标和内容。根据研究的具体问题，确定所需观察的内容和重点。可以观察留守儿童的社交行为、情绪变化、学习表现等方面，以全面了解他们的心理健康状况。

（3）进行系统观察并记录数据。观察者应当全神贯注地观察儿童的行为，并记录下相关的数据和描述。观察者应当尽量客观、准确地记录，避免主观评价和偏见的介入。

（4）对观察结果进行分析和解读。根据观察所得的数据和描述，结合其他评估方法的结果，进行综合分析和解读。在分析过程中，应当关注留守儿童的特点、问题及其可能的原因，为制订相应的干预措施提供依据。

第四节　留守儿童心理健康教育指导的意义

一、对家庭的意义

心理健康教育指导在改善留守儿童的家庭环境方面发挥重要作用。

（1）心理健康教育指导可以帮助家长正确理解和认识留守儿童的心理问题，增加对他们的关注和理解。通过心理健康教育指导，家长可以了解留守儿童的心理需求，掌握有效的教育和引导方法，从而更好地与孩子沟通和交流。这有助于改善家庭氛围，减少家庭冲突，提高家庭成员之间的亲密度和信任度。

（2）心理健康教育指导可以提高家长对留守儿童心理健康问题的认知水平和应对能力。家长在接受指导的过程中，不仅可以了解心理问题的原因和表现形式，还能学到有效地解决问题的方法。他们可以通过提供支持和关爱来帮助留守儿童建立积极的心理健康观念，培养他们的心理调适能力和应对压力的技巧。

（3）心理健康教育指导还可以促进家庭成员之间的情感互动和合作。家庭作为留守儿童情感发展的主要环境，通过心理健康教育指导，家长可以学习如何与孩子建立更加良好的亲子关系，增强亲子之间的情感纽带。他们可以通过与留守儿童一起参与各种活动，增加互动机会，提高家庭成员之间的情感交流和沟通质量。

（4）心理健康教育指导也可以改善家庭环境的教育方式和氛围。通过指导，家长可以了解到科学的教育理念和方法，从而改变传统的教育观念和方式。他们可以制订合理的教育目标，并采用积极的肯定和鼓励方式来引导留守儿童的成长。家长的心理健康教育水平提高，会对整个家庭的氛围产生积极影响，促进家庭教育的良性循环。

二、对社会的意义

留守儿童心理健康教育指导不仅对留守儿童家庭有益，也将对社会产生重要的影响。

（1）心理健康教育指导对减少社会问题具有积极作用。通过对家长的指导，能减少留守儿童焦虑、抑郁等心理问题，减少不良行为的发生。他们可以在心理健康的基础上更好地适应社会环境，增强自我管理和抗挫折能力，从而减少对社会资源的依赖和浪费，为社会减少不必要的负担。

（2）留守儿童作为社会中的一部分，他们的心理健康问题不仅仅关乎个体，也关系到整个社会的发展和进步。心理健康教育指导可以帮助留守儿童更好地理解和尊重他人的感受和需要，培养他们的情感智慧和普世价值观，使他们在与他人的交往中更加友善、包容和谦逊。这将有助于构建一个和谐、文明的社会氛围，推动社会的整体素质提升。

留守儿童作为乡村人力资源的重要后备力量，是乡村振兴的主力军和生力军。留守儿童所面临的心理问题既是家庭问题，亦是社会问题。留守儿童心理健康问题近年来成为中国社会关注的焦点。因此，关注留守儿童的心理健康，对于了解他们的特点、提供心理健康支持至关重要。

第二章 留守儿童心理问题的相关理论

小星曾是一名留守儿童，他经常和一些不良少年混在一起。小星从不良少年那里学会了抽烟、喝酒，甚至参与一些小规模的偷窃活动。不良少年们给小星带来了一种扭曲的归属感，让他误以为这是他寻求已久的爱和认同。自从爷爷去世后，小星彻底失去了依靠，他开始沉迷于虚拟世界，试图在那里找到自己存在的价值。但网络世界的虚幻和冷漠，并没有给他带来真正的满足，反而让他更加迷失。随着时间的推移，小星不再信任任何人，不再相信这个世界有爱和美好。他的心中充满了仇恨和报复的欲望，开始谋划一些极端的行为。最终，小星因为一次冲动的行为被警察带走。在看守所里，他终于有时间静下心来反思自己的人生。他意识到，自己之所以走到今天这一步，是因为从小缺乏父母的陪伴和正确的引导，缺乏那些对他人格发展至关重要的心理营养。

小星的故事是一个警钟，提醒我们留守儿童的人格发展需要家庭、社会各界的关注和支持。他们需要爱、安全感、赞美和认同，这些是帮助他们健康成长的关键因素。在当前社会变迁的大背景下，中国的留守儿童数量庞大，他们的心理健康问题日益引起广泛关注。从儿童发展的角度来看，心理健康是其全面成长的基础，对留守儿童的心理健康教育能够促进他们的社会适应能力、情感发展和自我认知的提升，从而提高他们的生活质量和未来的社会竞争力。

在心理学领域，不同的心理学流派提供了多元化的视角来理解和处理留守儿童的心理健康问题。精神分析学派强调早期经历和内心冲突对个体心理发展的影响，行为主义学派关注环境刺激与行为反应之间的联系，人本主义学派强调个体自我实现和内在价值的重要性，积极心理学学派则侧重于关注个体的正面品质和优势。这些理论为留守儿童心理健康教育提供了丰富的理论基础和实践指导。

基于上述背景，本章节旨在分析不同心理学流派对留守儿童心理健康教育的指导作用。期望通过深入挖掘这些理论的精髓，揭示其在促进留守儿童心理健康教育中的作用，为留守儿童的父母、教育工作者以及社会各界提出促进留守儿童心理健康教育的建议和实践指导。

第一节　精神分析学派

精神分析学派是 19 世纪末由维也纳心理学家弗洛伊德（Sigmund Freud）创建的一种心理学理论体系。这一学派的诞生，标志着心理学从表象观察转向了对内心世界的探索，它强调梦境、童年经历和心理冲突在塑造个体行为和思维模式中的核心作用。以弗洛伊德为代表的古典学派重点研究个体潜意识中的心理动力和冲突，并探索童年经历对个人成长和发展的影响。新精神分析学派起源于 20 世纪中叶，他们将文化、社会、人际关系等因素引入，扩展并重新诠释了古典精神分析学派的内容。在研究方法方面，精神分析学派倾向于非直接观察，而是通过深度对话和心理分析技术来探索个体的潜意识世界，运用诸如自由联想、催眠等技术，尝试揭示个体深层的心理结构和冲突。

一、代表人物及其主要思想

（一）弗洛伊德

弗洛伊德是精神分析学派的奠基人，他提出了诸多理论，如心理结构（本我、自我和超我）、人格发展五阶段（口唇期、肛门期、性器期、潜伏期和生殖期）、性本能与死亡本能理论等。性本能学说，主张人的行为和欲望源于性的驱动力；人格发展五阶段理论，描绘了从口唇期到生殖期的生理成熟与心理发展阶段，每个阶段都对应着特定的心理冲突和解决策略；集体潜意识理论，揭示了人类共享的心理结构；生死本能理论（Eros 和 Thanatos），即生存本能和死亡本能对立统一，阐述了个体在面对生存压力时的心理动态。

弗洛伊德的核心理念着重于无意识心理过程对个体行为和思考的深远影响，他强调潜意识在个体心理活动中的主导地位，认为人的行为和心理症状并非完全受理性控制，而是受到无意识冲动和早期生活经验的影响。童年经历特别是父母关系对个体心理健康尤其重要。

弗洛伊德的理论对心理学界贡献巨大，他的工作不仅奠定了现代心理分析的基础，也开启了对潜意识和无意识心理过程的深入研究，并且对理解儿童心理问题起到了开创性的作用。他的理论视角有助于探索儿童在父母缺席下的心理防御机制及性心理发展阶段可能遭遇的困扰问题。

（二）荣格

荣格，瑞士心理学家，是精神分析学派的重要分支——分析心理学的奠基人之一。他的学术思想在 20 世纪初对心理学领域产生了深远影响。荣格强调个体的潜意识与集体无意识的重要性，提出了独特的理论框架，其中最为著名的是对人格面具（Persona）、阿尼玛（Anima）和阿尼姆斯（Animus）的深入剖析。

人格面具是荣格理论中的一个重要概念，它代表了一个人在社会中为了适应和被接受而展示的外在形象，是个人在社交互动中的一个动态调整过程。阿尼姆斯和阿尼玛是荣格关于女性和男性内在潜意识原型的概念。他认为，每个人都有男性和女性的两面性。荣格对现有理论的贡献在于他扩展了弗洛伊德的精神分析理论，提出了一种更加包容和多元的视角。他强调个体的个体化过程，即寻找并整合自我与他人、外部世界和内心深处的联系。

（三）阿德勒

阿德勒，奥地利精神分析学家，他以其独特的人格理论和个体心理学视角对心理学领域产生了深远影响。阿德勒出生于 1870 年，早年在维也纳大学学医，后为弗洛伊德的学生及合作者。1911 年与弗洛伊德分道扬镳。

阿德勒的核心理论主张“社会兴趣”（social interest）和“生活风格”（lifestyle），强调个体的社会环境和人际关系在心理发展中的重要性。他提出了“自卑情结”（inferiority complex）的概念，认为每个人都有某种程度的自卑感，这是人类生存竞争压力的反映。阿德勒的理论强调个体通过努力提升自我价值，以克服自卑，实现个体的社会功能。

阿德勒特别关注个体的现实性原则（principle of reality），即人们的行为和想法受到他们生活环境和现实需求的影响。他的理论在对儿童心理问题的论述中，指出父母的关爱和支持对于儿童自尊和自我价值感的形成至关重要。

阿德勒的理论还涉及“生活任务”（tasks of life），他认为每个人在生命的不同阶段都有特定的任务要完成，这些任务帮助个体发展出健康的心理结构。

（四）埃里克森

埃里克森，全名埃里克·洪伯格·埃里克森（Erik H. Erikson），是一位美国著名的精神分析心理学家和存在主义者，他的理论对理解儿童心理发展具有深远影响。埃里克森出生于 1902 年，其学术生涯深受弗洛伊德思想的影响，但他发展出了一套独特的理论框架，强调道德发展和社会互动在个体心理发展中的重要性。

埃里克森将人的心理发展划分为八个阶段，每个阶段都与特定的心理危机和任务相关。在儿童阶段，埃里克森关注的是信任与不信任的冲突，这是早期依恋关系对个体安全感形成的关键时期。埃里克森的理论不仅关注个体的发展，而且也考虑了社会环境的影响。他认为，儿童需要在与他人的交往中形成自我同一性，这对他们的身份认同和自尊心至关重要。

这些代表人物在精神分析学派中对儿童心理问题的研究做出了杰出的贡献。他们的理论和思想揭示了童年经历、早期关系、防御机制等因素对儿童心理产生的重要影响。通过深入研究这些心理学家的思想，我们可以更好地理解和解决儿童心理问题。

二、精神分析学派有关儿童心理问题的论述

案例2-1

小斌的故事

小斌的父母在他还是个蹒跚学步的孩童时，就踏上了外出打工的旅程，只在春节的鞭炮声中，才能短暂地回到他的身边。

电话里，他的声音总是带着一丝颤抖：“妈妈，你们什么时候回来？我好想你们。”电话那头，总是传来急促的呼吸和忙碌的声音：“小斌，妈妈也想你，但工作很忙，我们很快就回去了。”在情感上，小斌感到孤独和被忽视。他渴望父母的关爱和陪伴，但每次电话里父母总是匆匆忙忙，他甚至开始怀疑自己是否值得被爱。

在学校，他的成绩一直很好，但随着时间的推移，他越来越不愿意与人交流，不愿意

参加集体活动，经常一个人躲在角落，沉浸在自己的世界里。老师和同学们都注意到了他的变化，但每当有人试图接近，他就会像刺猬一样蜷缩起来，用沉默和逃避来回应关心。

小斌的父母长期在外打工，导致他在成长过程中缺乏稳定的父母关爱和陪伴，这种情感的缺失使他感到孤独和被忽视。由于缺乏父母的肯定和鼓励，小斌对自己的价值和能力产生怀疑，自我价值感低下。

有心理问题的儿童可能经历过一系列的潜意识冲突。他们对父母的离开感到困惑和愤怒，这种冲突源于未被满足的基本需求，如安全感和爱的渴望。这些潜在的冲突在他们的潜意识层面持续产生影响。为了应对这些压力，儿童发展出防御机制，如压抑（压抑不愉快的记忆或感受）、投射（将内心不满投射到他人身上）或否认（拒绝接受现实）。正如案例中的小斌，失去父母关爱的留守经历让他形成对世界的扭曲认知，进而发展出回避的心理防御机制，这是潜意识冲突的具体表现。

（一）防御机制

当探讨精神分析学派对于理解儿童心理问题的影响时，防御机制是一个关键视角。儿童在面对生活环境变化时，往往会发展出一套独特的心理防御机制来应对潜在的压力。防御机制是精神分析理论的核心组成部分，它帮助个体在面临困扰或威胁时，通过调整自己的心理结构以维持心理平衡。

【压抑】

在儿童心理问题的案例中，许多儿童会采用压抑方式，这是一种抑制痛苦记忆或情感表达的方式，来避免情绪的强烈波动。

案例2-2

小明的沉默世界

父母离开家乡去城市打工那天，小明紧紧地抱着妈妈的腿，泪水在眼眶里打转，但他没有哭出来，他不想让妈妈担心。小明咬着嘴唇，努力不让眼泪掉下来，他声音有些颤抖："妈妈，我会好好听爷爷奶奶的话，你们放心吧。"

对于父母的离开，小明的内心充满了分离的痛苦，但他选择忽视和抑制这种感觉。他害怕一旦表达出来，就会让爷爷奶奶担心，也会让自己显得更加脆弱。他渴望父母的陪伴和关爱，但他知道父母是为了家庭的未来而努力工作，所以他选择了沉默。小明开始用更多的时间沉浸在自己的世界中，通过画画和阅读来逃避现实。

故事中，小明是一个典型的留守儿童，他不会表达自己的情感，不愿意分享自己的感受，找不到情感释放的出口。当他因为父母外出产生分离焦虑而感到痛苦时，他选择了忽视或抑制这种感觉，以便继续日常活动。

【投射】

投射是一种常见的防御机制，儿童可能会将自己无法接受的情绪或冲动投射到他人身上或环境上，以此来合理化自己的行为。

案例2-3

小华的投射游戏

小华的父母在他很小的时候就去了城市工作，每年只有春节才能回家。每当夜深人静，小华就会躺在床上想："为什么我要生活在这样一个地方？如果我生活在城市里，是不是就不会这么孤独了？"小华的内心深处充满了对父母离开的愤怒和失落，但他不知道如何表达这些情绪。他开始对村里的环境感到不满，认为是因为村庄的落后和闭塞导致了他的孤独和不幸，并对学校、老师，甚至是爷爷奶奶表现出敌意和不满。

有一天，小华在学校的一次绘画比赛中，画了一幅描绘村庄的画。画中的村庄阴暗、压抑，充满了负面情绪。这幅画引起了学校心理辅导老师的关注。在会谈中，老师发现小华将自己的孤独和愤怒投射到了村庄和周围环境上。他不愿意承认自己的情感问题，而是将责任归咎于外部因素。

小华的故事展示了投射作为一种防御机制如何影响儿童的心理发展，小华的孤独和愤怒并不是因为村庄或爷爷奶奶，而是因为他对父母的思念和对家庭的渴望。他把对父母离开的愤怒和失落投射到周围的环境中，认为是外部环境导致他的孤独，以避免直接面对现实的痛苦。

【否认】

否认，作为一种应对现实的策略，也可能在儿童成长中发挥作用，他们通过拒绝承认自己内心的不安，来维持一个看似正常的生活表象。

案例2-4

小悦的隐藏世界

小悦的父母在外地打工，每年只回家一次。尽管生活条件艰苦，但小悦总是表现得很坚强，她从不在人前哭泣，也从不抱怨。奶奶心中充满了怜爱和担忧，奶奶拉着小悦的手，轻声说："小悦，你爸爸妈妈不在身边，但奶奶会一直陪着你，你有什么心事都可以跟奶奶说。"

小悦微笑着回答说："奶奶，我没事，您不用担心我。"然而，小悦的内心深处充满了不安和孤独。她渴望父母的关爱和陪伴，但她拒绝承认这种感觉，拒绝承认自己内心的不安。她认为，只要自己表现得足够坚强，就能维持一个看似正常的生活表象。奶奶试图通过更多的关心和照顾来弥补小悦父母缺席的遗憾，但小悦总是拒绝接受。

出于对家庭责任的理解和对父母辛劳的尊重，渴望父母关爱和陪伴的小悦，不愿意面对自己的情感，也不愿意承认自己的需求，她不想给家人带来更多的担忧。表达情感被她视为弱点，这影响了小悦对自己情感的处理方式。然而她的不安和孤独并不是她的错，也不需要隐藏。小悦应该学会表达自己的合理情感，而不是否认。

以上防御机制虽然短期内有助于保护孩子，但从长远看，却可能阻碍他们建立健康的自我调节机制。压抑可能导致情绪积压，投射可能导致人际关系误解，而否认则可能阻碍个人成长。因此，理解并识别儿童的防御机制，有助于家长帮助儿童更好地处理内心冲突，提升心理健康水平。

（二）性心理发展阶段

按照弗洛伊德的发展理论，儿童性心理发展经历五个阶段，从口欲期到生殖器期，每个阶段都伴随着特定的心理冲突和需求。

儿童年纪较小就与父母分离，他们在口唇期（0～1 岁）的依恋需求得不到满足，可能导致他们产生不安和焦虑，影响口腔功能的发展，也可能引发早期的孤独感。进入肛门期（1～3 岁），他们可能会因为无法得到及时的排泄教育而产生困扰，进而影响自尊心的形成。随着年龄增长，进入性器期（3～6 岁），儿童对性别角色的认识和身体认知会因缺乏父母引导而产生混乱，这可能成为他们性心理困惑的源头。

在生殖器期（6～11 岁），儿童可能会因父母的缺失而产生关于性的疑问和困惑，性发育受到阻碍，甚至可能出现性早熟的风险。父母的角色在这个阶段尤为重要，他们的缺席可能导致孩子在性心理成熟过程中缺乏必要的指导和支持。

父母的缺席不仅影响儿童的生理发展，还会影响他们对性心理发展阶段的理解和应对。例如，当儿童进入青春期（11～13 岁），他们可能无法正常处理性觉醒带来的矛盾和冲动，导致自我认同危机。在这个阶段，社会支持和正确的性教育显得尤为关键。

（三）人格发展阶段

根据埃里克森的人格发展阶段论，每个人在其一生的不同发展阶段都有特定的发展任务，每一阶段的危机都能顺利解决，这个人的人格就得以健康发展，反之，人格发展受限，就会形成负性心理品质。婴儿前期（0～1.5 岁）、婴儿后期（1.5～3 岁）、幼儿期（3～6 岁）三个阶段中，家庭是生活的主要场所，亲子关系起着决定性作用。然而，留守儿童的父母却不在身边。

婴儿前期阶段，父母对婴儿发出的信号给予积极的回应，建立良好关系，有助于婴儿获得信任感，形成互信的美德，反之则会形成不信任感，长大后会胆小怕事。留守儿童在婴儿前期阶段，如果没有与母亲建立安全型依恋关系，出现的心理问题多表现为对外界和他人的情感反应淡漠，主动回避亲密关系。

婴儿后期和幼儿期，婴儿生长迅速，学会坐、爬、直立行走拓展了婴儿的活动范围和视野，2 岁左右的幼儿自我意识萌芽，常常喜欢和成人“反着来”，在心理学中被视作第一反抗期，此时幼儿“闹独立”愿望强烈，喜欢事事“我自己来”，不听从成人的吩咐。如果教育不当，会发展出不良品质。父母因怕添乱不让孩子做他们想做的事，会使孩子难以培养独立自主性，如果过分迁就孩子的要求，又容易让孩子养成执拗的性格。专制型（什么都不让孩子做）和放任型（什么事都满足孩子）或忽视型（完全忽视孩子）的父母都不利于儿童心理品质的发展，要使孩子在民主的气氛中遵守规则。留守儿童在这两个阶段，通常缺少与父母的互动，而祖父母或外祖父母通常比较纵容孩子，要什么买什么，不限制孩子的行动，因此可能使孩子变得任性执拗，甚至思想偏激。

三、精神分析理论对留守儿童心理健康教育的启示

古典精神分析理论和新精神分析理论都强调父母长期缺席是引发儿童心理问题的关键因素。他们的缺席不仅影响孩子的生理发展，还可能导致儿童在面对生活挑战时难以处理内在的冲突。在广大乡村地区，由于经济和社会变迁，许多父母不得不外出务工，导致他们无法为孩子提供稳定的情感支持和日常生活照顾，使得留守儿童在成长过程中承受着深深的归属感缺失。尽管外出打工的父母在特定节日会回家，但亲子欢聚的时间比较短暂，使得留守儿童成为心理问题的高发群体。

（一）父母要负起责任

父母是孩子的第一任老师，家庭是孩子成长的第一所学校。父母有责任为孩子提供良好的生活条件和必要的关爱与教育，以确保他们能够健康成长。在孩子成长的关键时刻，尤其是幼小阶段，父母应尽可能与孩子生活在一起，给予孩子必要的关爱和教育。如果实在要外出工作，建议家长就近找工作，或采取其他方式替代对孩子的关爱和教育。

在外的父母要坚持定期、不间断地保持与孩子的联系，消除与孩子的沟通障碍。尽管物理距离使得面对面的交流变得困难，但现代通信技术工具可以帮助缩短心理距离。比如，通过写信、电话、视频等方式与孩子保持联系，增进沟通。这样孩子有什么问题可以方便地求助父母，这会在一定程度上增加孩子内心的安全感，也可以让孩子更好地理解父母，让他们知道无论多远都有家人的爱和支持。

（二）积极的母子关系

在精神分析学派中，积极的母子关系被认为是儿童发展过程中的重要因素。对于留守儿童而言，这一点尤为重要。大多数情况下，母亲是儿童的主要抚育者，儿童不良心理最初来源于与母亲交往过程中的关系失当。如果条件允许，可以仅由丈夫外出打工，母亲留在家中照看幼儿，让孩子可以与母亲一起生活。母亲要以微笑、搂抱、亲吻等方式，为孩子提供情感支持，让孩子感受到温暖和关爱，加强双方情感联系。

此外，培养留守儿童的独立性也是构建积极母子关系的关键。鼓励留守儿童参与家庭决策，承担适当的家务和责任，可以增强他们的自信心和责任感。这样不仅能够让他们感受到自己是家庭的重要成员，还能促进他们的个人成长。

（三）自我认知与情绪表达

精神分析学派强调个体内心世界的探索和解析，为留守儿童心理健康教育提供了重要的启示。在留守儿童的心理发展过程中，自我认知的培养和情绪表达的指导尤为关键。自我认知是指个体对自己的思想、情感和行为模式的认识和理解。对于留守儿童而言，良好的自我认知能够帮助他们更好地理解自己的内心世界，有效应对孤独和压力，增强自我价值感。

情绪表达是个体将内心的情绪通过语言或行为方式向外界传递的过程。留守儿童由于长期与父母分离，常常会经历情绪波动和心理困扰。如何正确地表达情绪，成为他们面临的一大挑战。鼓励留守儿童表达真实的情绪，不仅可以缓解其心理压力，还能促进

他们的情绪智力发展，帮助他们建立起积极的人际关系。在实践中，父母或老师可以通过多种方式引导留守儿童进行自我认知和情绪表达。例如，开展情绪日记写作活动，让儿童记录每天的情绪变化及其原因，从而加深对自身情绪的理解和认识。

案例2-5

小强的情绪日记

小强是一名留守儿童，他的父母为了更高的工资，离开贵州去了非常遥远的沿海城市工作，很长时间才回家一次。虽然可以通过电话视频，看看爸爸妈妈的脸，听听他们的声音，但小强还是经常感到孤独和无助。

小强的老师，张老师，注意到了小强的情绪变化。为了帮助小强更好地排解自己的情绪，张老师决定引导他写情绪日记。

第一天。

小强在日记中写道："今天我感到非常孤独，因为爸爸妈妈又去外地工作了。我想念他们，希望他们能快点回来。"

第二天。

小强记录："今天我和同学小明发生了争执，我很生气。但后来，我冷静下来，意识到争执并不能解决问题，我决定和小明好好谈谈。"

第三天。

小强写道："今天我帮助了班上的小红，她摔倒了，我扶她起来。虽然她不是我最好的朋友，但帮助别人让我感到快乐。"

第四天。

小强写道："数学课上我没能解答出老师的提问，感到很沮丧。但是张老师鼓励我，告诉我不要灰心，下次一定能做得更好。"

随着时间的推移，小强的情绪日记记录了各种各样的情绪和事件。他开始意识到自己的情绪如何受到周围环境和个人行为的影响。通过写作，小强学会了识别和表达自己的情绪，也学会了如何管理自己的情绪。

一个月后。

小强的日记中充满了积极的情绪和自我反思："今天我感到非常自豪，因为我在数学考试中得了满分。我知道这是我努力学习的结果，我会继续努力。"

三个月后。

小强的日记变得更加成熟和深刻："我意识到，虽然爸爸妈妈不在身边，但我可以通过写信和视频通话与他们保持联系。我学会了珍惜和他们在一起的时光，也学会了独立。"

这个案例展示了情绪日记如何帮助留守儿童理解和表达自己的情绪，通过写情绪日记，小强不仅改善了自己的情绪，还学会了自我认知和自我调节，促进了个人成长和心理健康。他变得更加自信和乐观，成了一个更加坚强和独立的孩子。

同时，通过角色扮演、情景模拟等互动活动，教育儿童学会用适当的方式表达情绪，比如通过艺术创作、沙盘游戏、体育运动等形式释放负面情绪。此外，心理健康教育还应注重培养留守儿童的同理心，帮助他们理解并尊重他人的情绪，从而在社交中建立更加和谐的人际关系。通过这些方法，可以有效提升留守儿童的自我认知水平和情绪表达能力，为他们的心理健康成长奠定坚实的基础。

（四）构建社会支持网络

这里的社会支持网络是指除父母以外的，能为孩子提供帮助的人际关系网。社会支持网络的建立同样重要。家长可以通过与其他家长、教师、社区组织建立联系，形成一个支持留守儿童的社会网络。这样的网络不仅能为留守儿童提供更多的关爱和指导，也能帮助家长更好地了解和支持孩子的成长。

案例2-6

留守儿童的希望之网

在某地区，留守儿童率极高，当地的社区、教师意识到了这个问题，决定采取行动。他们开始通过各种方式建立一个社会支持网络，以帮助留守儿童。

家长们通过微信群和社区会议互相认识和交流，分享他们孩子的情况和需求。小刚的爸爸说："小刚最近在学校的数学竞赛中得了奖，我真为他骄傲！"小梅的妈妈说："小梅在家里也帮了很多忙，她真是个懂事的孩子。我们虽然不能经常回来，但看到这些消息，心里暖暖的。"教师们也参与进来，张老师在微信群里分享了小梅和小刚在学校的表现，同时分享教育经验和资源。

社区组织定期举办亲子活动，邀请留守儿童和他们的监护人参加，增进家庭间的联系和互动。在一次社区会议上，小梅的奶奶李奶奶首次与社区的其他家长和老师见面。她有些紧张，但很快就被大家的热情所感染。李奶奶说："我不太会用智能手机，但我听说这个网络可以帮到小梅和小刚。"社区志愿者说："李奶奶，您不用担心，我们会一步步教您如何使用。我们还可以帮您和小梅的父母建立联系，让他们了解孩子的情况。"

社区中心设立了图书角和学习辅导区，提供学习资料和志愿者辅导服务，帮助孩子们提高学习成绩。社区中的志愿者定期访问留守儿童的家，提供陪伴和心理支持。

这个案例充分说明了构建社会支持网络的意义，家长们通过社会支持网络，更好地了解孩子们的成长，及时给予支持和鼓励。该地区留守儿童的生活也因社会支持网络发生了显著变化。他们开始参加社区组织的绘画和音乐课程，发现自己对艺术的热爱。最终，社会支持网络成了一个强大的社区力量，不仅帮助了留守儿童，也加强了社区的凝聚力和互助精神。

第二节　行为主义学派

行为主义学派是 20 世纪初兴起的一种心理学理论，以行为为研究对象，主张通过研究和分析可观察到的行为来理解心理过程。它强调外在环境和可观察行为在个体心理形成和发展中的决定性作用。该学派认为，人的思维和行为并非内在的、神秘的或者不可预测的，而是可以通过科学的观察和实验来理解和控制的。行为主义者摒弃了精神分析学派关注的无意识过程，他们坚信一切行为都是对外部刺激的反应，尤其是条件反射和操作条件反射。

一、代表人物及其主要思想

20 世纪 20—50 年代，各国心理学界几乎是行为主义的天下。行为主义学派可分为早期行为主义和新行为主义。第一代行为主义心理学家包括华生、霍尔特、拉什利、魏斯、亨特、郭任远（中国现代心理学家）等。新行为主义的主要代表则为斯金纳、班杜拉、托尔曼、赫尔等。

（一）华生

华生是行为主义学派的奠基人之一，他在 20 世纪初提出了“心理学应该研究可观察到的行为，而不是抽象的心理过程”的观点。他主张“给我一打健全的孩子，我可以根据环境塑造他们”，这一观点反映了行为主义者对环境决定论的坚定信念。他强调通过实验和观察来研究行为，并通过建立刺激与反应的关联来解释行为。

华生认为人类的行为都是后天习得的，是可以通过学习和训练控制的，人的心理和行为可以通过控制环境来塑造，根据确定的刺激与反应间的关系。他还把行为主义研究方法应用到了多个方面。如儿童教养、动物研究和广告方面。

（二）斯金纳

斯金纳是新行为主义心理学的重要代表人物之一，他的强化理论是行为主义的另一个重要支柱。斯金纳提出了“操作条件反射”理论，并发展了“操作性条件作用”的实验方法，通过控制和操纵环境刺激，来研究行为的变化和学习的过程。他认为行为是由刺激和反应之间的关联所决定的，个体通过反馈机制来适应和调整行为。他提出正强化和负强化对行为产生影响的概念，并通过实验研究了动物和人类的行为模式形成和改变的过程。这种理论在教育和心理治疗领域有着广泛的应用，比如在教育管理中提倡积极强化，以提高学生的学习动力。

（三）班杜拉

班杜拉提出了社会学习理论，社会学习理论认为人的行为是通过观察和模仿他人的行为来获取的，而非仅仅通过刺激和反应的机制产生。社会学习理论主要包括四个核心概念：观察学习、模仿学习、自我调节和激励。观察学习指的是通过观察他人的行为和后果来获取新的行为方式和知识。模仿学习是指通过模仿他人的行为来学习新的行为方式和技能。自我调节是指个体通过观察他人和自我评价来调节自己的行为和思维方式。激励是指通过外部和内部的奖励和惩罚来增加或减少某种行为的可能性。

班杜拉用儿童做了一系列实验。实验中，让儿童观看成年人对充气娃娃拳打脚踢的场景，儿童可以完全看到成年人是如何对待充气娃娃的。这个过程大概持续 10 分钟，然后把儿童带到另外一个房间，房间里也有一个充气娃娃。班杜拉观察到，在没有他人的引导下儿童作出了对充气娃娃拳打脚踢的行为，就像成年人在他们面前表现的一样。没有看过成年人暴力攻击充气娃娃的儿童却没有出现这样的侵犯性行为。儿童可以通过观察习得侵犯性行为。

孩子们缺乏生活经验，他们从成年人那里学习待人接物的方式，在模仿大人的行为方式中长大，特别是模仿家庭成员的行为以形成他们自己的行为。观察学习对人类来说意义重大，它使人们不必亲自经历每一件事情就知道该怎么做，就知道哪些能行，哪些不行。

二、行为主义有关儿童心理问题的论述

在儿童心理问题的研究中，行为主义学派关注儿童的学习、环境对儿童行为的影响及行为的改变。他们认为儿童的行为是通过学习和模仿来形成的，强调环境对儿童行为的影响，认为适当的环境刺激可以促进儿童的正常发展，而不良的环境刺激则会导致问题行为的出现。例如，当儿童长期处于缺乏父母关怀和激励的环境中时，他们可能会表现出消极、内向和社交能力不足的问题行为。

留守儿童的生活环境往往复杂且不稳定，缺乏稳定的家庭结构和关爱，这使得他们更容易受到外部刺激的影响，从而形成特定的行为模式。一项由联合国儿童基金会发布的报告指出，农村留守儿童由于长期与父母分离，他们日常生活中接触的主要是社区环境和临时照护者，这些环境因素通过强化或弱化某些行为，如依赖性、社交技巧等，塑造他们的行为习惯。

模仿学习在儿童的行为问题中扮演了关键角色。儿童天生具有模仿成年人和同龄人的倾向，当父母不在身边时，他们会模仿周围的人，包括亲戚、邻居或者同龄伙伴，这些行为可能是积极的，也可能是消极的。在这种环境下，他们可能会以模仿消极行为的策略来应对生活中的困难，如果周围的成年人表现出对教育的忽视或对失败的默许，留守儿童可能会内化这种态度，影响他们的学习动机和自尊心。

三、行为主义学派对留守儿童心理健康教育的启示

（一）正面激励与惩罚

留守儿童可能由于长期缺乏父母的陪伴而形成一些适应性较差的习惯，如自我调节能力弱。在家长应用行为主义理论解决留守儿童心理问题的过程中，正面激励与惩罚原则起着关键作用。家长可以通过设计和实施奖励系统，如设置小目标达成后的物质或精神奖励，来激发留守儿童的积极性和自我效能感。当孩子完成一项任务或展现出良好的行为时，及时给予肯定和赞扬，能增强他们的自尊心和归属感，从而促进积极行为的持续发展。

然而，仅依赖正面激励可能不足以纠正不良行为。对于重复出现的不良行为，家长可以逐步减少特权或取消某些活动，直到孩子认识到其行为的后果。因此，家长还要适度进行惩罚，但应避免过度或滥用。惩罚应与不当行为的严重程度相匹配，并且应清晰、一致，以确保儿童理解其行为后果。例如，如果孩子频繁拖延作业，家长可以设定一个

时间限制，超过则暂时剥夺娱乐活动，以此作为教育的手段。

案例2-7

小亮的转变

小亮聪明活泼，但他有一个问题——经常拖延作业。他的父母在千里之外打工赚钱，没法直接教育他改掉坏习惯，他的爷爷奶奶虽然关心他，但缺乏有效的教育方法来帮助他改正这个习惯。小亮的班主任，李老师，注意到了这个问题，并决定采取一些措施来帮助小亮。李老师认为，结合正面激励和适度的惩罚原则，可以帮助小亮养成良好的学习习惯。

第一步：设定规则。

李老师与小亮的爷爷奶奶沟通后，一起制订了一个规则：小亮必须在每天放学后的两个小时内完成作业，否则他将暂时失去看电视或玩游戏的时间。

第二步：正面激励。

李老师鼓励小亮："小亮，如果你能按时完成作业，周末我们可以一起去图书馆，你还可以借阅你喜欢的科幻小说。"

第三步：执行规定。

一天，小亮因为贪玩，没有按时完成作业。李老师和爷爷奶奶按照之前的规定，限制了他那晚的娱乐时间。

小亮："为什么我要这么早做作业？我还想再玩一会儿。"

李老师："小亮，我们之前已经说好了规则。完成作业是你现在的责任。如果你能按时完成，你会有更多的时间来做你喜欢的事情。"

第四步：观察变化。

几天后，小亮开始尝试按时完成作业。虽然一开始有些不情愿，但他逐渐意识到这样做可以让他有更多的自由时间。

第五步：持续激励与支持。

每当小亮按时完成作业，李老师就会给予他表扬，并兑现之前的承诺，带他去图书馆。

小亮："老师，我发现按时完成作业后，我有更多的时间来看书和玩耍了。"

李老师："小亮，你做得很好！继续保持，你会发现学习也可以很有趣。"

随着时间的推移，小亮不仅改掉了拖延作业的毛病，还学会了时间管理和自我控制。他的学习成绩有了显著提升，他也变得更加自信和独立。这个案例展示了正面激励和适度惩罚原则如何帮助留守儿童改正不良行为。通过设定明确的规则，提供积极的激励，并在必要时执行适度的惩罚，孩子们可以学会承担责任，养成良好的行为习惯。同时，家长和教师的支持和鼓励也是孩子改变行为的重要因素。

值得注意的是，家长在实施激励和惩罚时，应注重方式方法，尽可能地使之具有建设性。这意味着鼓励积极的替代行为，而非仅仅关注负面行为的消除。例如，当发现留守儿童过度依赖手机时，家长可以引导他们参与更多的户外活动，同时提供电子设备使用的规则和时间限制，形成一种积极的平衡。家长在运用正面激励与惩罚原则时，既要把握正面激励的鼓舞力量，又要灵活运用惩罚作为矫正工具，以培养留守儿童健康的行为习惯和积极的心理态度。

（二）模仿学习

模仿学习是行为主义心理学的重要组成部分，它强调个体通过观察他人的行为模式来学习新的行为和技能。心理学家班杜拉的自我效能理论强调，孩子的自我效能感建立在他们观察到的成功行为模型上，家长的示范可以显著提升孩子的自信心和行为自律性。

留守儿童由于父母陪伴的缺失，往往缺乏直接的生活指导，模仿学习成为家长传递价值观和生活技能的有效途径。孩子们往往模仿成年人的行为模式，因此，家长的言谈举止尤为重要。家长应以身作则，展示健康的行为模式。家长展现出积极的生活态度和解决问题的能力，例如，遇到困难时，表现出坚韧不拔的精神，可以让孩子们在观察中理解并内化这种应对压力的方法。留守儿童在模仿过程中不仅学会了应对困难的方法，也强化了自我调节的心理素质。家长可以借助媒体和网络资源，提供多元化的榜样。如引导孩子观看有益的电视节目、电影或网络教育视频，这些内容中的角色和故事可以激发孩子的学习兴趣，并潜移默化地塑造他们的价值观。

家长可以鼓励孩子模仿他人的成功案例，以此作为目标。通过分享成功人士的故事，家长可以帮助留守儿童理解努力和坚持的重要性，激发他们的内在动力。这样的模仿学习能够增强留守儿童的自我效能感，进而促进他们主动寻求解决问题的方法。

案例2-8

小林的成长之旅

小林今年10岁了，父母常年在城市打工，小林和外公外婆一起生活。小林对学习没有太多兴趣，总是觉得生活缺乏目标和动力。在了解到儿子的情况后，小林的父亲决定采取一些措施来激发小林的内在动力。他开始在过节回家的时候，给小林讲述一些成功人士的故事，比如飞行员、科学家、艺术家等。还会给小林带很多他喜欢的飞机模型和相关的杂志。

林爸："小林，你知道那个发明了飞机的莱特兄弟吗？他们一开始也遇到了很多困难，但他们没有放弃，最终实现了人类飞翔的梦想。"林爸鼓励小林从这些故事中找到与自己生活相关的点，思考如何将成功人士的品质应用到自己的生活中。

小林："爸爸，莱特兄弟的故事很酷，但我只是一个普通的孩子，我能做到吗？"

林爸："小林，每个人都是独一无二的，但成功人士都有一个共同点——他们都非常努力和坚持。你也可以做到。"

在爸爸的鼓励下，小林开始设定自己的目标，比如提高学习成绩，参加学校的足球队。

小林："我想试试，我也想成为一个有成就的人。"

外公外婆和小林父母一起，持续鼓励小林，无论他遇到什么困难，都给予他支持和指导。

外公："小林，我看到你最近在学习上很努力，我们都为你感到骄傲。"

经过一段时间的努力，小林在期末考试中取得了优异的成绩，并在学校的足球比赛中表现出色。小林说："我做到了！我知道只要我努力，我也能像那些成功人士一样。"小林开始意识到，通过努力和坚持，他也能取得成功，这让他更加自信。小林的故事激励了其他留守儿童，他们也开始设定目标，努力学习，积极参加各种活动。

这个故事展示了家长对孩子价值观和生活态度产生的深远影响。通过分享成功人士的故事，小林爸爸帮助小林理解了努力和坚持的重要性，并激发了他的内在动力。小林的改变不仅让他自己受益，也激励了其他孩子，共同创造了一个积极向上的成长环境。

第三节 人本主义学派

人本主义学派是 20 世纪上半叶兴起的一种心理学理论，强调个体的主观体验和内在动机在心理过程中的重要性。人本主义学派与其他心理学派不同，它强调个体的自我实现和自我价值，并关注个体的整体性和人性的积极面。它的核心理念在于关注个体的内在经验，特别是情感、自我意识和自我决定的重要性。人本主义者认为，每个人都有自我实现的倾向，追求个人成长和幸福，而非仅仅被外部环境所塑造。他们反对过度的结构化和控制，倡导自由探索和自我指导的学习过程。

一、代表人物及其主要思想

（一）罗杰斯

罗杰斯是人本主义心理学的重要代表人物，其学术思想深受存在主义和现象学的影响。他的主要思想包括自我实现、自我概念和自我完善。他主张人类是自我实现的，每个人都具有内在的发展驱动力，这种驱动力可以促使个体朝着实现自身价值的方向发展，以发挥自身的潜力。个体的自我概念是对自己的认知和评价的总和，它在形成个体的意识和行为方面起着至关重要的作用。

罗杰斯还提出了自我完善的概念，认为个体可以通过与他人的良好关系和积极心理的健康发展来实现自我完善。一个健康的心理状态源于无条件的自我接受和对他人的接纳。他提出，良好的人际关系应当基于真诚、尊重和无条件的积极关注。罗杰斯也关注个体的成长动机，他认为，每个人都有内在的驱动力去实现自我潜能，这种驱动力源自对个人价值和尊严的追求。在其理论框架下，"以人为中心"成了心理咨询的核心，这种疗法鼓励来访者表达自我感受，探索内在需求，而非仅仅关注问题的表面症状，鼓励咨询师成为引导者而非专家，帮助个体探索和实现自我。

（二）马斯洛

马斯洛的需要层次理论是人本主义心理学的重要基石，由美国心理学家亚伯拉罕·马斯洛在 20 世纪 50 年代提出。他的理论强调个体的心理需求并非单一的，而是按照五个层次从低到高排列：生理需要、安全需要、社交需要、尊重需要和自我实现需要。生理需要，即满足基本生存的需要，包括食物、水、睡眠和安全的居住环境。安全需要，包括情感安全和生活稳定。马斯洛理论指出，这种长期的安全需要得不到满足，可能会影响人的心理健康和行为发展。社交需要涉及归属感和爱的满足，缺乏足够的社交互动，可能导致个体在人际交往中产生困扰，影响其社会适应能力。尊重需要，包括自尊和他人的尊重。自我实现需要，这是最高层次的需要，指的是个体追求个人潜能的充分发挥和生活的完整性。马斯洛认为，只有当较低层次的需要得到满足后，个体才会追求更高层次的需要。

二、人本主义有关儿童心理问题的论述

人本主义学派强调个体的主观体验和内在需求的满足对于个体的成长和发展至关重要。在人本主义的视角下，儿童的心理问题需要从他们的内心需求出发进行探究。

对于儿童的心理问题，罗杰斯强调建立良好的人际关系和提供温暖、接纳的环境对于儿童的心理发展至关重要。他认为，在家庭环境中得到父母或照顾者的无条件关爱和接纳可以帮助儿童建立积极的自我概念，并增强他们的心理韧性。

按照马斯洛的需要层次理论，对于部分儿童而言，由于父母不在身边，缺乏父母的关爱和保护，他们可能会面临生活不稳定和情感孤独，导致安全感缺失，往往在建立友谊和获得群体认同上面临困难。由于缺乏父母的直接引导和肯定，他们的自我认知可能会受到阻碍，形成不完整的自我形象。这可能导致他们对自己的能力和价值产生怀疑，进而影响他们的自我效能感和自信心。

三、人本主义学派对留守儿童心理健康教育的启示

（一）自我实现

人本主义心理学强调个体的自我实现，认为每个人都有潜能和创造力，通过适当的引导和支持，可以达到自我成长和完善。对留守儿童而言，由于父母长期不在身边，他们面临着特殊的成长环境和挑战。在这样的背景下，关注和促进留守儿童的自我实现显得尤为重要。

自我实现在留守儿童心理健康教育中具有多重意义。首先，它帮助留守儿童建立起积极向上的生活态度和价值观，使他们能够更好地面对生活中的困难和挑战。通过鼓励留守儿童探索自己的兴趣和潜力，帮助他们找到自我价值和生活的方向，从而提高其自信心和自尊心。其次，自我实现的过程中，留守儿童需要学会独立思考和解决问题。这不仅有助于他们的个人成长，也是社会化过程的重要组成部分。

案例2-9

孤独的守望

小梅每天放学后，都会带着弟弟去山里放羊。她经常望着远方，想象着父母在城市的生活，心中充满了思念和好奇。爷爷看出了小梅的心事，便鼓励她说：“小梅，每个人的生活都有不同的路要走，你要找到自己的路。”

一次偶然的机会，小梅在学校的图书馆里发现了一本关于绘画的书。她被书中的色彩和线条深深吸引，开始尝试用树枝和泥土在地面上画画。

“小梅，你在干什么呢？”老师好奇地问。

“王老师，我在画画。”小梅兴奋地回答。

美术老师走近一看，小梅画的是她和弟弟放羊的场景，还有她想象中的城市。虽然只是一些简单的线条和色块，但充满了生命力，“小梅，你画得真好，老师支持你。”

老师开始鼓励她参加学校的绘画兴趣小组，并提供了一些基础的绘画材料。小梅非常珍惜这个机会，她利用课余时间不断练习，她的画越来越生动，开始在学校的画展中展出。

小梅的画受到了老师和同学们的赞赏，她意识到了自己的特殊才能。她开始用画笔记录下山村的美景和生活点滴，她的画不仅表达了对家乡的热爱，也寄托了对父母的思念。随着小梅绘画技能的提升，她开始参与村里的文化活动，帮助设计村里的宣传海报和节日装饰。她的作品让村民们感到自豪，也让小梅感受到了自己的价值和被需要。村里的小学需要一个新的图书角，小梅主动提出用她的画来装饰图书角。她和弟弟一起动手，用废旧材料制作书架，用她的画装饰墙壁。这个图书角成了村里孩子们最喜欢的地方。

故事中的小梅，通过自我实现，克服困难，找到自己的价值和方向，最终实现了个人成长和社会贡献。在与老师的互动中，小梅学习了如何表达自己的想法，如何协作解决问题，这些技能对留守儿童未来的学习和生活都是非常宝贵的财富。通过培养兴趣爱好，小梅获得了情感的支持和释放，从而达到心理的平衡和稳定。我们可以感受到人本主义心理学中自我实现的重要性，以及它在留守儿童心理健康教育中的积极作用。

（二）无条件关爱

“无条件关爱”是人本主义心理学的核心理念之一。这种理念认为关爱应当超越任何条件或期望，给予个体无限制的接纳、理解和支持。在留守儿童的心理健康教育中，无条件关爱的实践对于促进他们的心理发展具有重要意义。

无条件关爱能够提供一个安全稳定的成长环境，使留守儿童感受到被爱和自己的价值。由于父母不在身边，留守儿童常常陷入孤独和被忽视的情绪。在这样的背景下，家庭成员、老师、社会工作者等成年人的无条件关爱可以填补这一空缺，让他们感受到来自外界的温暖和支持。

实施无条件关爱的方式包括倾听留守儿童的想法与感受，不论其表达内容如何，都给予积极的反馈和鼓励。通过这种方式，可以增强留守儿童的自信心和自尊心，帮助他们建立起积极的自我形象。家庭成员尤其是直接照顾留守儿童的监护人，应该成为无条件关爱的主要承担者。

案例2-10

山村里的温暖

小杰的父母为了生计，远赴城市打工，每年只能回家一次。由于缺乏父母的直接辅导和支持，他在学习上有时会感到困惑和无助。此外，一些同学对他的家庭情况有所了解，偶尔会无意中说出一些让他感到尴尬或伤心的话。

村里的小学老师，李老师，注意到了小杰的情绪变化。一天放学后，李老师特意留下来，邀请小杰到她的办公室。她温和地问小杰："小杰，你最近有什么烦恼吗？老师愿意听你说。"

小杰犹豫了一下，然后开始讲述他在学校遇到的一些困难。李老师耐心地听着，不时给予肯定和鼓励，让小杰感到自己被重视。

李老师鼓励他说："小杰，你的画很有天赋，老师相信你将来一定能成为一个很棒的画家。"

小杰的眼睛亮了起来，这是他第一次听到别人这样评价他的画。

李老师决定在学校组织一个画展，邀请小杰和其他同学一起参加。她告诉小杰："每个人的作品都是独一无二的，老师相信你的画能给大家带来快乐。"

画展当天，小杰的画受到了老师和同学们的赞赏。这让小杰感到非常自豪，他的自信心得到了极大的提升。李老师并没有因为画展结束就停止对小杰的关爱。她定期和小杰交流，了解他的生活和学习情况，给予他一定的指导和帮助。

李老师还联系了村里的其他成年人，包括村主任、医生和一些邻居，鼓励他们一起参与到关爱留守儿童的行动中来。他们开始组织更多的活动，让小杰和其他留守儿童感受到社区的温暖和关怀。

随着时间的推移，小杰感到不再那么孤独了。他知道，无论父母在不在身边，都有一群人在关心他、支持他。这份无条件的关爱，让他的内心充满了力量和希望。

小杰的故事展示了通过倾听、积极反馈、建立自信、持续支持和社区参与，可以有效地为留守儿童提供一个充满爱和关怀的成长环境。无条件关爱是留守儿童心理健康教育中不可或缺的一环。它不仅能够帮助留守儿童克服孤独和被忽视的困境，还能促进他们的自我认知和情感发展，为他们的未来打下坚实的基础。

第四节　积极心理学学派

积极心理学，作为心理学的一个分支，旨在研究人类幸福感和生活满意度的提升。该理论的核心在于探索和促进个体的优势、美德和潜能，以获得更加充实和有意义的生活。积极心理学不仅关注心理疾病的预防和治疗，更重视个体的正面品质、强项，以及如何通过这些正面因素来增进个体的整体福祉。

一、代表人物及其主要思想

积极心理学作为一门研究人类幸福和优势的科学，自 20 世纪末期以来逐渐发展成熟。在这个领域中，有两位学者的贡献尤为突出，他们的思想和研究成果对积极心理学的发展产生了深远影响。

（一）马丁·塞利格曼

马丁·塞利格曼(Martin Seligman)是积极心理学的奠基人之一，他提出了“PERMA”模型，该模型认为积极情感、投入、关系、意义和成就五个维度构成了幸福感。塞利格曼强调，通过培养个体的优势和正面品质，可以显著提升人们的幸福感和生活满意度。

（二）米哈里·契克森米哈赖

米哈里·契克森米哈赖（Mihaly Csikszentmihalyi）是另一位重要的积极心理学家，他提出了“心流”概念，即个体在完全投入某项活动时所经历的高度愉悦和专注状态。契克森米哈赖认为，追求“心流”状态不仅能增加个体的幸福感，还能促进创造力和个人成长。

除了塞利格曼和契克森米哈赖外，心理学家马丁·塞利格曼提出了“生活满意度”的概念，国际积极心理学会主席芭芭拉·弗雷德里克森（Barbara L. Fredrickson）提出了“积极情绪”的概念。他们的工作强调了评估个体幸福水平的重要性，并开发了相关的测量工具。

这些学者的共同点在于，他们都认为心理学不仅仅要关注问题和缺陷，更重要的是挖掘和发展个体的优势和潜力，从而提升整体的幸福感和生活质量。他们的研究成果不仅丰富了积极心理学的理论体系，也为心理健康干预提供了新的视角和方法。

二、积极心理学有关儿童心理问题的论述

积极心理学认为，儿童的心理健康不仅受到负面因素的影响，更多的是由他们所处的正面环境和内在的积极心态决定的。例如，家庭环境的支持、学校的积极教育和社会的正向反馈都能显著提升儿童的幸福感和生活满意度。

在分析儿童心理问题时，积极心理学特别关注个体的优势和资源。这些优势可能包括自我效能感、乐观主义、目标设定等。通过识别和培养这些优势，儿童可以更好地应对生活中的挑战，增强其适应能力和心理韧性。

此外，积极心理学还强调积极情绪的重要性。通过培养感恩、同情和正向思维等积极情绪，儿童可以提高其整体的心理健康水平。这些情绪不仅能够帮助儿童建立更加积极的人际关系，也能促进他们的个人成长和发展。

在实际干预措施上，积极心理学提倡采用基于个体的方法，即针对每个儿童的独特需求和优势进行定制化的干预。这种方法旨在最大限度地发挥每个儿童的潜力，并通过增强其内在资源来提升其心理福祉。

三、积极心理学学派对留守儿童心理健康教育的启示

（一）强化积极家庭教育

在积极心理学的视角下，留守儿童的心理问题可以通过强化积极家庭教育来有效干预。积极家庭教育是指通过提供一个充满爱、支持和鼓励的环境，帮助孩子发展积极的

心态和应对挑战的能力。

家庭作为儿童成长的第一课堂，其教育方式直接影响孩子的心理健康和个人发展。对于留守儿童而言，由于父母长期不在身边，他们更需要从家庭环境中获得情感支持和心理安全感。因此，加强积极家庭教育尤为重要。

首先，家庭成员之间应建立良好的沟通机制。通过定期的电话交流、视频聊天等方式，保持亲子间的情感联系，让留守儿童感受到家庭的温暖和关怀。此外，鼓励留守儿童与祖父母或其他亲戚多交流，增强他们的社会支持网络。

其次，家庭教育应注重培养留守儿童的自我认知和自尊心。通过赞扬他们的优点和努力，鼓励他们面对困难时保持乐观的态度。同时，家长应该教会他们如何设定合理的目标，并通过实际行动去实现这些目标，从而增强他们的自信心和成就感。

最后，积极家庭教育还应包括培养留守儿童的社会技能和解决问题的能力。家长可以通过共读书籍、讨论日常生活中遇到的问题等方式，引导他们学习如何与人沟通、如何处理冲突，如何独立思考和解决问题。

（二）优化积极学校教育

在积极心理学视角下，学校教育不仅要关注学生的知识和技能培养，更应重视学生的情感、社会性发展和个人潜能的挖掘。针对留守儿童的特殊需求，学校教育可以采取以下策略进行优化。

一是构建包容和谐的校园文化。学校应营造一个温馨、支持和鼓励的环境，让留守儿童感受到被接纳和尊重。通过组织多样化的团队活动，增强学生之间的互助合作意识，减少留守儿童孤立无援的感觉。

二是实施个性化的教育方案。每位留守儿童都有其独特的背景和需求，学校应提供定制化的学习计划，以适应他们的个体差异。这包括为留守儿童提供心理辅导、职业规划指导等，帮助他们更好地适应学习和生活。

三是开展丰富多彩的课外活动。学校应组织各类兴趣小组和社团活动，让留守儿童在课余时间也能够获得成就感和归属感。鼓励留守儿童通过参与集体活动、兴趣小组，培养对自我的认识和接纳，增强自信心。这些活动不仅能够拓宽学生的视野，还能促进他们的全面发展。

四是强化家校联系。学校应主动与留守儿童的家庭保持紧密联系，定期反馈学生的学习和心理状况，共同探讨孩子的成长路径。此外，还可以邀请家长参与学校活动，增强家庭对孩子教育的参与度和责任感。

（三）提升积极社会教育

积极心理学强调个体与环境的互动关系，认为通过构建积极的社会环境可以有效地促进留守儿童的心理健康发展。在此基础上，提升积极社会教育是解决留守儿童心理问题的重要途径。积极社会教育应当着重于培养留守儿童的社会责任感、自我价值感和对生活的积极态度。

一方面，社区应成为留守儿童心理成长的支持系统。社区可以通过组织丰富多彩的文化、体育活动，为留守儿童提供一个释放情感、增强自信的平台。同时，社区还可以定期举办心理健康讲座或工作坊，帮助留守儿童了解自己的情绪和行为，学习如何有效地管理自己的心理状态。

另一方面，媒体和网络平台也应承担起积极社会教育的责任。通过制作和传播正能量的内容，如成功故事、励志片段等，激发留守儿童的内在动力，鼓励他们面对困难保持乐观的心态。同时，媒体还应提供一个安全的交流空间，让留守儿童能够表达自己的想法和感受，减少孤独感和被忽视的感觉。

政府和相关机构在提升积极社会教育中扮演着不可或缺的角色。政府可以通过立法和政策引导，保障留守儿童的权益，为他们创造一个安全、健康的成长环境。此外，政府还可以通过资金支持，鼓励和指导非政府组织（Non-Governmental Organization，NGO）、公益机构开展针对留守儿童的心理健康教育项目，为他们提供专业的心理咨询和辅导服务。

综上所述，提升积极社会教育需要社区、媒体、政府及其他社会力量的共同参与和努力。通过构建一个包容、支持、积极向上的社会环境，可以有效地帮助留守儿童克服心理问题，促进他们的全面发展。

第三章
留守儿童的儿童福利与权利

在中国辽阔的农村地区，随着经济的迅猛发展和城市化进程的加速，大量劳动力涌向城市，由此催生了一个特殊的社会群体——留守儿童。小明，一个9岁的留守儿童，其父母为了追求更好的就业机会，远离家乡，奔赴城市打拼，将他的日常监护重任托付给了年迈的祖父母。这种家庭结构的转变，对小明的心理健康和教育成长产生了深远的影响。在生日、节日等重要时刻，小明对父母的思念愈发强烈，孤独与无助的情绪常常笼罩着他。尽管祖父母在生活上对小明的照顾无微不至，但由于年龄和能力的限制，他们难以满足小明在学业辅导和情感交流方面的需求。这种情感的缺失和学习支持的匮乏，逐渐导致小明学习成绩下降，性格也变得越来越内向和沉默。

小明的案例凸显了留守儿童在心理和教育层面所面临的普遍困境。缺乏父母的陪伴和关爱，不仅对他们的心理健康构成严重威胁，也对他们的学业和社会性发展造成了不利影响。因此，我们必须高度重视留守儿童的福利与权益，为他们提供必要的心理辅导和教育支持，确保他们能够健康成长。

第一节　联合国《儿童权利公约》

联合国《儿童权利公约》于 1989 年由联合国大会通过，是一项具有里程碑意义的国际公约，致力于维护全球儿童的基本权利。该公约定义儿童为 18 岁以下的个体，拥有生存、发展、受保护和参与的基本权利。公约呼吁各国政府采取切实措施，确保儿童的权利得到充分尊重，避免他们遭受暴力、虐待、剥削和歧视等不法行为的侵害。公约还特别强调了儿童最大利益原则，在所有涉及儿童的决策过程中，儿童的福祉应被置于首位。为了确保公约的实施，设立了包括国际监督和国家自我报告在内的执行机制。公约自生效以来，在全球范围内产生深远影响，提升了全球对儿童权利的认识和重视程度。各国政府响应号召，纷纷制定或完善保护儿童权益的法律法规，以履行其国际义务。《儿童权利公约》为全球儿童事业的发展提供了坚实的法律基础，成为维护儿童权益的基石。

一、《儿童权利公约》的发展历程

（一）早期倡议与筹备阶段

在长期的历史进程中，儿童常常被视为家庭和社会的附属品，他们的权益常常被忽视或剥夺。在20世纪70年代末，随着人权观念的普及和深化，儿童权利逐渐进入国际社会的视野，人们开始意识到儿童作为独立个体的权利和尊严。当时，世界各地仍有大量儿童生活在贫困、疾病、战争等恶劣环境中，其基本权利无法得到保障。为了改变这一状况，联合国着手筹备制定一项全面保护儿童权利的国际法律文书。这一阶段，联合国大会、人权委员会及相关工作组发挥了重要的推动作用。他们通过召开会议、组织讨论和磋商等方式，广泛征求各国政府、非政府组织、儿童权益专家等各方意见，就公约的指导思想、基本原则、儿童定义、儿童权利、保护措施、国际合作等核心问题进行了深入研究和探讨。

（二）《儿童权利公约》的起草与通过阶段

经过多年的精心筹备和深入酝酿，联合国在1989年正式开启了《儿童权利公约》的起草工作。在此过程中，各方代表就公约的具体条款进行了广泛而深入的讨论和协商。为了确保公约内容的全面性和普遍适用性，起草团队不仅广泛征询了各国政府的意见，还特别重视听取非政府组织、儿童权益专家及儿童本身的建议和反馈。通过多轮谈判和细致修订，1989年11月20日，联合国大会在第四十四届会议上以第44/25号决议，一致通过了这一具有历史意义的《儿童权利公约》，简称《公约》。《公约》共包含54项条款，全面阐述了儿童应享有的基本权利，涵盖了生存权、发展权、受保护权和参与权等多个方面。此外，《公约》还明确提出了四项核心原则：无歧视原则、儿童利益最大化原则、生存和发展权原则及尊重儿童意见原则，不仅为儿童权利的保护提供了坚实的法律基础，也为全球儿童权益的促进和发展指明了方向。

（三）《公约》的生效与实施阶段

《公约》通过以来，受到了国际社会的广泛认可与支持。各国政府纷纷通过签署和批准《公约》，承诺在本国的法律和政策中全面保障儿童的基本权利。1990年9月2日，《公约》正式生效，成为一项具有普遍约束力的国际法律文件。为了确保《公约》的有效实施，联合国设立了儿童权利委员会，负责监督《公约》的执行情况。委员会定期召开会议，审议各国政府提交的关于《公约》执行情况的报告，并就公约实施中的问题和挑战提出意见和建议。此外，委员会还积极促进各国政府之间的合作，共同打击侵害儿童权益的行为。各国政府积极履行《公约》义务，制定和完善保护儿童权益的法律法规，加强儿童福利制度建设，提高儿童教育和医疗水平，为儿童的全面发展创造了更为有利的条件。同时，非政府组织和民间团体也积极参与到《公约》的实施工作中，为保护儿童权益做出积极贡献。

（四）《公约》的影响与意义

自《公约》生效以来，在全球范围内产生了广泛而深远的影响。《公约》提高了全球对儿童权利的认识和重视程度，使得儿童权益保护成为国际社会共同关注的重要议题。通过《公约》的倡导和推动，越来越多国家开始重视儿童权利保护工作，制定和完善相关法律法规，为儿童的成长和发展提供更好的保障。《公约》为各国政府制定和完善儿童权益保护法律法规提供了重要的参考和依据。各国政府在制定儿童权益保护政策时，纷纷以《公约》为基准，确保政策内容符合国际标准和要求。《公约》还为各国政府搭建了一个交流和学习的平台，推动了儿童权益保护经验的分享和传播。《公约》的实施推动了全球儿童事业的发展，改善了数百万儿童的生存和发展状况。在《公约》的推动和监督下，更多儿童得以享受教育、医疗、福利等基本服务，生活条件得到显著提升。此外，《公约》还积极倡导儿童参与社会事务，提升儿童的参与意识和能力，为儿童的全面发展营造更加有利的社会环境。

二、《公约》的主要内容

（一）《公约》的核心理念与基本原则

《公约》建立在四项基本原则之上，这些原则构成《公约》的核心理念，并为各国在制定和执行儿童相关政策时提供指导。一是无歧视原则，要求各国应无差别地尊重和保护所有儿童的权利，不论其种族、肤色、性别、语言、宗教、政治观点、民族或社会出身等。这一原则体现了平等和公正的基本价值观，确保每个儿童都能在平等的基础上享有权利。二是儿童利益最大化原则，强调在处理涉及儿童的事务时，应以儿童的最佳利益为首要考虑。这一原则要求各国政府、社会组织和家庭在作出与儿童有关的决策时，应优先考虑儿童的利益，确保其权利得到充分保障。三是确保儿童的生存权和发展权的完整，要求各国采取一切必要措施，保障儿童的生存，并促进其全面发展。这一原则体现了对儿童生命的尊重和保护，同时也强调了儿童的发展权，即每个儿童都有权得到充分的发展机会和资源，以实现其潜能。四是尊重儿童的意见原则，意味着在涉及儿童的事务中，应充分听取和尊重儿童的意见，并将其作为决策的重要依据。这一原则体现了对儿童自主性和参与权的尊重，鼓励儿童积极参与与其有关的事务，并表达自己的观点和意见。

（二）儿童的定义与权利范围

《公约》将“儿童”定义为18岁以下的任何人，除非适用的法律规定成年年龄低于18岁，不仅明确了《公约》保护的对象，也强调了儿童作为独立个体的重要性。根据此定义，《公约》的保护范围扩展至所有儿童，无论其国籍、居住地、性别、宗教或其他身份特征。《公约》详尽地列举了儿童应当享有的多项权利，涉及儿童的生存、发展、保护、参与等多个层面。

生存权： 儿童最基本的权利之一是生存权。《公约》要求各国政府采取必要的措施，确保儿童的生存和健康成长。这包括提供适当的医疗保健、营养食品和安全饮用水等基本生活条件。政府应确保儿童能够获得预防接种和必要的医疗服务，从而减少疾病和死亡率。

发展权： 儿童的发展权是另一项关键权利。《公约》要求各国政府为儿童提供充分的发展机会和资源。这不仅包括免费的基础教育和职业培训，还涉及心理和情感发展的支持。政府应投资于教育和心理健康项目，帮助儿童实现其潜能并提高生活质量。

受保护权：儿童的受保护权要求各国政府采取措施，保护儿童免受一切形式的暴力、虐待、剥削和歧视。这包括打击拐卖儿童、童工和性侵犯等犯罪行为，并为受害儿童提供救助和支持。同时，保护儿童的隐私权和个人信息也是保护权的一部分，政府和社会组织应尊重并保护儿童的隐私。

参与权：儿童的参与权强调他们有权参与与其有关的事务，并表达自己的观点和意见。《公约》要求政府和社会组织在制定和执行与儿童有关的政策时，应充分听取和尊重儿童的意见。政府可以通过学校和社区活动，为儿童提供参与决策的机会，促进其全面发展和社会融入。

（三）《公约》的具体条款与规定

《公约》共分三大部分 54 项条款，对儿童的各项权利作出具体而详细的规定。第一部分主要阐述了儿童的定义、儿童的权利及各国政府的责任和义务，要求各国政府采取一切必要措施，确保儿童的权利得到充分保障，并为儿童的全面发展创造有利条件。此外，各国政府还应加强国际合作，共同打击侵害儿童权益的行为，并为发展中国家提供必要的援助和支持。

第二部分针对儿童的各项具体权利进行了规定，包括生命权、身份权和国籍权、家庭环境和替代性照料权、健康权、受教育权、休闲和文化活动权、受保护权、参与权等。这些权利构成了《公约》的核心内容，相互联系、相互促进，共同构成了一个完整的儿童权利体系，为儿童的全面发展提供了有力的保障。

第三部分则对《公约》的执行和监督机制作了规定，包括国际和国内的执行措施、儿童权利的救济途径、《公约》的修订和解释等，要求各国政府设立专门的机构或指定专人负责《公约》的执行和监督工作，并定期向联合国提交关于《公约》执行情况的报告。

三、联合国其他相关法规

除具有划时代意义的《公约》外，联合国还颁布了一系列与儿童权益密切相关的法规，不仅规定了各国政府在保护儿童权益方面的责任，而且鼓励社会各界积极参与儿童保护工作，共同促进儿童的发展。这些法规文件为各国政府及国际社会提供了行动指南，助力全球儿童事业的持续进步。以下将详细阐述其中几部代表性法规。

（1）《联合国打击跨国有组织犯罪〈公约〉关于预防、禁止和惩治贩运人口特别是妇女和儿童的补充议定书》：该议定书针对日益严峻的儿童贩运问题，要求各国政府通过立法、行政等手段，预防和打击贩运人口，尤其是妇女和儿童的行为。议定书强调了国际合作的必要性，倡导各国加强情报交流、司法协助和执法合作，共同对抗跨国犯罪，确保儿童的合法权益得到保护。

（2）《联合国儿童权利宣言》：该宣言明确了儿童应享有的基本权利和自由，涵盖了生存权、发展权、受保护权和参与权等方面。宣言指出，儿童是人类未来的希望，应得到特别的保护和关爱。此外，宣言还号召各国政府、国际组织和社会各界共同为儿童的全面发展营造良好环境，保障儿童在尊严、平等和安全的环境中成长。

（3）涉及儿童教育、健康、福利等方面的决议和宣言：例如，《儿童生存、保护和发展世界宣言》突出了儿童生存、保护和发展的重要性，敦促各国政府制定和实施相关政策和计划，提升儿童的生活质量和福利。《适合儿童生长的世界》则是一份全面的儿童发展行动计划，提出了实现儿童权益的具体目标和措施，包括消除贫困、提高儿童健康水平、推动儿童教育、防止儿童遭受暴力等。这些文件为全球儿童事业的发展提供了有力的指导和行动框架。

（4）针对特定儿童群体的法规：例如，《联合国残疾人权利公约》涵盖了儿童残疾人的权益保障，要求各国政府采取针对性措施，确保残疾儿童能够平等享有各项权利。《联合国关于被剥夺自由儿童的原则和准则》则聚焦于被剥夺自由的儿童，强调各国政府应尊重和保护这些儿童的人权和尊严，确保他们得到适当的待遇和关怀。

第二节 我国儿童福利政策

一、儿童福利及儿童福利政策概述

（一）什么是儿童福利

儿童福利是一个多维度、宽领域的概念，涵盖了保障儿童权益、促进儿童发展和为儿童提供必要服务的所有方面。儿童福利强调儿童的基本权利保护，包括生存权、发展权、受保护权和参与权等。生存权是儿童最基本的权利，要求社会和国家提供必要的生存条件，如足够的食物、安全的饮用水和基本的医疗保健。发展权则强调儿童有权享有促进其身心、智力、精神、道德和社会发展的各种条件，包括教育、文化活动和休闲时间等。受保护权意味着儿童应受到特殊保护，免受任何形式的虐待、剥削和歧视。参与权则鼓励儿童积极参与社会生活和决策过程，表达自己的意见和观点。

儿童福利关注儿童的全面发展，包括身体健康、心理健康、社会交往能力、学习能力等多个方面。为了实现这一目标，需要为儿童提供综合性的服务和支持。例如，提供营养均衡的膳食、开展体育锻炼和健康教育活动，以促进儿童的身体健康；提供心理咨询和支持，以帮助儿童建立积极的心态和应对压力的能力；创造安全、和谐的家庭和社会环境，以促进儿童的社会交往能力；提供优质的教育资源和学习机会，以激发儿童的学习兴趣和潜力。

儿童福利还涉及为儿童提供必要的服务，包括儿童教育、儿童医疗保健、儿童心理咨询、儿童保护等，旨在满足儿童在成长过程中遇到的各种需求，确保他们能够在安全、健康、友爱的环境中茁壮成长。此外，这些服务也需要根据儿童的年龄、性别、文化背景和特殊需求进行个性化定制，以确保每个儿童都能得到最适合自己的支持和帮助。

总的来说，儿童福利要求社会和国家从多个方面关注和保障儿童的权益和发展。这不仅是道德和责任的要求，更是对未来社会的投资和期许。因为只有当每一个儿童都能享有充分的福利和保障时，我们的社会才能更加公平、和谐和可持续地发展。

（二）儿童福利政策

儿童福利政策是一套以儿童为中心，旨在保障其权益、促进其身心健康发展和社会融入的方针、措施和法律规定的总和。这些政策由国家、政府和社会各界共同制定和执行，以确保儿童能够在安全、健康、有尊严的环境中成长，并享有应有的权利和机会。其核心在于将儿童的最大利益作为首要考虑，确保他们在社会、经济、文化等各个领域得到平等对待和全面保护。

儿童福利政策不仅关注儿童的基本生活需求，如食物、衣物、住所和教育等，还深入到儿童的心理、情感和社会交往等层面，力求为儿童创造一个安全、健康、友爱的成长环境。它强调儿童作为独立个体的权利和尊严，通过法律手段保障儿童的生存权、发展权、受保护权和参与权等基本权利。此外，儿童福利政策还承担着预防儿童虐待、忽视和剥削等重要任务，通过制定严格的法律法规和建立有效的监督机制，确保儿童远离伤害和危险。同时，政策也致力于促进儿童全面发展，通过提供丰富多彩的文化、体育和娱乐活动，激发儿童的潜能和创造力，培养其成为有责任感、有同理心和有贡献能力的社会成员。

二、我国儿童福利政策

儿童是国家的未来，是民族的希望。儿童的健康、幸福和成长不仅关系到每个家庭的幸福，更关系到国家的发展和社会的进步。因此，制定和实施儿童福利政策，保障儿童的权益，促进儿童的全面发展，是国家和社会的共同责任。近年来，我国政府在儿童福利领域做出了巨大努力，制定了一系列儿童福利政策，为儿童的成长提供了全方位的保障和支持。这些政策不仅体现了国家对下一代的深切关怀，也彰显了社会对儿童成长环境的重视和优化。

（一）我国儿童福利政策的主要内容

1. 儿童生存保障政策

儿童生存保障政策构成了我国儿童福利政策的基石。我国政府通过实施这一政策，为儿童提供了生存的基本保障，体现了国家对儿童福祉的重视，也展现了政府在促进儿童健康成长方面的积极作为。具体包括以下几个方面。

儿童健康保障政策：如新生儿疾病筛查、儿童疫苗接种等，这些措施有效降低了儿童的死亡率和疾病发生率，提升了儿童的整体健康水平。

儿童营养保障政策：为经济困难地区的儿童提供营养餐和营养品，确保他们获得必要的营养支持。

儿童医疗保障体系：涵盖城乡居民基本医疗保险和大病保险，确保患病儿童能够及时获得有效治疗。

儿童伤害预防和控制：通过加强儿童安全教育，提高他们的自我保护能力，预防意外伤害。

2. 儿童发展促进政策

儿童发展促进政策是儿童福利政策的核心，旨在为儿童的全面成长提供坚实的支持。我国政府制定以下具体政策，提升儿童的教育水平和文化素养，为他们的综合素质和社会适应能力奠定基础，确保儿童的潜能得到充分发挥。

教育保障政策：实行义务教育制度，确保所有儿童都能接受基础教育，同时实施学前教育行动计划，以提高学前教育的普及率。此外，加强特殊教育，保障残疾儿童的受教育权利，确保教育机会的平等。

文化与体育活动：通过儿童文化体育保障政策，为儿童提供多样化的文化和体育活动，这些活动不仅丰富了儿童的精神生活，也促进了他们的身心健康和全面发展。

科技创新与实践能力培养：政府积极推动儿童参与科技创新活动，鼓励他们探索未知领域，培养创新意识和实践能力，为未来的科学发展和社会进步打下坚实的基础。

3. 儿童保护政策

儿童保护政策是儿童福利政策的重要组成部分。我国政府通过实施儿童保护政策，为儿童的身心健康和人身安全提供了有力保障。这包括儿童法律保护政策，如制定和实施《中华人民共和国未成年人保护法》等法律法规，明确规定了儿童的法律地位和权利；实施儿童心理保护政策，为儿童提供心理咨询和心理健康教育服务，帮助儿童建立健康的心态和应对压力的能力；实施儿童社会保护政策，为儿童提供社会救助和福利服务，保障儿童的基本生活需求得到满足。此外，我国政府还注重打击侵害儿童权益的违法犯罪行为，加强儿童保护宣传教育，提高儿童自我保护意识和能力。这些政策的实施，有效地保障了儿童的身心健康和人身安全。

儿童保护政策是我国儿童福利体系的重要组成部分，旨在维护儿童的身心健康并确保其人身安全。我国政府通过以下政策的实施，有效地提升了儿童的生活质量，确保他们能够在一个安全、健康的环境中成长。

法律保护政策：我国政府制定并实施了包括《中华人民共和国未成年人保护法》在内的法律和法规，明确儿童的法律地位和权利，为儿童提供坚实的法律保障。

心理保护政策：实施心理健康政策，为儿童提供心理咨询和心理健康教育，帮助他们建立健康的心理状态，增强面对生活压力的适应能力。

社会保护政策：确保儿童能够获得必要的社会救助和福利服务，满足他们的基本生活需求，从而保障其社会福祉。

打击侵权行为：积极打击侵害儿童权益的犯罪行为，保护儿童免受伤害。

教育和宣传：加大儿童保护的宣传教育力度，提升儿童的自我保护意识和能力。

4. 儿童参与政策

儿童参与政策在儿童福利体系中占据着日益重要的地位，不仅促进儿童的全面发展，还有助于培养他们的社会责任感和公民意识。我国政府积极推动这一领域的政策实施，为儿童提供了展示自己才能的平台，也为他们提供了宝贵的学习和成长机会，确保儿童能够在一个更加开放和包容的环境中发展，成为未来社会的积极贡献者。具体措施包括以下几个方面。

儿童决策参与：在制定涉及儿童利益的政策时，政府特别重视儿童的声音。通过邀请儿童代表参与座谈会和听证会，确保儿童的意见和建议被充分听取和考虑。

社会活动参与：鼓励儿童参与志愿服务、环保活动等公益事业，不仅培养他们的公益意识和奉献精神，也增强了他们的社会责任感。

社会实践能力培养：实施儿童社会实践能力培养计划，为儿童提供丰富的社会实践机会。这不仅帮助儿童更好地了解社会，还促进他们融入社会、服务社会，从而提升他们的综合素质。

综合素质提升：通过这些政策的实施，儿童的社会参与能力得到了显著提高，他们的综合素质也得到了全面提升。

（二）我国儿童福利政策的实施效果与展望

我国儿童福利政策的实施效果显著，为儿童的生存、发展和保护提供了全面而深入的保障。通过实施儿童生存保障政策，儿童的健康状况得到了显著改善，死亡率大幅下降，生活质量显著提升。教育保障政策的推行，有效确保了儿童平等接受教育的权利，进而提高了国民的整体素质。同时，儿童保护政策的强化有力地打击了侵害儿童权益的行为，为儿童营造了一个更加安全、健康的成长环境。

展望未来，我国儿童福利政策仍有广阔的发展空间和潜力。随着社会的不断进步和经济的持续发展，儿童的需求也在日益多样化，这就要求我们的政策必须更加精细化、个性化，以更好地满足儿童的实际需求。同时，我们应进一步关注农村、贫困地区和特殊儿童群体的福利问题，加大政策扶持和资源投入力度，确保每一个孩子都能享受到公平、均等的福利服务，不让任何一名儿童在成长道路上掉队。此外，加强国际合作与交流也是未来儿童福利政策发展的重要方向，通过积极借鉴国际先进经验，可以不断推动我国儿童福利政策的创新与完善，提升我国的国际影响力和竞争力。

第三节　我国儿童福利开展中的瓶颈

儿童作为国家的未来与民族的希望，其健康与幸福状态直接关系到社会的和谐与稳定。近年来，伴随着社会的进步和经济的蓬勃发展，我国儿童福利事业已经取得了显著的成就。然而，在儿童福利工作的推进过程中，仍然面临着诸多亟待解决的问题，不仅影响着儿童的健康成长与发展，也成为制约我国儿童福利事业整体提升的重要因素。

一、政策法规体系不完善，执行难度大

（一）立法滞后，政策体系不健全

儿童福利的法制化建设是确保儿童权益得到根本性、长期性保障的核心所在。但我国儿童福利立法工作仍显滞后，尚未建立起一套全面、系统且与时俱进的儿童福利法律

体系。尽管现有的《中华人民共和国未成年人保护法》等法律法规为儿童提供了一定的法律保障，但在面对日益复杂多变的社会环境时，这些法律条款往往显得过于笼统，缺乏针对性和可操作性。例如，针对网络环境下的儿童保护、儿童心理健康的维护、儿童教育资源的公平分配等问题，现有法律法规难以提供有效的解决方案，不仅使儿童面临更大的风险，也为不法分子提供了可乘之机。

我国儿童福利政策的制定和执行涉及多个部门和层级，由于缺乏有效的协调机制，各部门之间各自为政，导致政策制定和执行过程中存在严重的碎片化现象。不仅造成政策资源的浪费，也使得政策效果削弱，难以形成保障儿童权益的强大合力。为了弥补这种法律空白和漏洞，一些地方政府和部门尝试出台地方性法规或部门规章。然而，由于缺乏统一的标准和指导原则，这些地方性法规和部门规章往往存在内容冲突、执行困难等问题，进一步加剧了儿童福利政策体系的混乱和不健全状况。

（二）执行力度不够，监管缺失

在我国儿童福利政策法规的执行过程中，暴露出一系列亟待解决的问题。部分地方政府和部门对政策法规的执行力度明显不足，致使这些政策法规在实际操作中形同虚设。具体表现为，一些地方政府和部门在执行儿童福利政策时，往往仅停留于表面形式，缺乏实质性的深入实施，未能确保政策的有效落地。以孤儿保障为例，尽管一些地方建立了孤儿院等福利机构，但这些机构常面临资金匮乏、管理不善等困境，难以真正为孤儿提供必要的保障与关爱。

监管的缺失也是导致政策执行不力的重要原因。在儿童福利领域，由于缺乏有效的监管机制和手段，一些地方政府和部门在执行政策时容易出现违规操作、滥用职权等行为。这些不当行为不仅直接损害了儿童的切身利益，还严重削弱了政策的公信力和执行力。以农村留守儿童关爱政策为例，尽管一些地方政府已经出台了一系列相关政策措施，但由于监管不力，这些措施往往难以得到有效执行，留守儿童的生活和学习条件依然十分严峻。

二、儿童福利服务供给不足，城乡区域发展不平衡

（一）服务机构数量不足，设施不完善

随着社会的快速发展，我国儿童福利服务需求不断增长，但当前儿童福利服务机构的数量却远未能满足这一迫切需求。特别是在农村与贫困地区，儿童福利服务机构的稀缺问题尤为严重。这些地区的儿童本就承受着更大的生活与成长压力，却因服务机构数量的限制，难以获得及时且有效的援助与支持。即便在城市地区，尽管儿童福利服务机构相对较多，但设施不完善的问题依旧突出。部分机构因资金匮乏、管理不善等因素，导致设施老化、环境欠佳。例如，一些儿童福利院的床位紧张，医疗设施不足，无法为孤儿和残疾儿童提供充分的照料与治疗。这些问题的存在不仅削弱了儿童的生活质量，也阻碍了儿童福利事业的健康发展。

服务机构数量的不足与设施的欠完善，导致众多儿童无法享受到应有的福利服务。

部分儿童面临教育资源匮乏、心理健康问题被忽视等困境，成长与发展受到严重制约，甚至可能成为社会的不稳定因素。

（二）城乡区域发展不平衡，资源配置不合理

我国儿童福利事业在城乡之间、区域之间的发展不平衡问题也十分突出。城市地区的儿童福利服务水平相对较高，由于经济发达、资源丰富，能够为儿童提供更加优质、全面的福利服务。例如，城市地区的儿童可以享受到更好的教育资源、医疗设施和娱乐活动等。农村地区和贫困地区的儿童福利事业却相对滞后，由于经济基础薄弱、资源匮乏，难以为儿童提供充分、有效的福利保障。许多农村地区的儿童面临着上学难、看病难等问题，他们的成长环境和生活质量与城市儿童相比存在巨大差距。

此外，不同区域之间的资源配置也存在不合理现象。一些地区由于政策倾斜、资金投入不足等原因，导致儿童福利事业发展严重滞后。这种不平衡的发展格局不仅影响了儿童的健康成长，也制约了我国儿童福利事业的整体发展，导致社会的不公平现象加剧，影响社会的和谐与稳定。

三、儿童福利服务专业化程度不高，服务质量有待提升

（一）服务人员专业素养不足，培训机制不完善

儿童福利服务是一项跨儿童心理、教育、医疗、康复等多个领域的综合性工作，对服务人员的专业素养有较高的要求。当前我国儿童福利服务人员的专业素养普遍不高，部分人员甚至缺乏必要的专业知识和技能培训。这一现状导致他们在面对儿童多样化需求时，难以提供科学、专业的服务，进而影响了儿童的健康成长。具体表现为：在服务儿童心理评估、教育指导、医疗康复等方面，部分服务人员专业技能存在明显短板，对儿童心理问题的识别和干预能力薄弱，无法为儿童提供及时有效的心理支持；在教育指导上，部分服务人员缺乏科学的教育理念和方法，难以有效引导儿童全面发展；在医疗康复领域，一些服务人员因缺乏专业的康复知识和技能，无法为残疾儿童等特殊群体提供有效的康复服务。

此外，现有的培训机制也存在诸多不足。一是培训内容偏重理论传授，缺乏实践操作环节，使得服务人员在实际工作中难以有效运用所学知识。二是培训周期过短，无法保证服务人员全面掌握所需的专业知识和技能。此外，培训师资力量薄弱，部分教师自身也缺乏实践经验，难以为服务人员提供切实有效的指导。

（二）服务质量有待提升，监管评估不到位

由于服务人员专业素养不足、培训机制不健全等原因，我国儿童福利服务存在以下问题：服务态度冷漠、缺乏耐心和责任心；服务流程不规范、存在漏洞；服务设施不完善、环境恶劣等。服务质量不高，降低了家长和社会对儿童福利服务行业的信任度。此外，监管评估的不到位也是导致服务质量不高的重要原因之一。当前，我国儿童福利服务行业的监管体系尚不完善，存在监管力度不足、监管手段单一等问题。这使得部分服

务机构在提供服务时存在侥幸心理，放松了对服务质量的要求。监管评估的缺失或不到位，进一步加剧了服务质量的下滑。

四、儿童保护机制不健全，侵害儿童权益事件时有发生

（一）基层保护力量薄弱，预防和打击力度不够

儿童保护工作的核心在于基层，基层保护力量的强弱直接关系到儿童权益能否得到有效维护。但当前我国基层儿童保护力量相对薄弱，难以有效预防和遏制侵害儿童权益的行为。一方面，部分基层政府和部门对儿童保护工作的重视程度不足，投入资源有限。儿童保护工作在一些地区被边缘化，缺乏必要的人力、物力和财力支持。这导致基层保护人员在面对侵害儿童权益的行为时，因资源匮乏而无法采取有效的预防和打击措施。另一方面，基层保护人员的专业素养和技能水平也亟待提升。部分基层保护人员缺乏系统的儿童保护知识和技能培训，使得他们在处理儿童保护问题时显得力不从心。例如，在面对儿童遭受家庭暴力、校园欺凌等复杂问题时，部分基层保护人员因缺乏专业的干预手段和方法，而无法为受害儿童提供及时、有效的帮助和支持。

（二）社会监督和惩处机制缺失，侵害者未受应有制裁

保护儿童权益是全社会的共同责任，需要各界的积极参与和共同努力。当前，我国社会对侵害儿童权益行为的监督和惩处力度明显不足。尽管我国已制定了一系列旨在保护儿童权益的法律法规，但在实际执行中却遭遇了诸多挑战。部分法律法规过于笼统，缺乏具体的操作指南，使得在实际执行过程中难以得到有效落实。部分执法机构在处理侵害儿童权益的案件时，存在不作为、慢作为等问题，导致侵害者未能受到应有的法律制裁，逍遥法外。部分家庭和教育机构在儿童保护方面也显得力不从心。一些家长由于缺乏正确的教育理念和方法，对儿童实施体罚、虐待等不当行为，严重损害了儿童的身心健康。此外，一些教育机构在校园安全管理、学生欺凌防治等方面存在明显的漏洞和不足，导致校园欺凌等问题频发，儿童的权益受到严重威胁。

五、儿童参与程度低，社会支持不足

（一）儿童参与渠道不畅，表达权利受限

儿童作为儿童福利事业的直接受益群体，其参与和发声对于确保服务质量、提升福利水平具有至关重要的作用。但在现实情况中，儿童的参与程度却显著不足。首要的原因在于儿童参与的渠道不畅。在家庭、学校及社会各层面，儿童的意见与诉求常被忽视或轻视，他们的声音往往被淹没在成人的决策之中。部分家长和教育者因认为儿童缺乏足够的判断力和经验，而习惯于替他们做决定，剥夺了儿童的参与权和表达权。即便在有限的参与机会中，儿童也常面临表达权受限的困境。由于缺乏有效的表达平台和机制，儿童的声音难以被充分听取和采纳，他们的意见和建议往往无法得到应有的重视。这不仅严重阻碍了儿童自身的发展，也导致儿童福利服务难以真正契合儿童的实际需求，影响了儿童福利事业的整体进步。

（二）社会支持有限，捐赠和志愿服务不足

儿童福利事业的发展离不开社会的广泛支持与积极参与。社会支持度不足是制约我国儿童福利事业进一步发展的重要因素。一方面，部分企业和个人对儿童福利事业缺乏深入的了解和认识，直接造成了捐赠、志愿服务等社会支持形式的严重匮乏。更为严重的是，部分人存在认知误区，错误地把儿童福利事业归结为政府独自承担的责任，片面地认为与个人以及企业无直接的关联，因此缺乏参与的动力和意愿。

另一方面，部分企业和个人有意愿参与儿童福利事业，却因信息不对称、参与渠道不畅等现实问题的羁绊，难以切实有效地提供相应支持。例如，部分企业虽然有意捐赠资金或物资，却因为不了解儿童福利机构的具体需求和运作方式，而无法将支持精准地落实到位；部分民众尽管有意投身志愿服务，却因缺乏参与渠道或相关信息不畅，使得这一愿望难以达成。这些现实问题的存在，进一步加剧了儿童福利事业发展的困境。

第四节　留守儿童享有的权利

留守儿童由于父母长期外出务工，被迫留守在家乡，构成了一个特殊的儿童群体。在这样的背景下，留守儿童置身于一个资源匮乏的成长环境中，需应对众多的生活与学习上的挑战。为了确保这些孩子的身心健康和全面发展，社会各界需对留守儿童所应享有的各项权利给予足够的关注和切实的保障。这些权利不仅关乎留守儿童个人的成长与发展，同时也是维护整个社会和谐与稳定的重要基石。

一、受教育权

受教育权是留守儿童最基本的权利之一。教育在个体成长与发展过程中扮演着举足轻重的角色，尤其对于留守儿童而言，良好的教育能够为他们开辟更为广阔的人生道路，助力他们摆脱贫困与落后的境遇。

（一）平等接受教育的权利

留守儿童有权与其他儿童一样，平等地接受国家规定的义务教育，不受任何形式的歧视与排斥。但由于多种原因，留守儿童在教育过程中往往面临诸多困难。为保障他们的平等受教育权，政府应加大对农村教育的投入，提升农村学校的教学水平和质量。具体措施包括改善学校教学设施、提供更多教育资源、加强师资力量的建设等。这样才能确保留守儿童能够就近入学，降低辍学率，使他们真正享受到平等的教育机会。

（二）享受优质教育资源的权利

留守儿童有权享受优质的教育资源，包括优秀的教师、先进的教学设备、丰富的课程内容等。优秀的教师是提高教育质量的关键，他们不仅是知识传授者，更是留守儿童健康成长的重要引导者。因此，政府部门应加强对农村教师的培训和管理，提高他们的教学水平和专业素养。此外，先进的教学设备和丰富的课程内容也是提高教育质量的重要保障。政府应鼓励社会各界参与到农村教育中来，为留守儿童提供更多的学习机会和资源。例如，通过开展校企合作、引入社会力量办学等方式，让留守儿童能够接触到更广阔的知识领域和更先进的教育理念。

（三）特殊教育关怀的权利

留守儿童常常面临心理压力大、学习成绩不佳、生活习惯不良等问题，不仅影响他们的身心健康，也制约了他们的成长与发展。政府部门应建立健全留守儿童心理辅导体系，为他们提供及时、有效的心理支持和帮助。例如，通过设立心理咨询室、配备专业心理咨询师等方式，确保留守儿童在遇到问题时能够及时得到帮助和疏导。针对留守儿童的学习问题，政府和社会可提供个性化的学习辅导，帮助他们提高学习成绩。例如，可以通过开展课外辅导、设立奖学金等方式实现，以激发留守儿童的学习兴趣和动力。此外，生活关怀也是留守儿童教育中不可或缺的一部分。由于留守儿童缺乏父母的陪伴和照顾，他们在生活中面临较多困难。政府和社会应共同关注留守儿童的生活状况，为他们提供必要的生活帮助和关怀。社会各界可以通过设立留守儿童关爱基金、开展志愿服务等方式，让留守儿童感受到社会的温暖和关爱。

二、生存权与发展权

生存权与发展权，作为留守儿童不可剥夺的基本权利，蕴含着立法者对他们的关怀与殷切期望。这两项权利不仅关乎留守儿童个人的命运轨迹，更与整个社会的和谐与稳定息息相关。因此，保障留守儿童的生存权与发展权，对于促进他们的健康成长和全面发展具有不可估量的重要价值。

（一）基本生活保障的权利

留守儿童有权享有基本的生活保障，包括充足的食物、安全的饮用水、适宜的居住环境等。然而，留守儿童家庭的经济条件普遍较为拮据，他们的基本生活需求往往难以得到充分满足。为了切实保障留守儿童的基本生活保障权，政府应加大对留守儿童家庭的扶持力度，通过提供经济援助、生活物资等多种方式，确保他们的基本生活需求得到有效满足。同时，政府还应致力于建立健全农村社会保障体系，为留守儿童提供必要的生活保障和救助措施，让他们能够切实感受到社会的温暖与深切关怀。

（二）医疗保健的权利

留守儿童正处于身心发展的关键时期，他们的健康状况直接影响着他们的成长和发展。政府应加大对农村基层医疗建设的投入力度，提升医疗服务水平，确保留守儿童在需要时能够及时获得有效的医疗救治。此外，政府应加强对留守儿童健康问题的关注和研究工作，为他们提供具有针对性的健康指导和帮助；还可以通过组织健康知识讲座、提供心理咨询服务等方式，帮助留守儿童更好地了解自己的身体状况，并学会如何有效保护自己的健康。

（三）全面发展的权利

为了促进留守儿童的全面发展，政府应提供多样化的教育资源和活动平台，让留守儿童能够接触到更广阔的知识领域和更丰富的文化体验。同时，政府还应鼓励社会各界关注留守儿童的文化生活，为他们提供更多的文化产品和服务。例如，可以通过开展文化交流活动、设立文化基金等方式实现，让留守儿童能够在文化的熏陶下健康成长。

留守儿童有权享有全面发展的机会，包括文化、艺术、体育等多个方面的培养。但农村地区的文化教育资源相对有限，留守儿童往往难以接触到多样化的教育资源和活动平台。为了促进留守儿童的全面发展，政府应积极提供多样化的教育资源和活动平台，让他们能够有机会接触到更广阔的知识领域和更丰富的文化体验。政府还应鼓励社会各界广泛关注留守儿童的文化生活需求，为他们提供更多的文化产品和服务。例如，可以通过组织文化交流活动、设立文化基金等多种方式，让留守儿童在文化的滋养下健康成长、全面发展。

三、受保护权

受保护权是留守儿童应享有的重要权利之一。由于留守儿童的家庭环境和生活条件相对不利，他们更容易受到各种形式的侵害和伤害，对他们的保护显得尤为重要。

（一）家庭保护的权利

留守儿童有权享有家庭的保护和关爱。家庭，作为个体成长的摇篮，对于儿童的身心健康和全面发展具有不可替代的作用。由于父母长期外出务工或离异等原因，留守儿童无法享受到完整的家庭关爱和保护，导致他们在成长过程中更容易面临心理健康问题、行为问题等挑战。因此，父母或其他监护人应切实履行监护职责，为留守儿童提供必要的生活照料和情感陪伴，确保他们的身心能够健康成长。此外，政府也应加强对家庭监护的指导和监督，通过提供家庭教育指导、建立家庭监护制度等方式，确保留守儿童能够在家庭环境中得到充分的保护和关爱。

（二）学校保护的权利

学校是儿童接触社会、学习知识的重要场所，对于儿童的成长发展具有深远的影响。留守儿童由于家庭环境的缺失，往往更容易在学校中遭遇问题。因此，学校应当建立健全的安全管理制度，加强校园安全巡查，有效防止校园欺凌和暴力事件的发生。同时，教师也应密切关注留守儿童的身心健康状况，及时发现并处理他们面临的问题和困难。例如，教师可以定期开展心理健康教育课程，帮助留守儿童建立正确的人生观和价值观；通过家访、谈心等方式深入了解留守儿童的家庭情况和成长经历，为他们提供更加个性化的帮助和支持。

（三）社会保护的权利

社会各界应共同关注留守儿童的成长问题，为他们提供必要的帮助和支持。留守儿童问题是一个复杂的社会问题，需要全社会的共同关注和努力来解决。政府应加强对留守儿童保护工作的监督和管理，通过制定相关法律法规、建立留守儿童保护机制等方式，严厉打击侵害留守儿童权益的违法犯罪行为。社会各界也应积极参与到留守儿童关爱行动中来，通过捐赠、志愿服务等方式为他们提供必要的帮助和支持。例如，企业可以通过设立奖学金、提供资助等方式支持留守儿童的教育和职业发展；社会组织则可以开展留守儿童关爱项目，为他们提供心理辅导、学业帮助等方面的支持。通过这些举措，我们可以共同为留守儿童创造一个更加安全、健康的成长环境。

四、参与权

参与权是留守儿童应当享有的另一项重要权利。通过参与到与自己相关的事务中来，留守儿童不仅能够增强自主意识和责任感，还能有效培养社会交往能力和团队合作精神。更为关键的是，参与的过程能让留守儿童感受到自己的存在和价值，从而更加自信、积极地面对生活。

（一）参与家庭决策的权利

留守儿童有权参与家庭决策，对与自己相关的事务发表意见和看法。家庭虽小，却是一个社会的缩影，家庭决策往往关乎每个家庭成员的切身利益。对于留守儿童而言，由于长期与父母分离，他们在家庭决策中往往被忽视。作为家庭的一员，留守儿童同样拥有自己的想法和需求。因此，父母或其他监护人应尊重留守儿童的意见和选择，鼓励他们积极参与家庭生活。例如，在制订家庭计划、选购家庭用品时，可以主动征求留守儿童的意见，让他们感受到自己在家庭中的重要地位。政府也应加强对家庭教育的指导和支持，帮助家长树立正确的教育理念和方法，共同营造一个和谐、民主的家庭氛围。

（二）参与学校活动的权利

留守儿童有权参与到学校组织的各种活动中来，展示自己的才华和特长。学校是儿童成长的重要场所，也是儿童展示自我的重要舞台。对于留守儿童来说，由于他们缺乏自信和表现机会，更容易在学校中被边缘化。因此，学校应为留守儿童提供多样化的活动平台和机会，激发他们的学习兴趣和积极性。例如，可以组织文艺比赛、体育比赛、科技竞赛等活动，让留守儿童在比赛中展示自己的才华和特长；可以设立学生社团、兴趣小组等，让留守儿童在组织中培养自己的兴趣爱好和团队合作精神。教师也应关注留守儿童的个性差异和特长爱好，为他们提供个性化的指导和支持，让每一个留守儿童都能在学校中找到属于自己的舞台。

（三）参与社会事务的权利

留守儿童作为社会的一员，有权参与到社会事务中来。政府和社会应鼓励和支持留守儿童参与到与自己有关的社会事务中来，培养他们的公民意识和社会责任感。例如，可以组织留守儿童参加志愿服务活动、环保活动等公益事业，让他们在实践中了解社会、服务社会；可以邀请留守儿童参加社区会议、市民论坛等活动，让他们在交流中发表自己的见解和建议。同时，应建立健全留守儿童参与机制，为他们提供必要的参与渠道和平台，使他们的参与权得到切实保障，帮助留守儿童更好地融入社会，成为有责任感、有担当的公民。

五、文化娱乐权

在儿童的成长历程中，文化娱乐权占据重要地位。对于留守儿童这一特殊群体，文化娱乐权不仅是他们精神文化层面的需求，更是促进其身心健康发展、实现全面成长的重要基石。丰富多彩的文化娱乐活动能够极大地充实留守儿童的精神世界，提升他们的文化素养与审美能力，使他们在快乐中茁壮成长，并在成长的过程中深刻感受文化的独特魅力。

（一）享受文化产品的权利

留守儿童有权享受各种文化产品，包括图书、电影、音乐等。留守儿童由于生活环境的限制，往往无法像城市儿童那样方便地接触到各种文化产品。因此，政府和社会应加大对农村文化建设的投入，为留守儿童提供更多的文化产品和服务。这包括建立农村图书馆、文化中心等设施，为留守儿童提供阅读图书、观看电影、欣赏音乐的场所和机会。同时，还应鼓励社会各界关注留守儿童的文化需求，通过捐赠图书、音像制品等方式，为留守儿童提供针对性的文化帮助和支持。

（二）参加文化活动的权利

留守儿童依法享有参与各类文化活动的权利，包括文艺演出、艺术展览等。政府部门及整个社会都应积极发挥作用，精心组织形式多样、内容丰富多彩的文化活动，为留守儿童搭建起能够充分展示自身才华的优质平台。此外，学校及各类社会团体应积极开展专门针对留守儿童的文化交流活动，拓宽他们的文化视野，促进他们全面发展。

（三）接受艺术教育的权利

艺术教育是培养儿童艺术素养和审美能力的重要途径。对于留守儿童来说，接受艺术教育不仅可以提升他们的个人素质，还可以为他们的未来发展奠定坚实的基础。因此，政府应加强对农村艺术教育的支持和引导，为留守儿童提供更多的艺术教育资源和机会。例如，建立农村艺术教育机构、培训艺术教育师资等措施。同时，还应鼓励艺术机构和专业人士关注留守儿童的艺术教育问题，通过开设艺术课程、举办艺术培训等方式，为留守儿童提供必要的帮助和指导。

第四章

留守儿童心理健康的影响因素

“妈妈，能带我一起走吗？”10岁的姗姗眼含泪水地看着母亲。

“姗姗，再等几年，等我和你爸爸再攒点钱，把你接过来。”母亲无奈地说道。

从3岁起，姗姗的父母便南下打工了，她一直跟着外公外婆在农村老家生活。外公外婆平时在家务农，没有时间管她，姗姗只能一个人在家玩耍、学习。父母只有过年时，才会回家。由于长时间与父母分离、缺少外公外婆管教，姗姗情感淡漠，时常情绪低落，常常有“被抛弃”的感觉，既想和父母亲近，得到他们的爱，又觉得他们不爱自己，对他们产生强烈的厌烦情绪。

留守儿童是一种随社会转型与城市化发展而产生的特殊群体，也是一种由农村劳动力涌入城市导致儿童长期与父母分开的特殊现象。由于分离带来的家庭结构变动，留守儿童长期身处不利环境。一方面，“迁徙”父母与“留守”儿童彼此空间分离，无法照料留守儿童的日常生活起居；另一方面，物理距离疏远造成的亲子关系疏离，使得留守儿童无法从父母处得到情感满足与科学教养，一定程度阻碍了其社会化发展。因此，关注留守儿童心理健康的影响因素，有助于提高留守儿童的健康水平。

第一节　家庭因素对留守儿童心理健康的影响

家庭是个体最早接受教育与开始社会化发展的第一场所，在儿童成长过程中扮演着重要的角色。由于父母双方或一方的外出，增加了彼此的物理与心理距离。长此以往，极大地影响了留守儿童的身心健康。

一、家庭结构对留守儿童心理健康的影响

家庭结构是由家庭成员组成的，相互作用与影响的相对稳定的家庭模式。父母外出务工后，家庭结构首先会发生明显的改变，可以分为单亲母亲家庭、单亲父亲家庭和双亲缺位家庭。一方面家庭完整性被破坏，父母双方或一方缺位，不能为留守儿童提供充足的照护；另一方面家庭功能性也被破坏，家庭功能无法正常发挥，从而造成留守儿童健康水平降低。家庭结构对留守儿童心理健康的影响，主要表现如下。

（一）父母陪伴缺失，增强留守儿童的孤独感

孤独感是一种情感上的体验，表现为对社交联系的渴望与实际社交联系之间的不匹

配。在正常情况下，儿童与父母之间的亲密关系是心理健康的重要基础。然而，当父母外出打工时，家庭结构发生变化，留守儿童心理安全感降低，会感到被遗弃、无助和孤独，加上可能长时间无法与父母在一起，缺乏亲密的家庭关系，孤独感会增强。

案例4-1

小何的孤独

小何是青山乡叶桥村何屋组的一位少年，13岁，在青山乡中心学校本部读五年级。在他 2 岁的时候，父亲因一场大病离开了人间，随后母亲外出打工，很少回来。从那时起，小何就跟着爷爷奶奶一起生活。

小何脸庞黝黑。尽管年幼，但他身上丝毫没有孩子的稚气。在奶奶向记者诉说爸爸以前的事情时，坐在桌边的小何眼眶湿润，继而伏在桌上，泣不成声。奶奶说："每当提起他的爸爸妈妈，他都很伤心。他曾跟我说过，他也很想和其他小朋友一样，有爸爸妈妈陪在自己的身边。"每天上学放学，同村的同学都有父母骑着电动车接送，只有他一个人默默来回。这种孤独感对孩子的心理影响很大。

小何的孤独感与无力感是留守儿童面临的共性问题，他们渴望得到父母的关爱和陪伴，但现实的分离却让他们不得不面对无尽的孤独和无助。这种由家庭结构上的变化导致的情感不适既会影响他们的心理健康，也会对他们的未来产生深远的影响。因此，我们应该关注家庭结构对留守儿童的影响，为他们提供更多"抱持"。

（二）被动经历分离，削减留守儿童的自我认同感

留守儿童由于经常被迫或被"骗"与父母分离，对周围的人和事物感到不信任，缺乏归属感和安全感，会感到自卑、无助和沮丧，导致自我认同感降低。他们常常认为"爸爸妈妈不爱自己""自己是可有可无的""自己是不被爱的""所有人都值得拥有幸福唯独我不配拥有幸福"……长此以往，他们极其容易陷入无限"自我否定"的思维与行为模式，常常感到自卑，自我认同感较低，无法正常成长和发展。

案例4-2

莉莉的不自信

"妈妈说今年过中秋节，他们就会回来，明天就是中秋节了，他们到哪儿了？"12岁的莉莉喃喃自语着。第二天，爷爷告诉莉莉，爸爸妈妈工作忙不回来了，莉莉再也忍不住，大喊道："每次都骗我！他们心里压根没有我！"说罢含着眼泪冲出家门。

过了几日，"为什么我这么笨，一次考得比一次差？我为什么这么没恒心没毅力？我好恨我自己！"莉莉拿着成绩单，坐在家门前的大树下，用拳头捶打着自己的大腿，眼泪止不住地往下掉。

过了一会儿，爷爷走了过来，看到莉莉的成绩，不由得感叹："莉莉，学习要踏实呀！你看人家小娟，父母也不在身边，学习成绩还那么好，将来要给老王家争光咯！"

莉莉听到爷爷的话，一股无名怒火从心头窜起，“是呀，我长得不好看，又笨又懒又没有意志力，做事情粗心又拖拉！人家小娟漂亮、心细、聪明又麻利，小娟那么好，你怎么不让她当你孙女呀！爸爸妈妈不在家，我就没人疼了！爸爸妈妈每次说回来也不回来，总是骗我，也不要我！我就是一个学习不好、没人要、没人疼的丑八怪，行了吧？！”说着说着，莉莉号啕大哭起来。

莉莉经常经历父母“答应回家相聚但无法履行承诺”的无力感和被抛弃感，若同时叠加其他生活琐事（如学业失败等），就会产生更多的自卑感，认为“自己很笨，干什么都不如别人”，自我认同感更低。由于父母外出，留守儿童常常认为自己被忽视，认为自己不重要，因此陷入焦虑、怀疑之中，在自我发展的关键期内产生自我同一性危机，长此以往必然会影响他们正常成长。因此，留守儿童的父母要重视对他们的承诺，父母以及其看护人要给予更多的正向反馈和认同，帮助他们及时调整不良自我认知，促进他们健康成长。

（三）缺乏父母指导，影响留守儿童的社交能力发展

由于长期缺乏家庭关爱和陪伴，留守儿童往往感到孤独和无助，对周围的人和世界充满了恐惧。一方面，家庭结构的不完整，让他们不愿意与人交往；另一方面，因为缺少父母的示范与指导、帮助，他们缺乏与同龄人交流的勇气，与他人进行社交时容易害羞和怯场，在新环境和与陌生人交往时，更容易感到不安和紧张，难以表达自己的意见和想法，社交能力常常得不到锻炼和提高。与此同时，由于缺少父母与看护人的陪伴与教导，部分留守儿童在正确感知和理解他人情绪方面也存在一定问题，进一步影响了他们社交能力的发展。

二、家庭教养方式对留守儿童心理健康的影响

父母双方或一方的外出，导致留守儿童的家庭结构不完整，家庭教养方式也不同于其他非留守儿童家庭。留守儿童的教养方式主要可以分为：单亲教养、父辈教养、祖辈教养三类。

（一）单亲教养

单亲教养是指父母一方外出，另一方留在家中照料子女。通常，在留守的单亲教养家庭中，多是父亲一方外出务工，母亲一方在家看护孩子。父亲外出，一方面，导致原本双方教养的家庭结构出现失衡；另一方面，导致亲子沟通减少，亲子之间的亲密度降低，留守儿童成长中父亲的缺席，使得他们对父亲的认知是模糊的、陌生的。父亲这一角色在儿童成长过程中发挥着不可小觑的作用，缺少父亲关怀、陪伴的孩子常会存在更多问题行为，导致其心理健康水平下降。

在家的母亲，不仅要承担养育孩子的责任，还要担负起照料家庭的任务，双重担子让她们力不从心。当得不到丈夫的支持时，母亲对孩子的照料与教育也会趋于随意、粗暴。妻子体恤丈夫在外务工的艰辛与不易，寄希望于孩子，对他们提出更严格的要求并

寄予更多的期望。因此，常常只关注孩子的学习，而忽略他们心理状况，缺少对他们成长过程的有效指导和支持鼓励，导致孩子厌学、孤僻、自卑。

（二）父辈教养

父辈教养是指父母均外出，将子女寄养在同辈亲友家中抚育，给予寄养家庭一定经济补贴。父辈的看护人通常与留守儿童的父母年纪相仿，也有孩子；但在照料过程中对留守儿童往往不积极作为，大多只是满足温饱，不会主动管教他们的品行、生活与学业等。不管不问的教养方式容易让留守儿童放任自流地成长发展，产生肆意妄为、自私任性的行为特征；也容易让他们产生寄人篱下的感觉，形成自卑、胆怯、孤僻等心理特征。

案例4-3

捉摸不透的牛牛

牛牛（女）9岁了，家里还有个哥哥，哥哥在爷爷那里由爷爷抚养，2岁过后便没再见面。父亲在她2岁时去世了，母亲从父亲去世那年开始去广东打工至今已有七个年头了，母亲将她交给舅舅抚养。

妈妈自从外出后，每两个月会联系家里人一次，每次联系都会问牛牛最近的表现如何，是不是乖，是不是听话。妈妈反复强调要牛牛听舅舅的话，认真学习，如果不听话就把她“拿去卖掉”。牛牛每次听到这样的话就心惊胆战，十分害怕，担心自己被卖掉。在舅舅家里，牛牛跟舅舅、舅妈、表姐等相处起来也并不愉快，舅舅让牛牛帮忙干家务，牛牛不情愿又不敢拒绝，因为舅舅总是拿“不听话就不给吃的”来威胁她。似乎所有人都在她的对立面，骂她懒，骂她不听话、爱发脾气。牛牛听到对其的指责便开始不耐烦，吃饭的时候就甩开碗筷，直接走了，怎么叫都不搭理人。经常不回家也不去学校。

这个案例揭示了留守儿童在父辈寄养家庭中遭遇的一些问题。由于从小和母亲分离，寄人篱下，无法在寄养家庭中建立亲密关系，而父辈的教养方式简单粗暴，也进一步加重了孩子拒绝沟通、随心所欲的行为。这些问题不仅会阻碍他们形成健康的情绪感知能力，还会阻碍他们发展良好的社会功能，影响其健康成长。因此，我们应该格外关注寄养家庭的留守儿童的发展，联合学校、父母和社区，给予他们更多的关心、关爱，帮助他们建立良好的寄养关系，给予他们更多的社会支持。同时，我们也应该加强对留守儿童不良行为的纠正与帮扶，培养他们的感恩之心与责任心，促进他们健康成长。

（三）祖辈教养

祖辈教养是指父母双方外出务工，将子女交由孩子的爷爷奶奶或者外公外婆等祖辈进行照料。祖辈在照顾孩子起居生活的过程中不仅能够将积累的生活知识、技能、经验传授给孩子，也能将老一辈身上的优良品质传承给留守儿童。但儿童阶段是个体性格形成的关键期，父母的关爱、良好的家庭环境及教育对其人格的健康形成与发展有着重要的影响。研究显示，没有亲子沟通的教育往往是残缺的。父母在外务工，亲子沟通缺失，留守儿童的亲情需求得不到满足，而其他看护人的关怀无法代替这种亲子关怀，这会让留守儿童一直处在“情感饥渴”的状态。

祖辈看护人大多仅在衣食住行方面满足留守儿童，又因为祖孙之间的代际差异，祖辈无法了解与掌握孙辈的心理状态。在这样的生活环境中，当留守儿童在学习生活中遇到各种困难和挫折时，他们不愿和祖辈进行沟通，但是父母双方均不在身边，无法倾听他们内心的苦恼与成长的困惑，给不了帮助。日积月累，留守儿童就产生了诸如自卑、孤僻、脾气暴躁等情绪问题，也会在学业与人际交往上出现适应不良。

三、亲子关系对留守儿童心理健康的影响

亲子关系是指父母与子女之间的相互联系，是个体形成最早、持续最久、最重要的家庭人际关系，直接影响个体的生存与发展。大量的研究显示，儿童健康的心理离不开良好的亲子关系。调查研究发现，由于与父母长期分离，留守儿童与其父母的关系淡漠甚至紧张，导致缺失安全感和自信心。因此，由于缺少父母一方或双方的陪伴，留守儿童的身心健康均会受到不同程度的影响。

（一）亲子关系淡漠，抑制留守儿童社会化

社会化是指个体在与社会的互动过程中，学习并内化社会规范、价值观和行为方式的过程。在儿童社会化过程中，父母承担着至关重要的责任。因为他们不仅是孩子的第一任教育者，也是孩子最重要的社会化代理人。孩子一边通过与父母的互动，一边在父母的示范、指导与帮助下，习得如何与他人相处并理解社会的规则，在此过程中形成积极的社会态度和行为。

然而，对于留守儿童来说，由于长期与父母双方或者一方分离，与父母双方或者一方关系淡漠，在亲子关系缺失的条件下，他们缺乏与父母的互动机会，无法从父母那里获得必要的社会化经验和指导。与此同时，这种由分离带来的不安感，加上社会生活经验的匮乏，会影响留守儿童的社会化进程，使之无法更快更好地适应社会生活。

（二）亲子关系缺失，影响留守儿童人格发展

人格发展是指个体在心理、情感和行为方面的发展和成熟过程。在这个过程中，父母的关爱和支持扮演着重要的角色。父母的关爱可以帮助孩子建立安全感、自尊心和自信心，促进他们的心理健康和人格发展。然而，对于留守儿童来说，由于无法获得父母足够的关爱和支持，他们时常会觉得“自己是不被爱的”“自己是被忽略的”，他们情感上得不到回应与满足，常常会感到孤独；在遭遇挫折与失败时，他们也得不到父母及时的关注与帮助，常常感到无助、自卑；久而久之，自我认知偏消极、性格存在缺陷、情绪情感不稳定等问题会愈发明显，从而影响其人格的健全、健康发展。

（三）亲子关系疏离，诱发留守儿童问题行为

父母长时间不与孩子联系和沟通，会导致亲子关系疏离，而亲子关系疏离会诱发儿

童问题行为。在学业方面，一些留守儿童出现学习成绩下滑甚至学习困难，无法从父母那里得到帮助，从而导致厌学、逃学、辍学。在生活中，很多留守儿童无法得到正确的行为示范，看护人也不予以指导或者管教，导致留守儿童形成一些不良的生活习惯和行为习惯。在心理上，部分留守儿童长期深陷负面情绪之中，缺少安全感和归属感，甚至出现自杀等自残行为，心理常常处在亚健康状态。

案例4-4

娇娇、湾湾相依为命的生活

由于姑姑工作调动，无法再让娇娇（10岁）和湾湾（5岁）寄养在她家。姑姑说，孩子父母外出打工很多年，很少联系她们，孩子经常偷偷地哭，性格也比较孤僻、不爱和人说话。有时候放假，姑姑会去她们家帮忙收拾、照看，在这几天里，家里还有个家样。有一次，姑姑去看两个孩子，家里臭气熏天，湾湾穿着脏兮兮的衣服围着炉灶，跌跌撞撞地摔倒了，手里攥着黑一块白一块的馒头，娇娇不耐烦地对妹妹说“自己快起来”，然后很自然地将障碍物移开，便继续做着自己的事情。姑姑还说，娇娇现在偶尔也会逃学，问她原因，她说“上这么多学有什么意思，爸爸妈妈还不是不要我们。”

案例中的两个孩子由于没有寄养家庭，也得不到父母的关爱与陪伴，因此对基本的生活规范一无所知，比如如何清理房间、需要穿干净衣服、食物脏了不能吃等，情感上也比较淡漠，形成孤僻的性格。像这样对孩子的身体、教育和情感一概忽视的留守儿童家庭不在少数。由于父母的缺席，孩子长期旷课，既无法学习到课堂知识，也无法学习到基本的自理能力。父母的这种消极、不负责任的态度，容易使留守儿童的人格发展因为儿时的养育匮乏而受阻，变得对生活缺乏热情，消沉、自卑。这样的孩子长大后易形成冷酷的、仇视的、怀疑他人的人格特征。因此，父母不能因为工作而忽略对远方孩子的关心与照料，社区与学校也要加强对此类留守儿童精神与物质上的帮扶与关爱，让他们对生活抱有希望与热情。

四、对留守儿童家庭的指导与建议

家庭在个体成长的过程中扮演着至关重要的角色，承担着培养儿童良好行为规范和健康心理并将社会规范和价值标准进行传递的责任，而留守儿童更加需要家庭层面的关爱与呵护，因此需要留守儿童家庭做到以下几个方面。

（一）改进留守家庭观念，优化家庭教育功能

一方面，改进教育观念，提高支持力度。要让留守家庭养育者不仅要树立与掌握正确、科学的家庭教育理念与方法，还要建立合理的亲子观、育人观。需要让留守家庭养育者知晓对留守儿童的关爱是全方位的、是深层次的，应从学习、生活、心理等多方面对其进行关心。需要让留守家庭养育者明白自己在孩子成长中扮演的角色和应承担的职

责，通过增加沟通频率与回家次数、主动接受家庭教育培训指导、积极畅通家校联系等多种方式，提升对留守儿童的家庭教育力度。

另一方面，以关怀为着力点，关注孩子的心理成长。家庭是留守儿童成长的重要场所，留守家庭养育者需要平衡家庭创收与抚育子女的关系，时刻关注留守儿童的成长需求与身心健康，加强对留守儿童的世界观、人生观、价值观的引导，及时了解孩子在家、在校的各类表现。在留守儿童遇到在家、在校适应不良时，及时向学校、老师或者专业儿童机构寻求帮助，实时掌握留守儿童因父母外出而出现的各类心理波动与变化，利用鼓励、关怀等手段加强留守儿童的在校人际交往，促使他们正常发展社会化功能及行为。

（二）关注留守儿童需求，强化家庭有效沟通

基于留守儿童心理与成长需求的家庭沟通才是有效的。因此，留守家庭养育者要积极主动地观察留守儿童的生活、学习、心理等各方面动态；主动加强沟通，通过多元化彼此的沟通形式，努力缩短由物理距离造成的心理距离；从对留守儿童的心理关怀出发，正确引导他们对父母外出务工的认知，让他们理解并感恩外出“谋生计”的父母。尽管父母在外“谋生计”确实会抑制家庭有效沟通与和谐氛围的培育，但如果能够在准确把握留守儿童心理、教育需求的基础上推进家庭有效沟通，势必会推动留守儿童优质家庭教育氛围的形成。

（三）尊重留守儿童需要，优化家庭教育选择

基于留守儿童的成长需求，留守家庭父母可以通过增加归家频率、调整务工类型、优化教养方式等手段改善监护环境，提升家庭监护功能。当留守儿童的家庭监护条件得到改善、家庭监护功能得到提升时，更有利于营造温馨、和谐的教养环境，从而促进留守儿童健康成长。在外务工的家长要努力营造良好的监护环境，甄选适合的监护人，帮助在家的监护人树立正确的监护意识，协助履行监护职责，全力破解在家监护人对留守儿童“心理支持不足、学习支持不够”的困境。此外，尽力避免父母均外出的情形，至少留下父母一方照料、监管孩子的学习生活，提供基本健全的家庭教育条件，维持家庭教育的基本氛围。若无法避免父母同时外出，则需用心挑选留守儿童的监护人，合适的监护人能够促进留守儿童与父母的沟通，有助于提升他们的心理素质。

第二节　学校因素对留守儿童心理健康的影响

在学龄阶段，学校便是学龄儿童除家庭之外接触最为频繁、持久的场所，学龄儿童也更加频繁地接触除家长之外的老师与同学。由于父母长期未能陪伴左右，留守儿童与老师、同学相处的时间远超父母或其他看护人。因此，学校在留守儿童心理发展中也是非常关键的一环。

一、学校类型对留守儿童心理健康的影响

留守儿童需要在群体中健康成长，但是由于父母外出，大多是隔代看护或者叔舅看护。父辈或者祖辈的看护人由于自身年龄较大、文化水平有限，无法较好地承担教育留守儿童的职责。在儿童的成长过程中，学校是除了家庭之外的另一个重要场所。因此，部分学校需为双亲外出或者亲友无法提供完整成长环境的留守儿童提供住宿。寄宿制学校可以在一定程度上弥补留守儿童家庭教育缺失的不足，为留守儿童成长提供一定的保障。

（一）留守儿童寄宿学校有利于建立同伴关系

集体生活为留守儿童创造更多师生、同伴交流交往、共同学习生活的机会，而在人际交往中常常伴随着情感的沟通交流，能够在一定程度上满足留守儿童的情感需求。尤其是留守儿童在寄宿学校中，由于家庭背景相似，他们之间会有更多共同经历与共同语言，能够互相理解、互相包容、互相影响，在一定程度弥补了由于父母的缺席而造成的“情感缺失”，这也是他们实现社会化的另一重要途径。因此，留守儿童在寄宿学校拥有更多与同龄人建立深厚友谊和同伴关系的机会，不仅能够相互倾诉与帮助，还能降低孤独感，这有助于他们形成积极的社交能力并建立情感支持网络。

（二）留守儿童寄宿学校有利于降低自卑与攀比心理

学校提供了一个集中的环境，为留守儿童提供了相对稳定和安全的生活空间，并给予他们一定的社会支持与关爱，在一定程度上缓解了他们由于父母陪伴与关注的缺失而导致的“我不值得被爱”之类的自卑、自怜心理。与此同时，在寄宿学校，由于留守儿童之间的背景、经历相近，大大降低了同伴之间的攀比现象。相比较而言，寄养在父辈看护人如亲戚家的留守儿童常常会存在“寄人篱下”“看人脸色”的感受。如果寄养家庭也有孩子，同辈儿童常常会不自觉地进行情感与物质供给的比较，由此滋生攀比、嫉妒等情绪，这会潜在影响留守儿童的心理健康。与此同时，寄宿学校的教师对留守儿童的高度关注，对他们心理健康的发展和良好情绪的形成具有非常重要的作用。

（三）留守儿童寄宿学校有利于规范行为表现

在寄宿学校中，相关的管理制度能够约束留守儿童的不良行为。在临时看护家庭中，看护人限于留守儿童的身份和自身教育能力，多数不愿意严格管教留守儿童，常常对他们放任自流，对于不良行为也不予以及时纠正，致使留守儿童容易受到外界不良思想与失范行为的影响，容易习得偏差行为。寄宿学校可以通过规章制度约束留守儿童的行为，若留守儿童出现失范行为，则会由学校进行教育与纠正。因此，寄宿学校的集体生活与集体教育，有利于规范留守儿童的行为，促进留守儿童的健康成长。

二、教师对留守儿童心理健康的影响

教师是学校教育活动的主体，同时也是在学校教育者中对留守儿童影响最大的一个群体。无论是科任教师还是与他们接触最为频繁的班主任老师，都对留守儿童成长发展

有着不可忽视的影响与作用。特别是在留守儿童缺乏父母关爱、处在家庭教育边缘、亲子分离的当下，教师不仅仅是他们知识的传授者，更是他们心灵的呵护者，教师的一言一行都会对他们的健康成长产生影响。

（一）教师的教育方式和态度

一方面，教师的教育方式直接影响着留守儿童的个性发展。如果教师能够采用积极、鼓励的教育方式，关注学生的兴趣和需求，并且尊重学生的个性，那么就能够激发留守儿童的学习热情，在此过程中留守儿童能够发现自己的闪光点，认同自己，从而提高自尊心和自信心。相反，如果教师采用过于严厉或者冷漠的教育方式，会加重留守儿童的心理压力，导致他们产生自卑、逆反等心理问题。另一方面，教师的态度对留守儿童的心理发展和社会适应能力有着重要的影响。如果教师能够关心留守儿童的生活和情感需求，在他们需要的时候给予他们足够的关爱和支持，那么留守儿童的心理健康状况就会得到改善，他们就能够更加自信、乐观地面对生活。相反，如果教师对留守儿童冷漠、忽视甚至歧视，那么留守儿童可能会感到孤独、无助，长此以往，甚至会产生自卑、焦虑等心理，阻碍其人格的正常发展。

（二）教师的专业素养和心理素质

教师的专业素养不仅包括专业学科知识，还包括教育科学知识及学生心理发展的相关理论。一个具备专业素养和良好心理素质的教师能够及时识别学生的心理问题，采取合适的方法进行干预，在应对留守儿童的心理问题时，提供有效的心理支持和帮助，让学生走出心理困境。其次，教师的心理素质也对留守儿童有着重要的影响。一个心理素质良好的教师，能够在面对留守儿童的各种问题和挑战时保持冷静和耐心，并用积极的心态和方式去引导、鼓励他们。这样的教师不仅能够让留守儿童感受到温暖和关爱，还能够激发他们的自信心和积极性，帮助他们更好地适应学习和生活。

（三）教师的示范与榜样行为

留守儿童由于家庭环境特殊、父母角色缺位，在成长过程中缺少示范，容易出现不良行为习惯、学习困难、社交不顺、自我调节困难等问题，而在留守儿童成长过程中需要榜样示范的他人引领他们。作为留守儿童学校教育的重要他人，教师的示范行为与榜样形象会潜移默化地影响他们，成为他们行为和品德模仿的对象。例如，他们常常会学习、模仿教师如何与他人相处、如何处理问题、如何对待生活等。因此，一个具有积极榜样形象的教师，可以通过自己的行为示范，引导留守儿童形成正确的价值观和行为习惯。如果教师的榜样形象是消极的，可能会给留守儿童带来更多不良示范，使其出现失范行为甚至道德、价值观问题，从而影响留守儿童的健康成长。

案例4-5

我们的老师

在贵州某乡村小学，留守儿童的占比达到了90%，每个年级只有一个班级。

“我们喜欢我们的英语老师，他也是我们的班主任，老师要带好几个年级，很辛苦，他不仅上课很负责，讲解得很详细，课下还会关心我们的生活，经常给我们带一些吃的，找我们聊聊最近怎么样，我有时觉得他就像父亲一样，我们希望他能一直教我们。”

“英语老师还经常在课下给我们辅导，经常鼓励我们，我们上课都很积极。”

“是的是的，他还给我们过集体生日，我长这么大从没有人给我过生日！”

“因为老师我也很喜欢我们班，我们班比其他班更加团结、友爱。”

同学们叽叽喳喳地说着……

这个案例告诉我们教师在留守儿童成长过程中起着非常重要的作用，教师的言谈举止和行为态度对留守儿童的价值观、行为模式、社会交往等都有潜移默化的影响。因此，我们要大力加强对教师师德师风的培训，让留守儿童在成长过程中都能够感受到教师的关爱与支持。

三、学校氛围对留守儿童心理健康的影响

学校氛围是指学校在日常运作中所营造的氛围和环境，包括校风、学风、师生关系、同伴关系等多个方面。对于留守儿童而言，家庭环境的不完整性让他们无法从家庭中汲取能量，所以学校氛围对他们的心理健康有着更为直接的影响。

一个积极和谐、支持性的学校氛围，即师生间、同学间相互关心，互相尊重，和谐相处，能让留守儿童会感到温暖、快乐与关爱，这样的氛围可以为留守儿童提供更多的安全感、舒适感与归属感，减少他们因为缺失父母的陪伴而产生的孤独感、无助感和焦虑感，有利于他们的社会能力发展，更有助于他们构建有效的社会支持网络，增强他们的社会交往能力。

一个不良、紧张的学校氛围，即师生关系紧张、学生之间互不关心、学习氛围沉闷，会对留守儿童的心理健康产生负面影响。在这样的环境下，留守儿童可能会感到更加孤独、无助和沮丧，甚至产生自卑、抑郁等心理问题。更有甚者，由于留守儿童特殊的家庭环境，部分留守儿童的学习、品行存在一定问题，被同学嘲笑、被老师漠视、被贴上各种“问题学生”的标签，导致非留守儿童对整个留守儿童群体产生排挤和歧视，甚至出现留守儿童与非留守儿童两个团体泾渭分明，这样的氛围下，留守儿童会更加自卑、敏感、多疑，行为举止更加冲动，甚至产生“破罐子破摔”的想法，从而自甘堕落。

因此，为了促进留守儿童的心理健康，学校应该营造一个积极、热情、安全、舒适、支持性的校园氛围。留守儿童身处师生与同伴间友善互助、尊重理解、和谐信任的氛围中时，自然能够感受到更多的温暖和关心、支持与接纳。

案例4-6

我的学校

“我很感激我们校长，父母在外打工也挣不到什么钱，我家条件很差，有几次校长

去我家家访，知道我经常没有早饭吃，就带我去小超市让我想吃什么就买什么，我很感激。我们学校留守儿童挺多的，所以学校周末的小图书室和体育室也都是开放的，我们周末没事干就可以来学校看书、打球。老师偶尔也会周末组织我们一起看看电影什么的，感觉我们学校真的挺好的，虽然是一个很小的学校，但从校长到老师都对我们挺好的，同学们也很淳朴。”12岁的小姚对记者谈道。

这个案例揭示了学校氛围对留守儿童的影响，积极、友爱、充满人文关怀的学校氛围更能够让留守儿童感受到温暖。因此，我们要努力为留守儿童建立一个和谐、友好、相互关爱的校园环境，弥补家庭教育缺失对留守儿童造成的影响。

四、对留守儿童学校的指导与建议

（一）完善学校制度，彰显学校之爱

1. 建立留守儿童寄宿制度

留守儿童寄宿制度是一个旨在照顾和关爱留守儿童的重要机制。一个良好的寄宿制度能够消除留守儿童的自卑心理，帮助他们建立同伴关系，在社会交往中获得情感支持，促进他们的健康成长。学校应该创造条件对有需要的留守儿童实行寄宿制，保障留守儿童的基本生活需求，为留守儿童提供安全、健康、舒适的生活环境，选派责任心强、富有爱心的管理主体，负责寄宿儿童的日常生活照料、教育辅导、心理关怀等工作。寄宿制度的落实过程中需要加强对寄宿制度的监督管理，及时发现和解决问题，保障留守儿童的权益。

寄宿制度不能流于形式、流于表面，要真正让留守儿童发自内心地喜欢住在学校。学校要联动各方力量，在生活上为他们提供及时的关心照顾；在学习上为他们提供耐心的指导帮助；在课外活动上采用丰富多彩的活动形式，培养他们的兴趣爱好，组建各种兴趣小组，发掘学生的特点。通过丰富多彩的活动，让留守儿童的精神有所寄托。

2. 完善留守儿童心理服务制度

学校心理健康教育对帮助留守儿童更好地适应环境，促进其身心发展具有重要意义。通过心理健康教育能够预防心理问题的产生，帮助有困扰和心理障碍的留守儿童解决问题，提升他们的心理素养。健全的服务制度，可以为留守儿童心理教育顺利开展“保驾护航”。

加强留守儿童心理服务制度的目标导向，明确中小学生心理健康教育重点在“防”不在“治”；加强心理健康师资队伍和硬件设施的建设，组建一支高质量的心理服务队伍；开设专门的心理服务相关课程，培育留守儿童的积极品质，预防留守儿童的心理问题。

（二）教师角色认同，提供教师之爱

1. 树立正确的教学与育人理念

面对学生，教师不能“唯分数论”，每个学生都应该得到同等的关怀和尊重。父母

外出，使得留守儿童缺少家庭的关怀与支持，因此教师更应该重视对留守儿童的关爱，不盲目以成绩好坏来评价学生，真正树立起培养学生良好品格的理念。

2. 做出切实有效的行动

教师作为留守儿童校园生活中接触最频繁的人，需要根据他们各自的特点及时给予相应的帮助、关爱。留守儿童容易自卑，教师需要有技巧地维护他们的自尊，并大力培养他们的自信心。共情与理解留守儿童，不断挖掘学生的特点，定期谈心，了解他们的生活学习情况和思想状态，及时调整教育方式，让他们真正感受到教师的关心。教师要努力成为留守儿童信赖的人，成为他们遭遇学习、生活的困难时想要倾诉的对象，并给予他们正确的指引与帮助，更好地培养他们的自信、自强品质。

3. 做好多方有效的沟通

教师要做好与留守儿童的沟通、与家长的沟通、与临时监护人的沟通工作。教师可以采用多种方式与留守儿童进行沟通，及时了解留守儿童的动态，成为留守儿童愿意倾诉的对象。教师要加强与家长的沟通，不仅要让家长掌握孩子的情况，更要帮助家长树立起责任意识，让家长认识到与孩子沟通的重要性。教师要保持与临时监护人的沟通，了解生活在临时监护人家庭中的留守儿童的状况，同时向临时监护人反馈留守儿童的在校情况。

（三）加强班级建设，凝聚同学之爱

班级中同学的关系会影响到留守儿童群体的发展。同学之间相互帮助、关心，彼此团结合作有利于儿童的身心健康。因此，加强班级建设，有助于为留守儿童成长创造良好的氛围。

班主任要充分利用班集体的力量，采用多种方式营造良好的班级氛围，开展诸如“假如我的父母不在身边，我会怎么样？”“讲讲父母怎样辛勤工作”等主题班会，加强非留守儿童对留守儿童的“认知”，使其主动给予留守儿童关心、帮助和支持；组织诸如“给父母写一封信”“爸爸妈妈我有话对您说”等感恩教育，加强留守儿童与其父母之间的主动交流；举办多样团体活动，增进班级感情，发挥同学们的积极性，满足同学们的社交需要，让留守儿童得到他人的认可，提高自信。这些措施能让留守儿童感受到班级的温暖，弥补家庭环境的不完整带来的伤害，促进他们良好品质的形成。

（四）加强家校合作，增强家庭之爱

对留守儿童而言，家庭教育的缺失是成长的一大障碍。作为学校，一方面，要加强与留守家庭的沟通与合作，形成家校合力，推进留守儿童健康成长；另一方面，要通过邀请留守儿童家长参加教育专家讲座或家庭教育培训，向留守儿童家长传递一些重要的教育理念；同时要加强与在家监护人的联系，形成紧密的家校教育“链接”。让学校成为亲子沟通、家校沟通的桥梁，通过学校这座桥梁，升级留守儿童的家庭教育质量与家庭关爱力度，促进其进步和成长。

综上，只有在学校教育中让留守儿童收获更多关爱，才能降低他们对家庭教育缺失

的遗憾。通过学校向留守儿童传递爱与正能量，激发他们正向、积极的心理潜能，在积极的社会交往中满足情绪的需求，更好地完成社会化和人格发展。

第三节　社会因素对留守儿童心理健康的影响

社会环境是个体心理发展必须依赖的外部条件，留守儿童的心理发展与其所处的社会环境有着密切的关系。由于家庭抚育的弱化及学校教育的局限，留守儿童的健康成长需要依靠其他社会支持系统。

一、社区对留守儿童心理健康的影响

社区是居民生活的共同活动空间。社区居民通过日常交往，搭建相应人际网，促进社区家庭之间的联结。因此，社区也是影响留守儿童发展的重要因素之一。

社区在具体实践中，一方面，以引进项目、开发资源等方式，聚集社会资源、大众力量为留守儿童提供专业帮助；另一方面，以教育服务、家庭帮扶等方式为留守儿童提供物质帮助。此外，社区还应引进其他社会力量（如热心人士、爱心机构等）对留守儿童进行各类帮扶。目前，一些基金会、社会组织、教育组织等逐渐加强了与社区的协作，以对留守儿童成长进行帮扶，如澳门妇联青年协会，通过与波玉留守儿童家园合作，为其中的留守儿童提供帮助，让他们感受到了社会的关爱。

社会的关注与支持，让部分留守儿童的生活、学习得到了改善。但是，还存在“偏远社区缺乏资源吸纳能力”“一些社会组织专业帮扶能力有限”等问题，致使社会力量对留守儿童的社区支持有限。在留守儿童家庭抚育能力有限的现实情景下，社区还需开发、整合、聚集更多的社会资源，汇聚更多力量，提供更多服务，为留守儿童的健康成长尽一份力。

二、同辈对留守儿童心理健康的影响

留守儿童在身心发展的关键阶段无法接收到父母及时且充分的回应，导致留守儿童安全感低、孤独感高、对父母的依赖感逐渐减低，因此同辈群体成了留守儿童归属感、安全感的主要来源。同辈群体是儿童在学习或者生活中所接触到的与自己年龄相仿的群体，因为年龄相近，所面临的问题、接触的事情、兴趣爱好等都有着相似的地方，且同伴之间不涉及监管关系，更容易拉近距离，真诚沟通，更容易建立亲密关系。留守儿童在缺失父母陪伴与帮助的情况下，遇到问题和困难会首选向同辈群体寻求帮助、征求意见。此时，同辈群体的性格特征、思维方式和行为习惯在沟通交流中无形地影响着留守儿童看待与处理问题的角度和方式。因此，同辈关系是留守儿童心理健康的重要保证之一。

一方面，良好的同辈关系能促进留守儿童心理健康。马斯洛指出，个体都有归属与爱的需要。留守儿童在同辈交往中获得接纳、肯定和赞许，形成良好的同辈关系，不仅能促进亲密感、归属感的形成，还能获得更多的安全感。与此同时，拥有亲密同辈关系的留守儿童更容易体验幸福感，降低孤独感与无助感，而幸福感又能促进他们良好学习

习惯的养成，取得学业进步。留守儿童由于缺失父母的教育示范，其价值观念和道德规范等方面存在一定问题，而良好的同辈关系不仅能够促进留守儿童形成正确的社会价值观和社会判断力，还能拓宽留守儿童的眼界和视野。

另一方面，不良的同辈关系会阻碍留守儿童身心健康发展。当留守儿童受到同辈群体的忽视与排挤，不被群体欢迎和接纳时，他们更容易封闭自我，体验更多诸如自卑、孤独、无助等消极情绪，丧失对生活与学习的兴趣，导致学习成绩不良，甚至出现不良行为和价值偏差。

案例4-7

我的朋友

小汤，女，12岁，小学五年级学生。小汤曾经是一位品学兼优的好学生，成绩在班里总是排名前五。从小到大，父母疼爱，老师欣赏，学习上也是一帆风顺。但是，在她小学四年级时，父母迫于生计，双双去南方打工，留她和奶奶生活在一起。小汤从小到大没有离开过父母，父母的突然离开，让小汤很不适应，在学校学习时也总是开小差。父母离开后的第二次考试，小汤由于发挥失常，成绩急剧下降，这对她来说简直是晴天霹雳，从小没有受过挫折的她此时无比自责、恐惧、怀疑自己，而此时父母不在身边，加上缺乏自我调节能力，导致小汤对学习产生了从未有过的恐惧。越是恐惧，越是学不好，小汤原本文静的性格也变得异常孤僻。好友雯雯察觉到她的“不对劲”后，主动邀请她来家里共同温习功课，同时也倾听她心中的孤独与苦闷。雯雯作为一名“资深”留守儿童，一边用自己的亲身经历循循善诱地安慰着小汤，一边又为小汤解释着父母的辛苦与不易。小汤似乎明白了些什么，想要努力学习，争取早日与父母团聚。于是，两人约定每天放学一起写作业，周末一起复习功课，有烦恼了相互倾诉，有困难了相互帮助，好好学习，不让在外辛苦的父母为自己操心。

这个案例充分说明良好的同辈关系在留守儿童成长过程中起着非常重要的作用。因此，我们需要借助留守儿童身边的同辈关系对其进行情感支持。

三、对留守儿童社区的指导与建议

留守儿童因长时间缺乏父母的有效监管，一方面，易习得不良行为，养成一些不良习惯；另一方面，社交技能有限，极易形成孤僻、害羞的性格。由此可见，需要为留守儿童创设一个健康、安全、向上的社会环境。在我国，留守儿童的社会环境主要由社区构成。社区是除家庭、学校之外对留守儿童成长发展影响最大的社会因素之一。但目前我国社区对留守儿童的支持相对有限，还需不断改进和探索。

（一）引导服务组织建设，凝聚留守儿童社区教育力量

一方面，要大力推进社区留守儿童专业型服务机构的建设。在留守儿童社区管理中，乡镇各部门、机构能给留守儿童提供一定支持，但它们之间的联结和互动较为割裂，而且

这些部门或机构通常也不是留守儿童管理的专业机构，专业服务能力有限。因此，鼓励创办、发展专注于农村留守儿童关爱保护的民办服务机构，培养专业的留守儿童社区服务人员，以此为留守儿童提供高质量的农村社区福利与专业服务，帮助留守儿童健康发展。

另一方面，应发挥社区作用，提升留守儿童的社区保护质量。应充分利用非政府组织对社区留守儿童保护的支持作用，在社区开展多方面的关爱活动，增强社区在留守儿童交往能力与行为培养上的现实功效。比如，在社区开展教育宣传、关爱活动、慰问活动等，实现不同社区支持力量的聚集、整合与协调，推动社区教育资源的建设和教育文化氛围的营造，在一定程度上可以促进留守儿童的健康发展。

（二）增强社区生命力，活跃留守儿童社区教育氛围

一方面，优化社区关系网，提升留守儿童的社交能力与适应力。社区不仅有大量留守儿童，还可能有他们的教师和非留守儿童的同学，而师生关系、同伴关系也在社区中发挥着多重作用。留守儿童若面临社区人际交往困境，常常会出现孤独、抑郁与焦虑等问题，影响其心理健康。联合社区里的官方和非官方组织，在传统节日、假期，开展留守儿童的社区团圆活动、文娱活动等，可以拓展他们的人际交往圈。通过人际交往，发挥同辈优秀儿童的行为示范作用，有助于提升留守儿童的社交能力、社会适应能力。

另一方面，建立以社区教育服务为核心的支持体系，促进社区教育的发展。社区的生命力离不开政府部门、非政府组织等的投入和支持。政府应合理规划农村社区的财政投入，加速留守儿童社区的经济发展，引入各种社会力量加入社区教育设施、活动中心、管理中心等的建设。也可通过购买服务，鼓励专业志愿者在留守儿童聚集的社区开展专业的心理辅导、系统的家庭指导等活动，提升留守儿童社区支持服务的质量。

（三）推动社区治理，加强留守儿童社区监护及预警职能

一方面，加强留守儿童社区治理组织的建设，完善留守儿童的支持体系。首先，可以组建留守儿童社区支持服务团体，积极与政府、社会建立良好的联系，争取获得教育、物质、精神和经济方面的援助。同时，社区需要配合妇联和各级政府部门，做好留守儿童的教育监管和保护工作，确保他们健康成长。其次，遵循相关留守儿童健康成长的政策、条例和规章制度，在其指导和约束下，理清社区、学校和家庭之间的关系和联系，针对具体留守儿童的关爱任务和内容理清区别，以推动社区有效治理。最后，社区可以通过开展各种活动，引入社会力量，促进社会力量在社区的高度凝聚，吸引社区服务站、非政府组织、企业热心人士、社会爱心人士和大学生志愿者等关爱留守儿童的主体走进社区，通过社区平台与留守儿童形成紧密联系的纽带，促进他们的健康发展。

另一方面，加强社区的监护和预警职能，完善社区教育保护系统。社区对留守儿童的支持不仅表现在文体活动场所和设备上的投入，更体现在是否提供了适宜的成长空间，比如“希望之家”“留守儿童之家”等。除了提供课余休息空间，社区还需关注环境整治，创造舒适的活动环境。社区工作者需与管理部门、协会和妇联等合作，共同开展教育保护活动，加强对留守儿童的安全教育、法律教育和家庭教育，打造安全优质的

成长环境。社区可以联合政府和非营利组织成立留守儿童工作小组，建立完整的保护体系，通过家访、活动、座谈等方式了解留守儿童的实际需求，提供个性化支持，加强动态监管和预警，确保留守儿童身心健康成长。

综合案例分析

留守儿童心理健康影响因素的调适案例

一、背景介绍

小徐，14 岁，女，初一。其父母文化程度不高，没有固定收入，长期在广东打工，基本上很少过问孩子的生活学习情况，小徐和爷爷奶奶一起生活，而爷爷奶奶文化程度很低，重养轻教，对于她的任何要求不管是否合理都无条件满足，但从未指导过孩子的学习。在爷爷奶奶的娇生惯养下，小徐养成了我行我素、自负、嫉妒心强、攻击性强的不良性格，她的学习成绩非常差，精神状态越变越闷、脾气也越来越暴躁，逐步成了班级活动的边缘人。

二、原因探析

教养方式：父母外出后，小徐由爷爷奶奶教养，属于隔代监护。由于爷爷奶奶文化程度低、教育经验有限，对其放任自流，而小徐的父母又很少过问孩子的生活学习情况，所以没人能对孩子进行正确地引导，让她养成了自负、骄纵的性格。

亲子关系：小徐父母外出后，长期在广东打工，很少过问孩子的生活情况，小徐从小缺少父母的关爱，与父母之间缺少必要的交流沟通，亲子关系疏离，她不能从父母那里得到肯定与鼓励，内心会感到孤单无助，产生焦虑，长此以往，她出现了性格缺陷，影响了正常社交。

教师态度：小徐的家庭教育缺失，在学校里又没有得到来自老师、同学的关心与爱护，加之她存在各种不良品行，导致同学们对她敬而远之。长期以来，小徐没有得到外部的关爱与支持，情感上的缺失导致她缺乏对外部的安全感和信任感，无法建立情感支持系统，因此性格缺陷越来越明显，无法与同学们进行正常的社交。

社会关怀：小徐的故事中穿插着学校和家庭教育的问题，同时没有社区教育的出现，而社区在近几年来逐渐成了留守儿童学习知识，与人交往的第三阵地，即社区教育是学校教育和家庭教育的拓展和延伸，小徐由于家庭教育存在极大的问题，无法在家庭中获得正确的价值观引导，而在学校中又属于边缘人，老师和同学的关注度不高，导致学校教育也无法起到应有的效果，所以社区教育更显重要。

三、调适过程

针对小徐的情况，想要促进其身心健康发展，需要从以下几方面入手。

家庭的情感支持：学校老师要积极与家长进行沟通，向小徐的父母传递正确的教育观念，让小徐的父母明白家庭教育的重要性，多给予小徐一些关爱与支持，以此提升家庭教育的质量。为了增强小徐与父母的感情，老师定期安排小徐和父母通话或者视频，加强小徐和父母的沟通，让小徐感受到父母的关爱，让她的情感世界得到慰藉。

除此之外，老师还要定期家访，让爷爷奶奶多关心小徐在学校的生活情况，让他们明白不能无限制地满足小徐的要求，有问题需及时和老师进行沟通反馈。

教师的关爱与支持：面对小徐这样性格有缺陷的学生，老师要转变观念，不能一味地以分数来评价学生的好坏。老师要理解小徐的特殊性，主动与小徐建立信任关系，努力成为小徐信任的人和倾诉对象，用积极鼓励的方式引导帮助小徐走出现在的困境，引导帮助她改变身上的不良习性，面对小徐的不当行为要谆谆教导而不是批评指责，不断缓解小徐的负面情绪，帮助她建立正确的价值观念。与此同时，老师还要在班级里引导班上的同学给予小徐更多的宽容，鼓励小徐主动与同学们进行交往。

社区教育：社区可以根据留守儿童的需求和能力灵活地安排学习时间、学习形式和学习内容，并且可以和社区的其他实践活动相结合，促进儿童的全面发展。对于小徐的家庭监护人，社区工作人员要对其进行劝解，努力为小徐创造一个积极向上的家庭教育环境，同时，可以对小区工作人员和居民提出建议，努力为留守儿童建设一个和谐友爱的社区环境，发挥社区教育的平台作用，为留守儿童建设一个学习交流的空间，便于家长或教师对留守儿童心理健康状况进行监管。

同伴关系：通过小徐的故事，我们可以看出小徐大概率处于一个被同伴拒绝的环境里，由于学习成绩差、脾气暴躁，小徐得不到同伴的接纳，容易受到同龄群体的忽视与排挤，进而出现自我封闭、情绪失控等心理问题。小徐要想获得积极的同伴接纳，就需要与同伴建立友谊，获得肯定和赞许，促进亲密感、归属感的形成。

负面情绪调适：小徐由于不恰当的家庭教育和学校环境，形成了自负、妒忌心强、暴躁等不良行为，对此，学校、家庭和社区应当对小徐进行定期的心理辅导，采取换位思考的方法引导小徐想人所想，以达到促进小徐人际关系良性发展的目的。

四、调适效果

经过一段时间的努力和调适，小徐的不良习性得到了明显的改善，她的负面情绪得到了纾解，变得更加有责任心，更加温和，能够融入班集体。她获得了来自父母、来自老师、来自同学的情感支持，越来越自信，人缘也越来越好了。现在，在家里，小徐能主动承担力所能及的家务，关心爷爷奶奶；在学校，小徐能积极参与班级活动，为班级做贡献。小徐的父母也意识到了家庭教育和和谐的亲子关系的重要性，主动增强了与小徐的交流沟通，经常询问小徐的学习生活状况，她和父母的关系越来越融洽。在家庭、学校、社区多方面的努力下，小徐的性格越来越好并开始迎接新的生活。

五、总结和反思

本案例针对留守儿童心理健康影响因素，从学校、家庭、社区、同伴等角度进行分析，为解决留守儿童心理问题提供了参考。通过学校、家庭、社区等方面的总结，给出了调节留守儿童负面情绪的方法。同时，社会也要关注留守儿童、帮助留守儿童，提高留守儿童的学习成绩、生活技能，为留守儿童的后期发展夯实基础。

第五章 留守儿童环境适应问题

小豪是一名留守儿童，因其父母长期在城市务工，他只能留在乡村与年迈的祖父母一起生活。长期缺乏父母的关爱与陪伴，使得小豪的性格逐渐变得孤僻冷漠，对学校生活也日渐失去了兴趣。他经常逃课，沉溺于网络游戏，对学习一点也不上心，成绩大幅下滑。此外，他情绪不稳定，容易与同学发生冲突，甚至偶尔破坏公物。课堂上，他心神不宁，难以集中注意力；而课后，他又深陷电子游戏的泥潭，无法自拔。由于祖父母年迈体弱，无法对他进行有效管教，小豪的不良行为愈发严重，被老师和同学视为“问题儿童”。

随着城市化进程的迅速推进，大量农民工涌入城市谋生，而他们的子女，即留守儿童，却不幸成了这一社会变迁的牺牲品。由于父母进城务工，往往没有足够精力照料子女，或是受限于住宿条件，这些儿童只能留在家乡，由祖父母或亲戚代为照顾。长时间缺乏父母的关爱与陪伴，使得留守儿童在面对环境变化时面临更大的挑战。如果不能有效应对环境变化带来的问题，留守儿童的身心发展将受到不良影响。因此，社会各界应高度重视留守儿童在环境适应方面的困境，努力为他们提供全面而细致的关爱与帮扶。

第一节　留守儿童的生活变化

城乡二元经济结构下，农村经济发展滞后，广大留守儿童父母不得不与子女分离，到城市谋生。留守儿童的生活经历了深刻的变化，他们失去了亲情的日常陪伴，被迫在孤独与不确定中学会坚强。他们的成长环境充满挑战，教育资源匮乏，心理健康问题频发。留守儿童的生活变迁，不仅是他们个人的命运挣扎，更是社会发展不平衡的缩影。

一、家庭生活与亲子关系的变化

随着父母进城务工，留守儿童面临着家庭生活和亲子关系的双重变化。在家庭生活方面，原本由父母共同承担的家庭责任转移到祖父母或其他亲戚的身上。然而，年迈的祖父母或亲戚往往身体状况欠佳、文化程度不高，难以较好照顾留守儿童的生活起居，更难兼顾家庭教育工作。与此同时，亲子关系也发生了变化。留守儿童父母长期不在身边，无法给予他们日常的陪伴与关爱。虽然现代通信工具可以在一定程度上弥补这种缺失，但父母忙于生计，电话和视频的时间、次数有限，无法替代面对面的亲子沟通与情感交流。大部分留守儿童一年仅能与父母见面 1～2 次，有的孩子甚至数年见不到父母。儿童期经历这种亲子分离，会让大部分孩子感到孤独和无助。

长期与父母分离的生活状态，对留守儿童的心理健康构成了威胁。他们渴望像其他孩子一样有父母陪伴在身边，得到呵护与关爱，但物理距离和经济现状使得这种愿望难以实现。这种心理上的落差对留守儿童的身心发展带来不良影响，一些留守儿童在情感上变得麻木，甚至对父母产生怨恨和敌意。这些儿童普遍出现了焦虑、自卑、不安等情绪问题。此外，亲子之间缺乏有效的沟通也是一个不容忽视的问题。由于父母长期不在身边，无法及时洞察孩子的心理需求和情感变化，进一步加剧了亲子关系的疏离。

二、学习环境与学习成绩的变化

留守儿童父母为了改善家庭经济条件而选择前往城市务工，这种做法虽短期能带来经济上的增益，但长远来看，家庭结构的变动牺牲了留守儿童原本应有的良好学习环境，对他们的学业及心理成长均产生了显著的负面影响。

父母外出务工，留守儿童在家庭中失去了持续的学习引导与日常的课业支持。由于情感和教育支持的匮乏，遭遇学业挑战时，他们往往得不到及时的指导和鼓励，从而影响了学习效率和成绩。其次，留守儿童经常需要承担额外的家务和农活，这不仅大量消耗了他们的时间和精力，还可能妨碍他们专心学习。在缺乏有效的时间管理和学习规划的情况下，这些孩子难以在学习与生活之间找到平衡点，从而对学业造成不利影响。此外，父母的陪伴与日常监督对于塑造孩子的学习习惯和态度至关重要。缺乏父母的日常陪伴，一些留守儿童会丧失学习的动力和目标感，消极的学习态度和动力不足严重影响着他们的个人成长和未来的发展机遇。

三、社交环境与人际关系的变化

社交环境与人际关系的变化对留守儿童的成长产生了深远影响。随着父母进城务工，留守儿童在家庭中的社交互动显著减少，这种变化影响了他们的情感需求，并对他们的社交技能和人际关系产生了负面影响。

家庭是儿童社交技能发展的关键场所。父母的缺席导致留守儿童失去了学习和模仿健康社交行为的机会，这往往使他们在与他人交往时表现出内向、孤僻的倾向。由于缺乏与父母的日常生活交流，留守儿童难以学习到有效的沟通技巧和解决冲突的方法，这些技能对他们未来的人际关系和社会适应能力至关重要。乡村环境中普遍存在的传统观念和较为封闭的社会结构，让留守儿童在与同龄人的交往过程中很容易遭遇排斥和歧视。这种社交孤立不仅加剧了他们的情感问题，还会影响他们在社交场合中的自信，阻碍社交技能的发展。长期处于这种状态，对他们的心理健康和社会适应能力十分不利。此外，与同龄人的正常交往对于儿童形成正确的价值观和人生观具有积极作用。留守儿童普遍在人际交往中比较被动，容易受到不良社会风气的影响，难以建立积极健康的人生信念，这不仅阻碍他们的个人成长与发展，也不利于社会的和谐与稳定。

四、行为习惯与价值观的变化

父母进城务工对留守儿童的行为习惯和价值观产生了极为深远的影响。由于父母长期在外，留守儿童在成长过程中缺少了必要的监督和正面引导，导致他们容易形成一些不良的行为习惯。例如，部分留守儿童沉迷于网络游戏，对虚拟世界产生了过度的依赖，这种行为不仅对他们的身心健康造成了直接的损害，也对他们未来的生活规划和社会责任意识构成了潜在的威胁。同时，接触烟酒等不良习惯也在一定程度上影响了他们的身体健康和心理发展。

长期的亲子分离不仅影响留守儿童的行为习惯，更在深层次上影响了他们的价值观和世界观。由于缺少父母的陪伴和关爱，留守儿童对家庭和社会的认同感受到削弱，进而产生强烈的疏离感和不信任感。一些留守儿童过度追求金钱和物质享受，对于亲情、友情等非物质价值的重要性视而不见。这种价值观使得他们在成长的道路上难以树立正确的目标，在社会适应、职业发展等方面遭遇挫折。部分留守儿童的人生轨迹因此发生偏离，错失成为社会有用之才的机会。

五、心理健康与情感需求的变化

父母进城务工后，留守儿童的心理健康和情感需求也发生了变化。在生活与学习的双重压力下，留守儿童承受着亲子分离带来的孤独感和心理压抑。当这些压力超出他们的心理承受阈值时，焦虑、抑郁等心理问题便会出现。亲子关系中，沟通交流的不足会对于留守儿童心理健康状况造成负面影响。由于缺乏父母及时的情感支持，留守儿童在遭遇困难时往往感到无助，进一步加剧了他们的心理困扰。此外，与父母在情感上的疏离，使得留守儿童在人际交往中敏感多疑，甚至对他人产生敌意，难以与他人建立深层次的信任关系。这种心理上的隔阂不仅影响了他们的情感感知能力，更阻碍其情感表达能力的发展。部分留守儿童担心在情感表达中受到拒绝或伤害，逐渐变得冷漠、麻木。情感表达的障碍常使他们在困境中孤立无援，加剧其心理健康问题。

六、未来规划与人生轨迹的变化

父母进城务工对留守儿童的未来规划和人生轨迹产生了深刻的影响，既有可能激发留守儿童的奋斗精神，也有可能使其对未来感到迷茫和无力。一方面家庭经济水平的提高促使部分留守儿童对未来抱有更高的期望和要求，怀揣着改变命运的梦想，希望走出农村追求更广阔的生活和发展空间。但在教育资源匮乏的现状下，这部分儿童的美好愿望很难得到实现，在追逐梦想的过程中往往会遭遇各种各样的困难和挑战，不得不重新思考自己的人生定位。

另一方面，长期亲子分离导致部分留守儿童对未来生活失去信心与希望。他们感到自己的命运已然注定，无法挣脱命运的枷锁，因此放弃了对美好生活的积极追求。这种消极的心态不仅会影响他们个人的成长，还会在其后的人生道路上设置重重障碍，让他们面临更多的挑战，和更多的两难选择。还有一些留守孩子对外界的看法过于理想化，好高骛远，追求的目标也不现实。这些期待往往因为缺乏正确的引导和现实的支撑而难以达成。

第二节 留守儿童环境适应障碍的表现

一、什么是适应障碍

适应障碍是指个体面临重大生活或环境变化时，短期内经历的轻度情绪困扰与行为失调。尽管伴随一定程度的行为改变，但并未达到精神病性症状的严重程度。适应障碍通常源于个体对新环境的适应能力不足或对突发事件的应对策略失效。留守儿童缺少父母的直接陪伴，独自面对生活中的各种挑战和学习上的压力，因而容易出现适应障碍。

适应障碍的表现形式具有多样性，以情绪障碍最为显著，包括抑郁、焦虑等情绪问题。其次，行为障碍如逃学、斗殴等，也较为常见。某些情况下，适应障碍还通过一些退化性现象展示出来，比如遗尿、吮手指等早期儿童行为的再现。这些症状不仅对个体的心理健康构成威胁，也对其学习、工作、日常生活和社交能力带来不利影响，阻碍其整体社会功能和职业能力的发展。

二、留守儿童环境适应障碍的具体表现

留守儿童的生活环境由于父母的长期外出务工或离异等因素而发生了巨大变化。这种变化可能导致他们在心理、行为、学习、生理、社会功能等多个方面出现一系列适应障碍。

（一）情感困扰与内心孤独

面对新的生活环境，留守儿童普遍遭受着情感上的困扰。由于长期缺少父母的日常关爱与陪伴，他们内心深处有着强烈的孤独感与无助感。这些负面情绪不仅侵蚀着他们的心灵，还可能逐渐转化为深度的抑郁情绪，使他们对周围事物失去兴趣，生活态度日趋消极。对远方父母的深切思念与对亲情的渴望成为他们心中难以言喻的痛。每当夜幕降临，他们常在无尽的思念中辗转难眠，期待着父母的归来。基于现实的无奈，与父母见面的期待难以实现，这进一步加剧了他们的情感痛苦。

案例5-1

小明的孤独与渴望

小明是一名10岁的留守儿童。由于经济压力，小明的父母被迫离开家园，前往繁华的东南沿海某城市务工，将他留在家中与年迈的祖父母一起生活。小明成了这个村子里众多留守儿童中的一员。随着父母的离开，小明的生活经历了巨大的转变。曾经每日可见的父母亲的笑容，如今只能在记忆中寻觅。尽管祖父母尽力照顾，但他们年事已高，难以填补小明心中因父母缺席而留下的空白。

在新的生活环境下，小明逐渐变得沉默，常常一个人静静地发呆。校园生活亦未能给他带来慰藉，他变得越来越孤僻，不愿与同学们交流，总是独自坐在教室的一角。当

其他孩子们在课间欢声笑语地玩耍时，小明却总是孤单地站在一旁，眼神中流露出深深的孤独和无助。他对父母的思念之情越来越强烈，每当夜幕降临，他总会一个人躲在被窝里偷偷地哭泣。孤独和无助的情绪逐渐侵蚀着小明的心灵。他开始对周围的一切失去兴趣，生活态度也变得消极。

小明的情感困扰和内心孤独是众多留守儿童共同面临的难题。他们渴望父母的关爱和陪伴，但现实却无情地让他们面对孤独和无助。这种情感上的不适应不仅影响着他们的心理健康，还对他们的未来有着深远的影响。因此，我们需要更多地关注留守儿童的情感需求，给予他们必要的关爱和支持，帮助他们健康成长，给他们一个快乐的童年。

（二）行为退缩与攻击性表达

在适应新环境的过程中，留守儿童通常会表现出两种截然不同的行为模式：退缩和攻击性。部分留守儿童变得胆怯和内向，避免与人交流，这是他们试图应对环境变化和内心不安的一种方式。退缩性行为使得他们在社交场合中显得格格不入，难以与同龄人建立联系，在社交中容易被边缘化和排斥。还有部分留守儿采取攻击性行为来表达自己的不满和愤怒。这主要表现为与同龄人发生冲突、打架或其他形式的斗殴。这是他们试图在困难环境中寻求控制感和力量感的一种途径。留守儿童在适应环境中采用的这两种不合理模式，会阻碍其社会适应和人际交往能力的发展。

案例5-2

小花的行为退缩与攻击性表达

小花是一名9岁的留守儿童，她的父母为了工作常年在外，她只能和祖父母生活在一起。在过去的一年里，小花的行为发生了明显的变化，她开始退缩，变得胆怯、不愿与人交流。以前，小花是一个活泼开朗的孩子，喜欢和村里的其他孩子一起玩耍。但现在，她总是一个人默默地待在家里，不再像以前那样欢快地奔跑在田野上。祖父母注意到她的变化，试图鼓励她出去玩，但小花总是摇头拒绝。

在学校里，小花也变得越来越孤僻。她不再和同学们交流，总是独自坐在座位上。课间休息时，她宁愿一个人待在角落里，也不愿意加入同学们的游戏。这种行为退缩导致她被同龄人孤立和排斥，难以融入班级社交圈子。除了行为退缩外，小花还通过攻击性行为来表达自己的不满和愤怒。在某些情况下，她会突然对其他孩子发怒，甚至发生肢体冲突。这种行为表现不仅让她与同学的关系更加紧张，还在老师和其他家长面前留下了不好的印象。小花的种种变化让她的祖父母感到非常担忧。他们知道小花内心孤独，渴望得到父母的关爱和陪伴，但他们却无法替代父母的角色。他们只能尽力照顾小花的生活起居，但对于她深层次的情感问题却无能为力。

小花的案例凸显了留守儿童在适应新环境过程中出现的行为问题。由于缺乏父母的关爱和陪伴，他们可能会变得胆怯和退缩，或者通过攻击性行为来表达自己的不满和愤怒。这些行为问题不仅影响了他们的人际交往，还会对他们的身心健康产生长期的不良影响。因此，关注留守儿童的情感需求和行为变化，提供更多的关爱和支持，对于帮助他们健康成长至关重要。

（三）学习困难与厌学情绪

留守儿童在学习方面普遍存在明显的适应障碍，主要表现为注意力难以集中、记忆力减退、回避难题等学习困扰。对异地父母的思念之情导致他们学习时经常分心，家庭教育的缺位使得他们难以养成良好的学习习惯、掌握有效的学习方法。更令人担忧的是，部分留守儿童产生厌学情绪，对学习失去兴趣，甚至出现逃学和旷课的情况。学习困难和厌学情绪不仅会直接影响留守儿童的学业表现，还会对他们的长期发展产生负面影响。教育是改变个人未来和开拓职业道路的重要途径，留守儿童在学业上表现不佳，会错失许多成长成才和职业选择的机会。

案例5-3

小刚的学习困难与厌学情绪

小刚是一名11岁的留守男孩，他的父母为了生计长期在外地打工，将他留在了家乡与祖父母一起生活。小刚原本是一个聪明好学的孩子，但自从父母离家后，他在学习上遭遇了重重困难。他的注意力开始变得不集中，经常在课堂上走神。老师注意到他的变化，多次提醒他集中注意力，但效果并不明显。随着时间的推移，小刚的记忆力也逐步减退，他发现自己越来越难以记住课本上的知识。这些学习上的挑战让小刚感到极度沮丧，他逐渐对学习失去热情，并产生了厌学情绪。面对日益沉重的学业负担，小刚感到极度压抑和无助。渐渐地，他开始逃学、旷课，找各种理由不去学校。祖父母发现了小刚的变化，但他们无法真正理解他内心的痛苦。他们只能反复叮嘱他要好好学习，却无法提供实质性的帮助这让小刚感到更加孤独和无助，厌学情绪也越来越严重。没过多久，小刚的成绩开始直线下滑，他原本擅长的数学科目也变得一塌糊涂。老师和同学们对他的变化感到惊讶和惋惜，但他们也无能为力。

由于缺乏父母的关爱和陪伴，留守儿童会感到孤独和无助，从而导致学习上的困难。这种情感困扰和心理压力会进一步影响他们的学习习惯和方法，导致学习成绩下滑。学校和家庭应该共同努力，为他们提供良好的学习环境和学习方法指导，帮助他们克服学习困难，重新找回对学习的兴趣和信心。

小刚的案例凸显了留守儿童在学习方面遭遇的困境。由于缺少父母的关爱和陪伴，他们感到孤独和无助，这种情感困扰和心理压力进一步影响他们的学习习惯和方法，导致学习成绩下降。若不及时给予关注和支持，这种学习上的不适应可能会对他们的未来发展和职业道路造成严重阻碍。

（四）生理反应与躯体不适

在融入新环境的过程中，某些留守儿童会出现多种生理不适，如食欲减退、睡眠障碍、头晕目眩、胃肠道不适等。这些身体症状是留守儿童对周围环境变化的应激反应，不仅给他们的日常生活带来了困扰，还容易引发他们的情绪波动和不良行为，继而形成恶性循环：心理压力影响身体健康，身体不适引起情绪问题，加剧环境适应障碍。

案例5-4

小芳的生理反应与躯体症状

小芳是一名10岁的留守儿童，她的父母在她上小学后不久就背井离乡到沿海城市谋生，留下她与外祖父母同住。自从父母离家后，小芳不仅情感上承受了巨大的压力，生理上也出现了一系列不适反应。最初，小芳出现了食欲减退的症状。曾经热爱美食的她，现在对食物失去了兴趣。外祖父母担心她的身体状况，尝试了多种方法来增加她的食欲，但均未奏效。接着，小芳开始遭受失眠的困扰，晚上躺在床上辗转反侧，怎么也睡不着。即使睡着了，也经常做梦，梦中总是出现与父母离别的场景，让她在梦中也感到悲伤和不安。除此之外，小芳还经常出现头痛、胃痛等躯体不适。她告诉外祖父母自己不舒服，外祖父母带她到镇上卫生院检查，但医生诊断她的身体没有异常，只能给她一些简单的药物缓解不适。这些生理状况让小芳的情绪变得更加低落和烦躁。她开始变得孤僻，不愿意与人交流，甚至对祖父母也产生了抵触情绪。她的行为也变得更加退缩，不再像以前那样活泼开朗。

小芳的案例揭示了留守儿童在适应新环境过程中遭遇的生理反应和躯体不适。由于缺少父母的关爱和陪伴，他们感到孤独和无助，从而导致心理压力增大，引发一系列生理上的不适应，身心健康受损。因此，必须关注留守儿童的身心健康，帮助他们缓解心理压力，克服生理上的不适应。

（五）社交障碍与品行问题

留守儿童普遍存在社会适应功能方面不健全的问题，包括社交障碍和品行问题。社交障碍是留守儿童最常见的心理问题，主要表现为孤僻、沉默寡言、缺乏信任感和合作精神。留守儿童与父母之间互动减少，导致在语言、思维和社交技能上的发展相对滞后，加剧了他们在适应新环境时所面临的认知挑战和社交难题。人际交往中的回避和焦虑，使得他们在家庭、校园、其他社会环境中被排斥和孤立，对他们的身心发展造成伤害。部分留守儿童身上存在品行障碍，例如撒谎和偷窃，不利于他们的道德发展及正确价值观的形成，也不利于他们的个人成长与社交能力发展。

案例5-5

小强的社交障碍与品行问题

小强是一名11岁的留守儿童，他的父母为了工作常年在外地，将他留在家乡与祖父母一同生活。小强性格内向，不擅长与人交流，自从父母离开后，他的社交障碍和品行问题逐渐凸显出来。在学校里，小强总是独自一人，很少与同学交流。课间休息时，他总是默默地坐在角落里，看着其他同学欢快地玩耍。他渴望加入他们，但却不知道如何开口。这种社交障碍让他在学校里遭受了排斥和孤立，同学们对他的态度也越来越冷淡。

平时在家里，小强也变得沉默寡言。他很少与祖父母交流，总是沉浸在自己的世界里。有时候，他会因为一些小事情发脾气，甚至对祖父母撒谎，偷窃家中财物。祖父母感到非常担忧和无奈，他们不知道如何教育小强，也无法理解他的行为背后的原因。小强的社交能力受损，难以与同伴和家庭成员建立积极的关系。此外，他的品行出现问题，如缺乏责任感和同情心，漠视行为后果，若不予以及时的引导，这些社交障碍和品行问题将对他的长期发展和社会融入造成显著的障碍。

小强的案例反映了留守儿童在社交能力和品行发展上的普遍问题。他们因为缺乏稳定的家庭环境和父母的积极榜样而变得内向和孤僻，这使得他们在建立人际关系方面遇到困难。同时，品行障碍如撒谎和偷窃等行为的出现，不仅对他们的情感健康和社会功能构成威胁，也对他们的道德观念和价值观形成带来不良影响。因此，我们应该关注留守儿童的社交和品行发展，为留守儿童创造一个有利于他们社交和道德发展的支持性环境。

第三节 留守儿童环境适应问题的心理调适

随着城乡发展差距的加大，留守儿童现象日益凸显，面对新的生活环境和角色转变，他们不仅要面对物质生活的匮乏，更在心理上承受着巨大的压力。留守儿童环境适应问题的心理调适，不仅关乎这一群体的成长，也关系到社会的和谐与稳定。本节将深入探讨留守儿童环境适应问题的心理机制，分析心理调适的影响因素，提出有效的干预策略，为留守儿童的心理健康教育提供理论依据和实践指导。

一、留守儿童环境适应问题的心理机制

留守儿童环境适应问题的心理机制是一个涉及多个因素的复杂过程。情感支持缺失、社会认同感不足、自我调节能力薄弱，以及父母的防御机制和回避策略产生的效应，在留守儿童适应新环境的过程中相互作用、相互影响，共同决定其面临环境适应问题时的心理状态和行为表现。

（一）缺乏情感支持

情感支持对于儿童的心理健康至关重要。父母的缺位使得留守儿童在情感上无法获

得充分的慰藉和关怀。留守儿童普遍具有以下情感适应障碍。①自我价值感低，影响其在新环境中的自信心和自尊心；②情绪调节困难，缺乏有效的情绪调节技巧，在新环境中不能适当地处理自己的情感；③依恋障碍，与新环境中的人和事物保持距离，难以建立稳定的信任关系；④情感表达障碍，不知道如何恰当地表达自己的情感。这些情绪障碍不仅严重影响留守儿童的日常生活和社会功能，还会导致其学习成绩下降。

缺乏情感支持还会对留守儿童的自我认知和自尊心产生影响。首先，父母的关爱和认可为儿童提供了一种基本的自我肯定，有助于他们建立起对自己的积极认知。如果留守儿童感到被遗弃和不被重视，对自己的价值产生怀疑，就会产生自我贬低的倾向，不仅影响自我认知，还使其在学习和社交活动中表现出消极态度。其次，自尊心是个体进行社会互动和建立人际关系的重要基础。缺乏情感支持的留守儿童会在社交场合中缺乏自信，难以与同伴建立稳定和健康的友谊关系。自我认知和自尊的问题还会影响留守儿童对未来的期望和抱负，让其对未来持悲的态度，缺乏追求更高目标的动力，影响个人成长与发展。

（二）社会认同感低

社会认同感是个体对于自己在社会中所处位置的认知，以及对所属群体的归属感，它在个体的社会适应和发展中扮演着至关重要的角色。留守儿童的父母长期在外工作，他们缺乏与父母共同参与社会活动的机会，导致他们在与同龄人的互动中不适应。经济状况的差异也使他们在物质和文化资源上感到不足，产生自卑感。以上因素共同作用，导致留守儿童在社会环境中缺乏必要的认同感和归属感。

社会心理学领域的研究已经证实，社会认同感与个体的心理健康有密切关系。留守儿童普遍社会认同感较低，更容易感受到孤独、焦虑和抑郁等负面情绪。这些情绪问题不仅影响他们的生活质量，还阻碍他们的学业和社会功能发展。此外，低社会认同感还导致留守儿童在面对新环境和挑战时出现回避或敌对的行为。他们通常因为担心被排斥或不被理解而拒绝社交互动，或者在与他人的互动中表现出防御性和攻击性。这种行为模式不仅限制了他们建立积极人际关系的机会，也增加了其在社会适应过程中的困难。

（三）自我调节能力不足

自我调节能力是指个体在面对外部刺激时，能够有效地调节自己的情绪和行为的能力。在儿童成长过程中，自我调节能力的培养尤为重要，直接影响儿童的社会适应能力和心理健康。由于缺乏父母的悉心教育和引导，留守儿童在这方面存在明显不足。面对外部环境变化时，留守儿童往往自我调节能力欠佳，出现负面情绪和不良行为。例如，他们在遇到挫折或压力时，无法有效地管理自己的情绪，导致情绪波动大、易怒或者抑郁。同时，由于缺乏行为上的自我约束，更容易出现攻击性或退缩性的行为，这些行为在一定程度上反映了他们适应环境的困难。自我调节能力的不足还会导致留守儿童在学习上缺乏自我激励和自我监控的能力，因此普遍学习成绩不佳。在人际交往中，由于难以根据情境变化调节自己的情绪，导致留守儿童在与同龄人的互动中常遇障碍，影响其社交技能发展和人际关系的建立。

留守儿童在自我调节能力方面的不足，源于他们在成长过程中缺乏父母的直接指导和情感支持。父母的角色在儿童自我调节能力的形成过程中至关重要，通过提供一个安全的环境、设定适当的期望、成为情感调节的榜样，可以帮助儿童学会管理自己的情绪和行为。父母长期不在身边，使留守儿童往往缺乏这样的学习机会，导致他们的自我调节能力发展滞后。关注留守儿童的自我调节能力的发展，理解其背后的心理机制，对于促进他们的心理健康和社会适应具有重要意义。

（四）防御机制和回避策略

面对环境的改变，一些留守儿童会采取相应的防御机制和回避策略。这些策略在心理学上被视为个体在面对压力时的一种自我保护方式，在短期内能够为他们提供一定程度的心理安慰和保护，但从长远来看，会对他们的心理健康和社会适应能力产生不利影响。

（1）否认现实是留守儿童常用的一种防御机制。留守儿童会选择性地忽视或否认自己的困境，以此来减轻内心的痛苦和不安。一旦形成习惯，他们对现实的认知容易扭曲，无法正确地评估和应对生活中的困难和挑战。这种认知偏差不利于他们的决策能力和问题解决能力的发展，影响其整体适应能力。

（2）投射作用则是另一种常见的防御机制。部分留守儿童将自己的负面情绪和责任归咎于他人或环境。这种处理方式虽然能够让他们在短期内避免直面自身的问题，但时间长了容易导致他们无法正确地认识自我，缺乏自我反省和自我提升的动力。频繁的投射作用还会破坏他们与他人的关系，不利于情绪健康和社交能力发展。

（3）回避策略也是留守儿童在面对压力和不适时采取的一种应对方式。这种模式下，他们会选择避开那些引起困扰的人或事，以此来减少内心的不适感。长期的回避行为会引发其在社交和情感表达上的退缩，缺乏面对困难的勇气和解决问题的能力。这种回避策略通常限制了他们的社会参与和人际交往，加大其社会适应的难度，阻碍其健康成长。

综上所述，留守儿童环境适应问题的心理机制是一个涉及多个因素的复杂过程。这些因素相互作用、相互影响，共同决定着留守儿童在适应新环境时的心理状态和行为表现。因此，针对留守儿童的心理调适工作需要从多个角度入手，提供全面的支持和帮助，以促进他们的健康成长和发展。

二、留守儿童环境适应问题的调适策略

留守儿童在成长过程中常常面临环境适应问题，对他们的心理健康和成长发展构成挑战。为了帮助留守儿童更好地融入新环境，必须重视并探索有效的适应策略。这些策略旨在满足留守儿童的心理需求，缓解他们的适应压力，为他们的健康成长和未来发展奠定坚实的基础。

（一）建立全面的情感支持体系

为了解决留守儿童在情感上面临的孤独和缺失问题，帮助他们更好地融入新环境，

需建立一个全面的情感支持体系。这一体系应当涵盖家庭、学校和社会三个层面，共同为留守儿童营造一个充满爱和关怀的成长环境，让他们在新环境中茁壮成长。

1. 家庭情感支持

家庭是儿童情感依托的核心，对留守儿童的情感健康至关重要。父母因工作等原因无法陪伴在孩子身边，但现代通信技术如视频通话、即时消息为家庭提供了跨距离的情感联系。父母应通过这些方式，定期与孩子沟通，关注他们的生活和学习状态，分享彼此的喜怒哀乐，这种持续的交流不仅能够缓解孩子的思念之情，更能够让他们感受到家庭的关爱与支持，增强他们在新环境中的自信与心理韧性。

2. 学校情感支持

学校在留守儿童情感支持体系中同样扮演着举足轻重的角色。教师不仅是知识的传授者，更是孩子们人生的引路人，其关心和支持对留守儿童来说非常重要。教师可以通过课堂互动、个别辅导和日常交流，与孩子们建立起深厚的师生情谊。此外，学校还可以举办各类集体活动，如运动会、文艺演出等，让留守儿童在积极参与的过程中感受到集体的温暖和归属感。这样不仅可以丰富孩子们的课余生活，还有助于培养他们的团队合作意识和人际交往能力。

3. 社会情感支持

社会情感支持也是留守儿童情感支持体系中不可或缺的一部分。社会各界可以通过多种途径为留守儿童提供情感上的关怀与支持，如开展志愿服务活动、捐赠活动、爱心妈妈“一对一”帮扶活动等。社会各界的关爱，不仅能在物质层面给予孩子们帮助，更能在精神层面提供必要的情感支持和心理慰藉，让留守儿童在新的生活环境中感受到一种深切的社会归属感和希望感，降低他们的孤独感和无助感。

（二）提供有效的学习辅导与资源

提供有效的学习辅导与资源是解决留守儿童学习障碍的重要策略。通过个性化学习辅导、学习资源共享和学习激励机制的建立，可以有效帮助留守儿童克服学习上的困难，提高他们的学习成绩和兴趣，促进其健康成长。这些措施的实施需要学校、家庭和社会的共同努力，以确保留守儿童能够在一个更加有利的环境中学习和成长。

1. 个性化学习辅导

个性化学习辅导是解决留守儿童学习障碍的核心策略。每个孩子的学习能力、兴趣和需求都是独特的。为了满足留守儿童多样化的学习需求，学校应组织专业的教师队伍，针对留守儿童的学习困难进行个性化辅导。通过深入了解每个孩子的学习状况，制订恰当的学习计划，帮助他们探索适合自己的学习方法，逐步提高学习成绩。这种个性化的辅导方式不仅能够让留守儿童感受到被关注和重视，更能有效地解决他们的学习问题，提升他们的自信心和学习兴趣。

2. 学习资源共享

学习资源共享是提高留守儿童学习资源获取能力的重要途径。学校和社会应携手努力，建立图书馆、电子阅览室等公共学习设施，为留守儿童提供丰富的学习资源。学习资源不仅包括课本、辅导书等学习资料，还应涵盖各种有益的课外读物、网络学习资源等。通过资源共享，留守儿童能够更加便捷地获取所需的学习资料，拓宽视野，提高自主学习能力。

3. 学习激励机制

建立学习激励机制是提高留守儿童学习积极性的有效手段。学校可以设立学业奖学金、学习进步奖等奖项，对在学习上取得优异成绩和明显进步的留守儿童进行表彰、奖励。这些奖励不仅是对孩子学习成果的肯定，更是对他们努力付出的认可和鼓励。通过建立激励机制，留守儿童能够体验到学习的乐趣和成就感，增强学习的积极性和主动性。

（三）加强社交技能训练与集体活动组织

留守儿童面临的是亲情缺失与适应新环境的双重压力。通过提供适宜的社交技能训练、开展丰富多彩的集体活动、营造恰当的社交环境，可以帮助留守儿童更好地融入集体和社会。这不仅有助于留守儿童掌握与他人交往的基本技巧和方法，还能让他们感受集体的温暖和力量，从而更好地适应新环境，实现身心健康发展。

1. 社交技能训练

社交技能是人际交往的基础，对于留守儿童来说尤为重要。学校可以通过设置专门的社交技能课程，帮助他们学习和掌握必要的交往技巧。这些课程应结合理论与实践，通过模拟日常生活中的社交场景，让学生在真实的情境中学习和练习。课程内容主要是教授他们如何恰当地与人交往，包括问候、分享、有效沟通和冲突解决等关键技巧。课程中需保持轻松愉悦的学习氛围，帮助留守儿童逐渐打破内心的障碍，以更加开放和真诚的态度与他人建立联系，深刻体会人际交往的真谛。

2. 集体活动组织

集体活动的有效组织对留守儿童的心理与社会发展同样具有深远的意义。乡村学校可以通过开展运动会、文艺汇演、社会实践活动等，为留守儿童提供多元化的发展平台。留守儿童在这些集体活动中可以充分展示自我、锻炼各项技能。完成集体任务的过程有利于留守儿童与其他孩子的互动，帮助其学会与他人有效沟通、协同合作以达到共同的目标，增强其团队协作能力。留守儿童与他人共同努力完成任务时，与团队成员共享成功的喜悦时，所体验到的归属感和成就感，是其他单一性活动所无法比拟的。这种深层次的情感体验对他们的健康成长至关重要。

3. 社交环境营造

构建适宜的社交环境有助于提升留守儿童的社交技能。学校应当努力建设包容、和谐的校园文化，举办各类文化活动，建立各种学生社团，为留守儿童提供一个自由表达和思想交流的环境。此外，学校还需对校园内的不良行为，如欺凌等，实施严格的监管和惩处措施，确保每位学生的身心健康与安全。通过实施综合性的校园文化管理策略，有助于留守儿童社交技能的提升，更能为他们的健康成长提供坚实的保障。

（四）开展心理健康教育与咨询服务

心理健康对于留守儿童来说，是适应新环境并实现健康成长的关键因素。由于留守儿童经常面临情感缺失和环境变化带来的心理压力，为他们提供有针对性的心理健康教育与咨询服务十分重要且迫切。这不仅有助于留守儿童更好地应对生活中的挑战，也是保障他们身心健康发展的必要措施。

1. 心理健康教育课程

学校在留守儿童心理健康教育中发挥着主阵地作用。针对留守儿童这一特殊群体，学校应当定期开展系统化、有针对性的心理健康教育课程。课程内容应包括自我认识、情绪调节、人际沟通、解决问题的策略等方面，旨在培养孩子们的心理韧性和适应能力。这些课程不仅仅局限于基础的情绪管理和压力应对技巧的传授，还应更深层次地引导孩子们进行自我认知的探索，帮助他们建立起积极向上、坚韧不拔的心理品质。通过全面而深入的课程设计，留守儿童能够掌握一系列实用的心理自助技巧，这将成为他们面对生活挑战时的有力武器。

2. 心理咨询服务

心理咨询服务是学校心理健康教育体系中不可或缺的一部分。与课程教育相比，心理咨询服务能够为留守儿童提供更加个性化和深入的心理支持。学校应设立专门的心理咨询室，为孩子们提供一个安静、温馨的环境，让他们可以在这里安全地表达自己的内心世界，释放情感压力。虽然乡村学校普遍没有配置专业心理教师，但可以定期聘请具有专业资质和丰富经验的心理咨询师来学校开展服务，为孩子们提供一对一的心理辅导。在咨询过程中，孩子们将学会如何更自由地表达自己的感受，并获得专业的指导、深入的理解和实用的建议。心理咨询师可以根据每个孩子的具体情况，制订个性化的心理调适计划。这些计划给予留守儿童更为全面和细致的心理关怀，帮助他们逐步克服可能存在的心理障碍，找回自信和乐观，积极面对生活。

3. 家校合作机制

学校需构建一套高效且实用的家校沟通机制，以确保双方能够定期、顺畅地交流孩子在心理层面的变化与需求。这种双向的信息共享机制不仅有助于增进家校之间的了解与信任，更重要的是，它能为孩子们提供全方位、持续的心理支持。通过家校之间的紧密合作，我们能够携手为留守儿童营造一个更加和谐、充满关爱与支持的成长环境，促进他们的健康与快乐成长。家校共建的环境中，留守儿童将更有能力克服各种心理挑战，发展成为心理健康的个体。家校合作还能够共同关注孩子的情感需求，及时发现并解决他们在成长过程中可能遇到的心理问题，为他们的全面发展提供有力保障。

三、总结与展望

留守儿童环境适应问题的心理调适是一个长期且复杂的过程。通过构建全面的情感支持体系，可以帮助这些孩子更好地融入新环境，实现身心的健康成长，确保他们在情感上得到充分的滋养与关怀。同时，提供有效的学习辅导与资源也非常重要，这不仅能够帮助他们克服学习上的困难，更能增强他们的自信心与学习兴趣。此外，加强社交技能训练与集体活动组织同样不容忽视。通过这些活动，留守儿童可以学会如何与人交往、沟通，进而更好地融入集体、社会。心理健康教育与咨询服务的开展，则能为他们提供一个释放压力、寻求帮助的平台，使他们的心理问题得到及时、有效的解决。

这些策略的实施并非易事，需要家庭、学校、政府和社会各方形成合力，共同为留守儿童创造一个更加健康、和谐、有利于他们成长的环境。未来，期望更多的力量能够聚焦于这一群体，关注他们的需求与挑战，为他们提供更具针对性的支持与帮助。每个留守儿童都是独一无二的，他们有着不同的经历与感受。因此，在为他们提供帮助时，需要充分尊重他们的个体差异，确保每一个孩子都能得到最适合他们的关怀与支持。

综合案例分析

留守儿童环境适应障碍的调适案例

一、背景介绍

在贵州省的一个偏远乡村，生活着一位名叫小华的 9 岁男孩。在这个充满天真烂漫的年纪，他原本应该在父母的关爱和陪伴下快乐成长。但是，生活的重压迫使他的父母不得不离开家乡，远赴他乡务工，留下小华与年迈的祖父母相依为命。这给小华的童年生活带来了前所未有的挑战。

小华所在的乡村学校条件有限，教育资源相对匮乏，祖父母也难以为他提供充分的学业辅导。随着时间的推移，小华在学习上遇到了重重困难。同时，对父母的深深思念，以及日益增长的孤独和无助感，使得他逐渐变得害怕与人交流，尤其是与陌生人接触。

二、原因探析

情感压抑与孤独感：小华的情感困扰源于对父母的深深思念及孤独和无助的感受。他对父母的思念如同潮水般涌来，让他无法释怀。夜深人静时，他常常独自在被窝中默默流泪，内心的痛苦难以言表。这种情感的压抑导致他对日常活动失去了兴趣，原本活泼好动的他变得沉默寡言，脸上难见笑容。他对周围的事物变得漠不关心，仿佛整个世界都与他无关。

学习困境与逃避行为：学习方面，小华遇到的困难主要源于注意力不集中、记忆力下降等问题。上课无法集中注意力，经常走神，导致原本成绩不错的他现在经常不及格。他害怕面对老师的提问和同学的嘲笑，因此常常选择逃避学习。这种逃避行为进一步加剧了他的学习困难，甚至引发了逃学的现象。

社交胆怯与回避现象：社交方面的胆怯和回避主要源于小华对嘲笑和拒绝的恐惧。他害怕与人交流，尤其是与陌生人，因此常常选择独自一人在角落玩耍，避免参与集体活动。这种社交退缩不仅影响了他与同龄人的关系，更让他失去了许多与人交往的机会。

三、调适过程

针对小华的具体情况，学校老师和心理辅导员采取了一系列的调适措施，旨在从情感、学习和社交三个方面帮助他走出困境。

情感支持：老师们主动与小华建立信任关系，给予他情感上的支持。他们经常与小华谈心，鼓励他表达内心的感受，同时给予耐心的倾听和充分的理解。这些举动不仅为小华提供了情感上的慰藉，更让他感受到了被理解和被关心。为了增强小华与父母的情感联系，老师们还特意安排了视频通话。当小华在屏幕上看到父母熟悉的身影时，激动的情感溢于言表。这样的沟通极大地缓解了他对父母的思念之情，让他感受到了家庭的温暖和力量。

学习辅导：学校为小华量身定制了一套学习辅导计划。老师们利用课后时间对他进行一对一地指导，针对他在学习上遇到的具体问题制订个性化的解决方案。他们采用生动有趣的教学方法激发小华的学习兴趣，使他重新发现了学习的乐趣和自我价值。在课堂上，老师们也给予了小华更多的关注和正面反馈，激励他勇敢地迎接学习上的挑战。在这样持续不断的辅导和鼓励下，小华掌握了更为高效的学习方法，学习成绩也随之得到了显著提升。

社交训练：为了帮助小华克服社交障碍，学校组织了一系列旨在促进团队合作和交流的集体活动，积极鼓励小华参与其中。在这些活动中，老师们引导小华与其他孩子一起合作，共同完成任务，并分享成功带来的喜悦。这样的经历逐步帮助小华战胜了内心的恐惧和犹豫，激励他更加主动地与人建立联系。此外，老师们还教授了小华一些基本的社交技巧，比如如何主动与人打招呼、如何与人分享自己的物品等。这些基本的社交技能使得小华在与人互动时显得更加自信和得体。

四、调适效果

经过一段时间的调适，小华的环境适应障碍得到了明显的改善。他的情绪逐渐稳定下来，开始积极参与学校活动。他的学习成绩有所提高，与同学的关系也变得更加融洽。在课堂上，小华开始主动发言，参与课堂讨论；在课外活动中，他也开始尝试与更多的同学交流玩耍，社交能力有了显著的提升。此外，小华的父母在意识到问题的严重性后，经常与他沟通，表达对他生活上的关心和学业上的支持。他们通过电话定期询问小华的生活和学习状况，并不断鼓励他勇敢面对生活中的困难和挑战。在家庭和学校的共同努力下，小华逐渐走出了适应障碍的阴影，迎接新的生活。

五、总结与反思

通过对小华案例的深入分析，我们可以得出结论，综合性的干预措施对于解决留守儿童的环境适应障碍问题具有显著成效。通过提供全面的情感支持、针对性的学习辅导和有效的社交训练，不仅能帮助留守儿童更好地适应新环境，更能促进他们的全面发展。这一过程凸显了家庭、学校和社会三方面共同参与的重要性，每个环节都扮演着不可或缺的角色。我们需进一步思考如何优化现有机制，以便为留守儿童提供更加全面和细致的支持与帮助。这种努力应当成为全社会的共同责任，确保每一个留守儿童都能在关爱中健康成长。

第六章
留守儿童人际关系问题

小明，一个10岁的男孩，生活在一个小镇上。由于家庭经济条件有限，小明的父母在他5岁那年便一同前往城市打工，每年只在春节时短暂回家。小明因此成了留守儿童，与年迈的爷爷奶奶一同生活。小明与父母的关系因长期分离而变得疏离。尽管父母会定期打电话回家，但由于工作和生活的压力，他们往往只关注小明的学习和生活情况，而缺乏情感上的交流和陪伴。小明与爷爷奶奶的关系深厚，但爷爷奶奶年事已高，无法完全理解小明成长中的困惑和烦恼，有时会因为代沟而产生矛盾。

在学校，小明因为父母不在身边而显得有些内向和孤僻。他常常感到自己和其他同学不一样，缺乏自信，难以融入群体。偶尔，小明会遭到同学的嘲笑或孤立，他们可能会以小明是“留守儿童”为由，对他进行排挤或欺负。老师对小明的关注不够，他们往往只关注班级中的优秀学生和问题学生，而忽略了像小明这样的普通留守儿童。小明在学习上遇到困难时，往往因为害怕被嘲笑或批评而不敢向老师求助，导致学习问题逐渐积累。

随着时间的推移，小明的人际关系问题逐渐凸显出来。他变得越来越沉默寡言，对学习和生活都失去了兴趣。

人际关系的不和谐是农村留守儿童普遍存在的问题。这具体表现为留守儿童与同伴、与父母、与家长的人际关系。由于父母长期外出务工，监护人教育缺位，多数留守儿童不知道如何与人交往、不愿意与人交往，如果这些问题不能得到及时有效的解决，会影响留守儿童的心理健康和社会性发展。因此针对留守儿童人际交往中出现的问题，进行合理调适和指导，对解决留守儿童人际关系问题的意义重大。

第一节　人际关系概述

一、人际关系的概念、特点和基本形态

（一）人际关系的概念

人际关系（interpersonal relationship）是指人们在人际交往过程中结成的心理关系。交往双方在个性、态度、情感等方面的融洽或不融洽、相互吸引或相互排斥，必然会导致双方人际关系的亲密或疏远。人际关系反映了交往双方需要的满足程度。若交往双方能互相满足对方的需要，就容易结成亲密的人际关系；反之，则容易造成人际排斥。

人际关系反映了个人寻求满足其社会需求的心理状态。

在社会学视角下，人际关系是人们在共同生活和劳动的过程中形成的联系，是构建社会生活的重要组成部分。心理学视角下，人际关系被看作是人们在熟知彼此的情况下，相互作用与相互影响的过程，可以是积极的，也可以是消极的，对个人的成长和幸福感具有重要作用。就人际关系心理学产生的过程而言，一般要经过一个双循环的过程，即顺时针方向运动的内循环和逆时针方向运动的外循环两个有机循环的过程。在经济学领域，人际关系被定义为个人之间建立的基于相互依赖的相互联系，对于经济交换和社会互动都具有重要意义。

（二）人际关系的特点

人际关系归根结底受客观社会关系的制约，反过来又深刻地影响着社会关系各方相互作用的形式。人际关系的好坏反映人们在相互交往中的心理满足状态，以及人与人之间心理上的距离。良好的人际关系表现为热情、诚恳、理解、同情、大度、互助、信用和原则性与灵活性的结合。促进人际关系密切友好的因素是缩短空间的距离，提高交往的频率，增加相似的东西，实现需要的互补。阻碍人际关系的个性特征是不尊重不关心他人，对人不诚恳不同情，缺乏自尊心自信心，妒忌、猜疑、偏激、固执、报复、苛求、依赖他人，等等。但每种人际关系都有下面这些特点。

（1）社会性：人是社会的产物，人际关系作为人类社会生活的一部分，具有鲜明的社会性。人们通过交往形成各种社会关系，这些关系又反过来影响人们的交往方式和行为。

（2）复杂性：人际关系的复杂性体现在多个方面。首先，人际关系受到多种因素的影响，包括个人性格、文化背景、价值观念、利益诉求等。这些因素相互交织，使得人际关系变得复杂多变。其次，人际关系中的互动过程也充满了复杂性，人们在交往过程中需要不断调整自己的行为和态度，以适应双方的变化。

（3）直接性：人际关系是在人们面对面的交往过程中形成的，个体可以切实感受到它的存在。没有直接的接触和交往，就不会产生真正的人际关系。一旦人际关系建立，它就会被人们直接体验到，比如双方在心理距离上的趋近会使个体感到心情舒畅，而矛盾和冲突则可能导致孤立和抑郁的感觉。

（4）情感性：人际关系的基础是人们彼此之间的情感联系。情感因素在人际关系中占据重要地位，它影响着人们的交往方式和行为。积极的情感倾向有助于拉近彼此的距离，增强吸引力；而消极的情感倾向则可能导致排斥和疏离。

（5）个体性：在人际关系中，虽然社会角色会对交往产生一定影响，但个体对对方的喜好和亲近感才是更为关键的因素。人们更倾向于与那些自己喜欢或愿意亲近的人建立深厚的人际关系。

（三）人际关系的基本形态

（1）亲密稳定型：这种人际关系形态基于深厚的情感联系和长期的稳定交往。双方彼此信任、理解、支持和关心，愿意为对方付出，并享受与对方在一起的时光。这种关系通常建立在共同的价值观、兴趣爱好或经历之上，能够为双方带来持久的幸福感和满足感。亲密稳定型人际关系常见于家庭、友谊和长期的伴侣关系中。

（2）互补互利型：这种人际关系形态基于双方在某些方面的互补性和共同利益。双方通过合作和交流，能够相互学习、取长补短，实现共同的目标和利益。这种关系建立在相互尊重、平等互利的基础上，能够为双方带来实际的利益和价值。互补互利型人际关系常见于工作、学习和项目合作等领域。

（3）勉强冲突型：这种人际关系形态基于双方在某些方面的差异、矛盾或冲突。双方可能存在着不同的价值观、利益诉求或行为方式，导致彼此之间的关系紧张、不稳定。这种关系可能需要双方付出更多的努力来沟通和协调，以解决存在的问题和分歧。勉强冲突型人际关系常见于竞争、对抗或短暂的交往中。

二、留守儿童的人际关系

留守儿童的人际关系现状是一个复杂且多维度的问题，主要包含以下几个方面。

（一）亲子关系

由于长期与父母分开，留守儿童与父母的亲子关系可能受到较大影响。父母的外出务工导致他们无法在日常生活中与子女进行面对面交流和互动，这种物理上的距离可能逐渐演化为心理上的距离。尽管现代通信技术可以在一定程度上弥补这种距离，但无法完全替代面对面的亲子互动。长此以往，可能会导致留守儿童在情感表达、情感需求满足、安全感建立等方面出现不同程度的问题。

案例6-1

孤独的小毛

留守儿童小毛，父母常年在外打工，和爷爷奶奶一起生活。由于父母无法在日常生活中和小毛进行沟通交流，爷爷奶奶也不知道该怎么去教育她，所以小毛在学校里性格内向，很少与同学交流，经常独来独往。她感到很孤独，渴望与他人建立友谊，但是由于缺乏父母的教育，所以她不知道如何主动与同学交往。这个案例反映了留守儿童可能面临的人际关系问题。由于父母长期不在身边，小毛可能缺乏与他人建立亲密关系的经验和技巧，导致她在学校里难以融入集体。

（二）同龄人关系

留守儿童在与同龄人的交往过程中也面临着一定程度的挑战。一方面，因为缺乏父母的陪伴和指导，他们在社交技能、情绪管理等方面的能力相对欠缺，在与同龄人交往的过程中可能会出现更多矛盾和冲突；另一方面，由于父母长时间不能陪伴其成长，留守儿童更容易成为被他人欺凌的对象，这进一步阻碍了他们与同龄人的正常沟通交流。

案例6-2

"小霸王"的烦恼

小南是一名一年级学生，他的父母在外打工，平时由爷爷照料。小南经常与同学发生口角，在说服不了别人时，小南喜欢使用武力解决问题。他曾经因为同学违反了老师"上课后走前门进教室"的规定而突然推倒同学。在老师批评他时，他还觉得自己很委屈。事实上，小南的做法说明他的道德发展水平正处于惩罚与服从取向阶段，所以他会绝对服从于老师的规定并要求他人遵守，但是他不知道怎么表达自己的想法，也不懂得如何与同学进行沟通，更不知道怎么向老师解释。长此以往，同学们都叫他"小霸王"，纷纷远离他，不愿与他做朋友，对此小南非常困扰和难过。

（三）监护人关系

对于留守儿童来说，监护人通常是祖父母或其他亲戚。一方面这些监护人可能由于年龄差异、健康状况、教育理念等相关原因，无法为留守儿童提供足够的关注和支持，从而导致留守儿童在与其相处的过程中感到距离感，不愿与其分享自己的所思所想，长此以往，两者之间的关系较为淡漠；另一方面，留守儿童虽然想要与监护人亲近，但碍于不知如何沟通表达，而监护人即使想对留守儿童表示关心和指导，也碍于不是亲生父母，不好干预太多，于是两者之间的关系平淡稳定。同时，部分祖辈监护人因心疼自己的孙辈成为留守儿童，对其较为溺爱，有求必应，希望以此与孙辈建立紧密的依恋关系，但结果往往不尽如人意。

案例6-3

溺爱的代价

小乐，男，11岁，父母常年在外打工，从小就跟着爷爷奶奶一起生活。虽然家庭条件较为拮据，但奶奶认为再苦不能苦了孩子，于是要求全家人都要尽可能满足小乐的要求，还不准其父母对其进行严格地监督和教育，连日常生活小事都不舍得让他做，在发现小乐犯错时，奶奶也不懂得如何教育引导，口头批评几句就不了了之。长此以往，小乐变得越来越暴躁，凡是有不如意的地方，就大吵大闹，还时常与他人发生言语和肢体冲突，也非常抵触家人的管教和接触。

第二节　人际关系的影响因素

和谐的人际关系，有利于满足人们心理和社交的需要，人际关系的建立与发展受到诸多因素的影响和制约，本文主要介绍对人际关系影响最大的个体自身因素、家庭教养因素和社会环境因素。

一、个体自身因素

（一）观念的相似性

观念相似性是影响人际关系的个体因素之一。它指的是人们在价值观、兴趣爱好、观点看法等方面的相似程度。当两个人在这些方面存在相似性时，他们更容易产生共鸣，相互理解和支持，从而建立起良好的人际关系。观念相似性有助于减少冲突和误解。在交流中，如果双方观念相似，就更容易达成共识，避免因为观念差异而产生争执和矛盾。这种顺畅的沟通有助于维护人际关系的和谐与稳定。同时，观念的相似性还能促进合作和共同目标的实现。当人们拥有相似的观念时，更容易形成共同的目标和愿景，从而携手合作，共同应对挑战。这种合作不仅能够增进彼此之间的友谊，还能带来实际的成果和收益。

（二）心理弹性

心理弹性（resilience）是指个体对已然发生变化的环境的心理及行为上的反应状态，也可以指个体在面对逆境、压力和挫折时，能够保持乐观、自信、积极、适应性强的心理状态，具有应对困难的能力。心理弹性是一个动态的过程，它会随着环境的变化而变化，并在变化中达到对环境的动态调控和适应。心理弹性与人际关系之间存在密切的联系。

心理弹性对留守儿童的人际关系具有重要的影响。留守儿童是一个特殊的群体，由于父母长期不在身边，他们常常面临孤独、焦虑和抑郁等情感问题。如果留守儿童具备了较强的心理弹性，他们将能更好地应对这些挑战，并建立起积极、健康的人际关系。首先，心理弹性能够帮助留守儿童在面临人际关系压力时保持积极和乐观的态度。心理弹性强的留守儿童更能够以乐观的心态看待这些问题，不轻易放弃，而是会寻找解决问题的方法，继续努力与他人建立联系。其次，心理弹性也能够增强留守儿童的人际适应能力。心理弹性强的留守儿童能够更快地适应新环境和新关系，他们愿意主动与他人交流、分享，积极地寻求互动和合作，从而建立起新的人际关系。最后，心理弹性还可以提升留守儿童的自我调节能力和情绪管理能力。

（三）人格特质

人格特质与人际关系之间存在密切的联系。人格特质是个体相对稳定和持久的心理特征，影响着个体的行为、情感和思维方式。这些特质在人际交往中发挥着重要作用，对人际关系的建立、维护和改善具有重要影响。

首先，人格特质影响着个体在社交场合中的表现和吸引力。例如，具有开放性和外向性特质的个体通常更受欢迎，因为他们更愿意接受新事物、与他人交流，并表现出积极的态度。这些特质有助于建立广泛的人际关系，增强个体的社交能力。其次，人格特质也影响着个体在人际交往中的行为方式和沟通风格。比如，乐观主义者通常更愿意看到事情的积极面，与他人相处时更容易传递正能量，这有助于增进人际关系的和谐与稳定。相反，悲观主义者可能更容易看到问题的消极面，导致与他人产生矛盾和冲突。

二、家庭教养因素

（一）家庭教养方式的概念

家庭教养方式，通常指的是父母在抚养、教育子女的过程中所采取的方法和形式，这些方法和形式体现了父母的教育观念、行为态度和情感表达。家庭教养方式具有相对的稳定性，它会对子女的身心发展产生显著且长远的影响。具体而言，家庭教养方式涉及父母与子女互动的各个层面，包括但不限于父母的教育期望、教育方式、对子女的控制程度、对子女的情感支持等。不同的家庭教养方式可能会形成不同的家庭环境和氛围，从而影响子女的性格形成、行为习惯、情绪管理、社交技能、学业表现等多个方面。

（二）家庭教养方式的类别

1. 权威型教养方式

父母对孩子有积极肯定的态度，热情地对孩子的需求、愿望和行为进行反应，尊重孩子的意见和观点，鼓励他们表达自己的想法并参与讨论。同时，父母对孩子的要求也比较明确，对不良行为会进行说服教育，而对良好行为则给予支持和肯定。这种方式下，父母既尊重孩子的自主性，又对其行为进行了适当的引导和控制。

2. 专制型教养方式

父母在教养过程中表现出高控制的特点，但在情感上则倾向于拒绝和冷漠。这种教养方式可能导致子女在人际交往中表现出退缩、畏惧或攻击性的行为。他们可能缺乏自信，难以表达自己的观点和感受，或者过于依赖他人。在与他人相处时，他们可能表现出过度服从或反抗的行为，导致人际关系紧张。

3. 溺爱型（娇宠型）教养方式

父母对孩子一味溺爱，几乎满足孩子的所有要求，很少对孩子进行行为控制。这种教养方式可能导致子女在人际交往中表现出自私、依赖他人的特点。他们可能缺乏独立解决问题的能力，过度依赖他人的帮助。在与他人相处时，他们可能难以理解和尊重他人的需求，导致人际关系紧张。

4. 忽视型教养方式

父母对孩子不设定特定的期望，不提出明确要求，甚至可能忽视孩子的存在。这种教养方式可能导致子女在人际交往中表现出冷漠、孤独的特点。他们可能缺乏自信和自尊，难以与他人建立亲密的关系。在与他人相处时，他们可能表现出退缩或攻击性的行为，导致人际关系疏远。

案例6-4

我讨厌妈妈

小明在自己的谈心日记上写道："妈妈总是自认为为我好，常常以她的视角对我提出相关要求，还要我立刻执行，如果我没做，她就会一直念叨，直到我完成为止，我真的很讨厌这样的，但一想到她为了我承担了那么多，我又很心疼她，就只能强迫自己马上去完成妈妈布置的任务。我真的很痛苦，也很无助，谁能来帮帮我？"小明的爸爸长期在外打工，为了更好地照顾小明和家里的几位老人，妈妈毅然辞去了原本的工作，每天都围着家里转，但小明的妈妈对小明有较强的控制欲，她总希望小明按照她的要求去学习和生活，成为她理想中懂事听话的好孩子。

三、社会环境因素

社会环境对人际关系的影响是多方面的，它不仅塑造了人们的交往方式和行为模式，还影响了人们对人际关系的认知和态度。

（一）社会环境与人际关系

社会文化背景会对人际关系产生深远影响。在不同的文化背景下，人们往往持有不同的价值观念和行为准则，这些差异直接影响了人与人之间的交往方式。例如，在一些文化中，尊重长辈和权威被视为重要的价值，而在其他文化中，可能更加注重个人主义和自由。这些文化差异使得人们在处理人际关系时，会有不同的侧重点和策略。

社会制度和结构也会对人际关系产生重要影响。社会制度规定了人们的权利和义务，以及社会地位和角色的分配。在平等和开放的社会制度下，人们更容易形成平等、互助的人际关系；而在等级森严、封闭的社会制度下，人际关系可能更加复杂和紧张。此外，社会结构的变化，如城市化、人口迁移等，也会对人际关系产生影响，使得人们的交往范围更加广泛，交往方式更加多样。

社会经济状况也是影响人际关系的重要因素。社会经济繁荣时期，人们的生活水平提高，有更多的时间和精力投入到人际交往中，人际关系可能更加和谐；而在经济萧条时期，人们可能面临更多的压力和困难，导致人际关系紧张甚至破裂。

社会风气和道德风尚也会对人际关系产生潜移默化的影响。一个诚实守信、尊重他人的社会风气，有助于形成健康、积极的人际关系；而一个虚伪欺诈、冷漠无情的社会风气，则可能导致人际关系的疏离和恶化。

（二）社会环境对留守儿童人际关系的影响

留守儿童长期与父母分离，缺乏家庭的关爱和陪伴，使得他们在情感上较为孤独和敏感。这种情感状态往往会影响他们与他人的交往，使他们在处理人际关系时表现出一定的障碍。他们可能更难以信任他人，更难以形成亲密的友谊或伙伴关系。

农村社区的教育资源和文化活动相对较少，留守儿童在人际交往方面缺乏必要的引导和培养。这使得他们在与人交往时可能缺乏技巧和策略，难以有效地表达自己的情感和需求，也难以理解和适应他人的情感和需求。

社会对留守儿童的关注和支持程度也会影响他们的人际关系。如果社会对留守儿童的问题缺乏足够的认识和关注，留守儿童可能会感到被忽视和边缘化，这进一步加剧了他们在人际关系中的困境。相反，如果社会能够给予留守儿童更多的关爱和支持，如开展关爱留守儿童的活动，提供心理咨询和辅导等，将有助于改善他们的人际关系状况。

随着互联网的普及，留守儿童在人际交往方面也有着新的挑战和机遇。一方面，互联网为留守儿童提供了更广阔的社交平台，使他们能够结识更多的朋友，扩大社交圈子。另一方面，互联网上的信息良莠不齐，留守儿童由于缺乏辨别能力，可能会受到不良信息的影响，甚至遭受网络欺凌和伤害。

第三节　留守儿童人际交往中的问题

人际关系是否和谐，一定程度上能够反映留守儿童的心理健康水平。由于留守儿童的家庭环境和教育环境的特殊性，导致其在成长过程中不断出现人际关系的问题，具体表现为不愿意与人交往、不具备与人交往的能力与技巧。人际关系的问题也会影响儿童的心理健康状况，能否合理解决这些问题，关系到儿童是否能够健康成长、成人、成才。

一、留守儿童参与人际交往的主观意愿较弱

改革开放以来，伴随我国城乡一体化不断深入推进，留守儿童的父母大多为了争取更高质量的生活条件和生活环境变迁的可能，选择了进城务工，将孩子留在家中，由爷爷奶奶等隔代亲人监护，或由他人代为抚养，在这一状态下，留守儿童长期与父母分离，缺乏面对面的交流和亲密的肢体接触，导致他们对父母的情感逐渐疏离。长此以往，他们可能表现出不愿意主动与父母或旁人进行沟通，或者在沟通时显得冷淡、敷衍。随着父母外出年限的增加，他们对于父母或旁人的信任和依恋程度也逐渐下降，部分留守儿童还表现出既对外界的关爱很渴求，但又害怕短暂拥有后会再次失去的矛盾心理，于是他们更倾向于将自己封闭起来，难与或者不与他人建立同伴关系。

案例6-5

小言的“秘密花园”

来自重庆市忠县的小言已经小学五年级了，可是性格孤僻，不愿意跟同龄的孩子一起玩，不喜欢热闹场合，不主动参加班级活动……每次上课，老师叫她回答问题时，她总是胆怯地站起来，要么慢吞吞小声吐出几个字，要么低着头，不吭声。从小父亲去世，母亲外出务工，懂事的小言很小就挑起了家里的重担，帮外公分担着种田、挑水、做饭

等大大小小的事。由于缺乏足够的关爱和陪伴，相比和朋友倾诉、与人沟通交流，小言更喜欢把自己蜷缩在一个小世界里，那里像是一个梦幻的疆界，正如小言在心情日记里写的："这是一片美丽的草地，我脱下了白天的面具，在草地上尽情地奔跑，这里好安静，除了小鸟在唱歌，没有一点声音，我能听见自己的心跳，脚踩在地上沙沙的声音，跑累了我可以躺下来，汗水湿透了我的衣服，这时伸手就能摘下花丛里的浆果……"只有在那里，才有她想要的安全感。

二、留守儿童缺乏人际交往的能力与技巧

受环境及距离限制，外出务工的父母往往会选择将孩子交给祖父母辈进行抚养，而由于生活方式、文化水平的差异，留守儿童与祖父母辈的交流更多局限于基本生活需求，较少进行情感沟通，部分祖父母辈的教育观念相对传统，他们重视家庭中年龄差距产生的老幼"等级关系"和尊卑观念，会严格要求孩子对自己言听计从，更不会教育和引导孩子如何与他人建立关系。外出务工的父母因为时间和精力有限，在与孩子沟通的过程中会更在意孩子学习和生活的状况，而忽略了孩子的人际交往情况和社会关系发展。

案例6-6

我也很想有朋友

小佳是一名来自重庆酉阳的留守儿童，母亲在她很小的时候因病去世，父亲一直在外务工，她自幼便跟着残疾的奶奶生活。在老师和同学的眼里，小佳总是一个人，不太愿意与旁人沟通，班级有活动想邀请她时，她也总是独自待在角落，很少和大家一起行动。但对于小佳而言，她也很想和大家一样拥有自己的好朋友，却又不知道怎么和大家交往。

三、留守儿童在同伴关系中处于弱势

留守儿童在同伴关系中往往处于弱势，缺少发展人际关系能力和技巧的机会，这让他们的人际交往经验难以增长。正常的同伴关系应该是基于相互尊重和支持，互相分享喜悦和忧虑，彼此帮助和鼓励，彼此信任、积极沟通、相互包容。

在人际交往中，留守儿童会倾向于选择经历与自身相似的儿童进行交往，他们通常不愿意与非留守儿童建立同伴关系，这是因为留守儿童认为自身家庭存在缺陷，不认可自己的家庭情况，所以在与非留守儿童面前，他们会认为自己"低人一等"，难以将对方置于和自己平等的对话处境，并担心受到非留守儿童的嘲笑和排挤。特别是当非留守儿童对留守儿童明确表现出不喜欢的态度时，会在无形中对留守儿童造成负面的行为暗示，影响他们在人际交往时的对象选择。留守儿童在人际交往中会出现退行性的行为表现，不知道如何与他人交往。

案例6-7

没有人愿意和我玩

小红，女，8岁，父母长期在外打工。小红从小由奶奶抚养，由于父母常年不在身边，生活中缺少玩伴，因此小红性格孤僻、沉默寡言，上学以后只和班上其他的几名留守儿童说话，在其他孩子面前都抬不起头，由于和同学们缺少沟通，大家都不了解她，使得小红缺少自信，上课也不能集中精神听课，成绩一直不佳，一次与同学发生争执后，同学们都开始排斥她，说她的爸爸妈妈都不要她了，讥笑她是孤儿，这更让小红觉得无地自容，并且不愿再去学校上课。小红的奶奶不知道怎么教育小红，于是叫回在外打工的父母，小红母亲知道小红不愿上学，非常生气，不问缘由将小红打了一顿。小红认为父母只知道挣钱，出了事情不问缘由就打她，不够关心她。她害怕挨打，所以回到学校上课，但厌学情绪依然在，性格也更加封闭。

第四节　留守儿童人际问题的调适与指导

一、营造良好的人际交往环境

（一）父母对监护人的慎重选择

1. 强化祖父母辈监护人责任意识

对于祖父母辈的监护人来说，子女将自己的孩子交由他们抚养，是给予了他们一定的信任和认可的，加之对儿童的喜爱，他们往往会尽心尽力地帮助子女抚养孩子，但他们普遍存在情感与责任的割裂：对儿童过分倾注情感却忽视育人的责任底线和原则，容易出现一味纵容儿童和过度保护儿童的现象。留守儿童的父母应注意到这一问题，向祖父母辈监护人明确传达正确的儿童教育理念，帮助他们在过分倾注情感和严格要求两者之间找到平衡点。

2. 明晰寄养家庭监护人权责范围

寄养家庭的监护人大多是留守儿童的亲戚、熟人等，和留守儿童是比较亲近的关系。这样的关系虽然可以让留守儿童受到更好的保护，但监护人为了规避寄养风险，不会过分严苛对待儿童，只是发挥基本的家庭保护功能，因此儿童所接受的家庭教育程度和质量难以得到保障。留守儿童的父母应该和监护人密切沟通，明晰监护人的权力和责任范围，指定监护人可以实施的教育行为，这样有利于寄养家庭的监护人切实对儿童展开教育。

（二）建立平等的亲子关系

正常的亲子关系应该是平等的，亲子的沟通交流建立在平等的关系基础之上。这样的关系首先对父母的教育观念提出了要求，即需要他们摒弃传统的“三纲五常”所提倡的森严的等级和地位关系。当儿童对父母的行为和指示表示理解和顺从时，父母会表现得更加有动力，情绪会更加积极，而父母对儿童的态度表现出足够的尊重与平和时，孩子则会表现得更加自信，更加敢于表达，心理和行为表现会更加积极。当亲子关系找到了平衡点，双方便都能在彼此理解和支持中收获情绪价值和情感认同。

（三）持续提供安全稳定的家庭环境

家庭环境会潜移默化地影响留守儿童的心理健康和人际交往状态。安全的家庭环境，为监护人和儿童开展密切沟通交流、实施家庭教育创造了有利的条件。家庭环境的安全稳定，离不开家庭关系的稳固，这包含父母之间感情的稳定长久、祖父母辈对儿童照料的关心和责任心，只有家庭成员都处在一种和谐的“契约”关系之下，才能让儿童发展信任和友善，避免他们在家庭中感到孤独或不被理解。

（四）重视打工子弟学校环境的改善

打工子弟学校，通常是城市为解决外来务工人员子女就学问题开办的学校，多分布在城乡接合部，也为留守儿童提供集中教育服务。此类学校虽特点鲜明，却也存在不少问题。比如，学生大多由留守儿童或流动人口家庭的儿童组成，班级内较为拥挤，不便于教师照顾到每一名儿童；又如此类学校通常由爱心人士资助，有的属于公办，也有的属于私立性质，导致学校容易出现教育资源和经费短缺的问题，正常的教学难以保障，且师资力量大多薄弱，难以达到较好的教学效果等。为解决这些问题，政府应予以一定的经费支持，整合闲置教育资源，同时教育行政部门要规范打工子弟学校考核评价标准，加强监督与指导，为打工子弟学校的发展提供保障和支持。

二、教授适用的人际交往技巧

（一）父母对孩子的充分投入

根据马斯洛需求层次理论，人的需求可以按照不同的层次进行分级，按照优先级从低到高分别为生理需求、安全需求、归属与爱的需求、尊重需求、自我实现的需求。受到监护人庇护和照顾的留守儿童，已经得到了生理与安全的需求满足，父母应该关注到儿童更高层次的需求，采取合理的措施以有效对接。

1. 时间与精力投入

为了满足留守儿童成长过程中关于归属与爱的需求，父母应该加大时间与精力的投入。多抽出时间陪伴孩子，即便受困于工作需要和生计压力，亲子间的现实距离隔阂仍然可以在借助通信工具的条件下破除。

2. 情感与教育投入

为了满足留守儿童成长过程中关于尊重和自我实现的需求，父母可以倾注情感，加大教育投入。在同儿童进行电话交流时，将关注的重点从学习转移到生活状况上去，了解儿童的生活境况和实际需求，从威严的长辈转变为温和明理的倾听者，走进孩子的内心世界，感受他们的心理活动。在与孩子相处时，遵循教育性原则，切实关注其个性特征，采用针对性措施进行引导和教育，借助家庭这一载体，培养孩子基本的行为习惯、情感态度与价值观、生活能力等。

（二）鼓励孩子参加社交活动

社交活动对于留守儿童来说，是发展健康的人际关系的重要渠道。留守儿童在参加社交活动的过程中，能够通过团队活动、游戏、话题讨论来学习如何与他人互动和沟通，发展社交技能；能够在参与群体活动的过程中提高自信心；能够在学习解决问题和冲突的过程中借助共同完成任务、协调妥协、情绪管理的经历，提高情商和建立友谊。作为监护人，一方面要鼓励儿童参加学校活动，尤其是团队活动，包括但不限于主题班会、校内实践、集体展演等；另一方面要鼓励儿童参加社会实践或公益活动，帮助儿童走出家庭，与社会产生联结，如去大街小巷做一些力所能及的清洁工作，去社区或村镇中张贴公益海报等。

（三）定期实地走访，关注留守儿童心理健康发展

实地走访对关爱留守儿童有着至关重要的作用。实地走访可以了解留守儿童的真实生活情况，包括他们的生活环境、家庭状况、教育和心理健康等方面，还可以建立更为亲密的联系和沟通方式。直接与留守儿童和他们的家庭面对面交流，可以更好地感知他们的情绪和需求。最后，实地走访也可以帮助组织和个人更好地制订计划和项目，确保帮助能够真正地匹配他们的需求和期望。落实实地走访前，要提前了解留守儿童家庭的基本情况，做好准备工作，制订预设方案，以达到理想效果。

（四）知识技能教育同心理健康教育相协调

在学校教育中，教师除了要在课堂上进行心理健康和人际交往知识的普及，还要关注人际交往技能的训练。可以采用“讲解+训练”的教学方式，例如，在班会活动中首先进行人际关系交往技巧的讨论，然后开展沟通技巧训练和团队合作训练的小游戏，让儿童充分参与其中，将理论付诸实践。

三、提高对于留守儿童人际交往的重视程度

学校应当对留守儿童的人际关系问题给予更多的关注。应当加强对留守儿童的关爱和照顾，通过教师合作、多方主体建立资源关系网、举办相应活动等方式，在校园内营造对留守儿童较友好的温暖氛围。

（一）建立留守儿童成长档案

留守儿童成长档案是对儿童成长过程中的综合信息的整合文件，是儿童成长的过程性记录和健康与发展的重要评估依据。建立留守儿童成长档案的目的是更好地了解他们的成长环境、情感需求和发展情况，并在较长时间段内跟进调查和了解，从而有针对性

地帮助他们建立健康的人际关系。要建立儿童成长档案，首先要调查儿童的家庭背景、性格特点、兴趣爱好等基本信息，以有效对接其需求，其次要坚持跟进档案记录，尽早发现问题并干预。

（二）组建留守儿童关爱小组

学校可以建立留守儿童关爱小组，由领导、班主任、心理健康教师、社工等成员组成。关爱小组的核心工作即借助组织的力量，专门为留守儿童提供帮助和支持，如心理辅导、成长教育、安全教育、家庭走访等。通过多措并举，有效保障留守儿童的各方面权益。

（三）组织留守儿童关爱活动

对于学校中的留守儿童，可以根据实际情况组织团队活动或个人辅导活动，让留守儿童参与其中，实际感受到关爱。

案例6-8

变了个样的小洋

三年级的学生小洋，自上幼儿园就成了留守儿童，他性格内向，不愿和同学交往，上课发言不积极，偶尔还会在课堂中睡着，作业也不能保质保量地完成，是一名问题较典型的留守儿童。班主任在了解到小洋的情况后，不仅没有放弃小洋，反而通过各种途径和形式挖掘和放大小洋的优点，教导小洋学习如何控制和调整自己的情绪状态，渐渐地，在班主任的指导和关注下，小洋开始尝试参与学校的活动，在课堂中也更加投入，甚至有了第一次主动举手发言的体验。

四、创办积极的人际交往活动

（一）教师关爱留守学生，开展团体辅导或者个别辅导

1. 开展心理团辅

心理团辅是在团体情境下进行的心理辅导，他借助群体支持，提供了一个安全的环境，通过成员互动交流和情感分享，让留守儿童得到充分认可，以达到促进其人际交往的目的。开展心理团辅，要帮助儿童参与情绪管理，让他们能够识别、表达和管理自己的情绪；教会儿童沟通技巧，让他们有充分表达的能力和倾听他人的习惯；指导儿童自我认知与成长，让他们能够清楚自我价值的所在，增强人际交往自信心的同时，积极寻找自我的成长空间。

2. 开展个性心理辅导

个性心理辅导区别于心理团辅，具有辅导对象的针对性、辅导内容的私密性和个性

化等特点。它能够针对个别留守儿童的心理发展特点和人际交往的问题，对症下药地采取措施，个性辅导通常以面对面沟通的方式进行，教师与儿童的距离拉近，为儿童倾吐真心创造了一个安全稳定的环境。

（二）借助媒体的教育作用，提高留守儿童交际能力

1. 关注留守儿童的社交宣传活动

社交宣传活动是提高人们对留守儿童关注度的重要方式和渠道。社会层面可以从以下几个方面开展活动。一是慈善演出，即邀请当地艺术家举办慈善演出，通过售票收入或捐款的形式来帮助留守儿童；二是社交媒体宣传，利用社交媒体平台发布留守儿童的故事和需求，引发公众关注；三是教育宣传，通过学校、社区等场所举办讲座、展览等形式的教育宣传活动，让更多人了解留守儿童的现状和问题，呼吁社会关注和支持。通过这些活动，可以利用好社会各界的力量，为留守儿童的健康成长提供更多的帮助。

2. 严格把控短视频的教育意义

如今信息科技和移动通信工具的发展为人们带来了生活便利，也为不少家庭带来了烦恼：孩子沉迷网络，对短视频表现出不能自拔的投入。特别是在留守儿童家庭，该现象尤其严重，一是由于祖父母辈监护人往往忽视对留守儿童的学习娱乐时间的平衡，放任其观看短视频，二是因为留守儿童缺少课堂外延学习契机和观点表达平台，他们渴望通过观察“外面的世界”来增长见闻，却容易被短视频平台裹挟思想，三是由于现代自媒体素养普遍较低且难以得到遏制，呈现的视频内容质量良莠不齐，且大多数适合消遣而非教育。

3. 组织公益活动，征集志愿者服务留守儿童

组织公益活动同样能够将解决留守儿童的问题上升为社会共同的意识和任务。具体措施即举办留守儿童关爱公益活动，如义卖、义跑等，募集善款用于支持留守儿童的成长和教育。也可以广泛召集志愿者，充分发挥志愿者的特长，前往农村地区开展支教、支援留守儿童的活动，宣传留守儿童的生活状况和需求，丰富留守儿童的课余生活，引导留守儿童树立正确的世界观和人生观，在社会层面予以他们关怀。

综合案例分析

留守儿童人际交往的调适案例

一、背景介绍

在我国的一个偏远乡村，12 岁的留守儿童小华，与他的祖父母共同生活，喜欢棋类活动。他的父母为了以后能给小华提供更好的教育资源，不得不远赴大城市工作，每年只有春节期间才能回家短暂团聚。小华在镇上的中心学校上学，中心学校离他家很远，

因此他长期寄宿在镇上的伯伯家中，和伯伯家的孩子关系较好。他的成绩中等，且社交活动很少，几乎没有亲密的朋友。他经常感到孤独和无助，尽管渴望与同龄人建立友谊，却往往因为害羞和缺乏自信而无法主动接近他人。他感觉自己和别人没有共同话题，只会分享家庭琐事，长此以往，同学们也不愿与其沟通。

二、原因探析

较弱的心理弹性：个体在面对逆境、压力和挫折时，是否能够保持乐观、自信、积极、适应性强的心理状态，是他们能否应对困难的重要因素。小华性格内向，内心自卑，常常面临孤独、焦虑和抑郁等情感问题，而不能及时解决，种种症结致使他在社交场合中退缩，缺乏主动与人交流的勇气。

他曾尝试过和自己的同桌交流，但他不懂得耐心倾听，只是一味地分享自己的所见所闻与家庭琐事，同桌在这样的交往模式下感到不适，慢慢开始在无意中疏远小华。小华为此感到苦恼，他不知道如何解决这样的问题，也不敢因为这样的小事去主动请教老师，于是他主动与人交往的意愿变得越来越弱，将不参与人际交往视作了一种自我保护的机制，最后变得孤僻。

家庭教养的缺位：寄宿家庭的教育供给和小华的成长需求是不对称的。小华的伯伯本就需要照顾自己的孩子，因此小华在寄宿生活中难免受到一定程度的忽视，虽然小华成长的生存需要能够得到满足，但往往缺乏发展需要的满足。

此外，小华和伯伯的孩子关系较好，他在寄宿家庭中能够找到一定的归属感和认同感，所以习惯并享受这样一个人际关系“舒适区”，不愿意踏出半步，和学校或班级中的其他孩子建立同伴关系。在学校中，小华因为对自己的身份、角色和地位感到不确定，所以在人际交往中缺乏自信，而且，由于他没有在早期生活中得到足够的社交机会和指导，所以也不知道如何与他人有效沟通、解决冲突或建立友谊。

社会参与的缺乏：镇上缺乏专门为儿童设立的社交活动和心理健康支持系统，使得小华在人际交往方面缺乏必要的引导和培养，他和其他孩子难以找到合适的平台建立和维护友谊，在与人交往时可能缺乏技巧和策略，难以有效地表达自己的情感和需求，也难以理解和适应他人的情感和需求。

小华所在的镇上对留守儿童的问题缺乏足够的认识和关注，这常常让他感到被忽视和边缘化，进一步加剧了他在人际关系中的困境。

三、调适过程

在外界和自身两大因素共同作用下，小华的人际交往出现了意愿和技巧缺乏的问题。针对这种情况，可以采取针对性的举措来帮助小华增强信心，强化意愿，并习得适用的人际交往技巧。具体措施如下。

个别心理辅导：在进行人际关系问题调适前，学校与市里的大学志愿心理辅导组织合作，为小华提供了一对一的心理辅导服务，帮助他理解和表达自己的情感，增强自我认同感和安全感。为解决他的问题奠定了相应的基础。

社交技能培训：学校在与高校的合作下，组织了一系列的社交技能培训活动，针对留守儿童的特殊需求进行专门设计，包括如何建立和维持友谊、沟通技巧和冲突解决策略等。以小华为重点研究对象，帮助其提升必要的人际交往技巧和策略。

建立兴趣小组：小华自幼对棋类活动兴趣浓厚，班主任鼓励小华参加学校新成立的棋类兴趣课，与其他有相同兴趣的孩子一起活动，通过共同的兴趣点促进彼此的交流和互动。以兴趣为载体，让小华在沟通交流中有充分的自信，并有话可说。

加强家校联系：小华的老师和他的父母保持定期沟通，确保他们了解小华的进步和需要，同时鼓励父母尽可能多地与孩子进行远程互动。此外，小华的伯伯也开始不定期地参与到和学校的沟通中来，相较以往对小华有了更多的关心，这极大地鼓励了小华，让他对自我的身份和价值逐步明晰，较大程度上增强了自信心。

四、调适效果

情感安全感增强：心理辅导帮助小华更好地理解自己的情感，学会了表达和管理自己的感受，增强了自我价值感；社交能力提升：通过参与社交技能工作坊和兴趣小组，小华逐渐打开了心扉，学会了如何与同龄人有效交流和互动，他的朋友圈开始扩大；学业和个人发展：随着社交能力的提升和心理状态的改善，小华在学校的表现也有了显著进步，更加积极地参与课堂讨论和学校活动；家庭环境改善：通过家校社的共同努力，小华的父母意识到了与孩子沟通的重要性，开始更积极地参与孩子的生活，尽管身处异地，但家庭的联系更加紧密。

五、总结反思

本案例展示了留守儿童面临的人际关系挑战，以及通过综合性干预措施实现的积极变化。通过心理辅导、社交技能培养、兴趣小组参与、加强家校社联系等多方面的努力，小华的情况得到了显著改善。这证明了社会各界对留守儿童问题的关注和支持是至关重要的。然而，要实现长远影响，需要建立一个持续、综合的支持体系，包括但不限于加强教育资源的投入、建立长效的社区支持网络、提高家长的教育意识和能力，以及创造更多适合儿童成长的活动空间。只有这样，才能为留守儿童提供一个更加健康、更加充满爱的成长环境。

第七章 留守儿童学习指导

小轩每天放学后都会坐在家门口的石阶上，望着那条通往山外的小路，期待着父母的归来。然而，每一次的期望都化为了泡影。父母为生计所迫，长期在外地务工，只能将他托付给年迈的祖父母照料。孤独与无助的情绪渐渐在小轩的心底蔓延，悄无声息地浇灭了他原本炽热的学习热情。曾经，小轩是个聪明好学的孩子，课堂上总是积极发言，成绩也一直名列前茅。但自从父母离开后，他的学习状态发生了巨大的变化。课堂上，他变得沉默寡言，经常走神；作业也经常不完成，成绩更是一落千丈。祖父母虽然心疼小轩，但他们的文化水平有限，无法给予他学习上的帮助。

小轩的问题并非个例，而是众多留守儿童普遍面临的学习困境。他们因长期缺乏父母的关爱和陪伴，往往感到孤独和无助，导致学习动力不足、兴趣缺失。由于缺乏有效的学习指导和监督，他们的学习成绩往往难以提升。学业发展受阻，将对他们的未来产生深远的负面影响。本章将深入剖析留守儿童学习问题的成因、影响因素及解决方案，从家庭、学校、社会等多维度进行分析，以期为改善留守儿童的学习状况提供有益的参考和切实可行的建议。

第一节　学习心理概述

学习心理，是探索个体如何获取、处理及应用知识的科学领域。每个人的学习之旅都是独特的，受到个人经历、环境因素及内在特质的共同影响。留守儿童在缺乏父母日常陪伴与关爱的环境中成长，不仅承受着学习的重压，更在情感层面深切渴望着家庭的温暖。在这一特殊情况下，学习不仅关乎知识的积累，更与他们的情感寄托、自我认同紧密相关。孤独、焦虑与无助感时常困扰着留守儿童，影响其学习成效与兴趣。因此，深入探究留守儿童的学习心理，理解其需求与困境，对于优化他们的学习环境、提升教育质量具有深远意义。

一、什么是学习

在心理学范畴内，学习的概念超越了日常语境中简单的获取知识或技能，指向一个更为深刻且广泛的过程：个体在特定情境下，经由反复的经验累积或实践探索，导致其行为表现或行为潜能发生相对持久的变化。此定义蕴含以下几个核心要点。

（1）行为的转变：学习引发的改变不仅限于表象层面，既可以是外显的行为模式变化，如婴儿学会行走、学生掌握解题技巧；也涵盖内隐的行为调整，如对特定刺激的反应倾向变化，或对某种情境认知理解的深化。例如，个体因多次遭遇热水烫伤而学会规避，这种对热水的回避行为即体现了学习的结果。

（2）效果的持久性：学习不仅仅是一时的行为变化，而且是能够在一段时间内持续存在的。以骑自行车为例，一旦学会，即便长时间未骑，再次尝试时也能迅速恢复技能，这种持久性变化是区分学习与其他暂时性行为变化的关键标志。

（3）经验与实践的桥梁：学习是通过直接或间接的经验积累，以及不断地实践尝试、调整反思来实现的。直接经验包括亲手操作学习新技能，间接经验则包括观察他人行为或阅读学习。实践过程中，个体需反复尝试、调整策略、反思总结，如语言学习中听、说、读、写的综合运用。

除上述基本特征外，学习还具备目的性与认知复杂性等属性。学习往往服务于特定目标或需求，包括个人成长、职业发展、社会贡献、科技进步等。同时，学习是一个涉及注意、记忆、思维、情感等多维度的复杂认知过程，要求个体集中注意力获取信息，将新知与旧知联系起来形成记忆，运用思维策略解决问题，并调动情感因素激发学习动力。值得注意的是，并非所有行为变化均可视为学习，如疲劳、感觉适应、疾病、生理成熟等引起的变化，不是源于练习或经验积累，故不被归类为学习。

二、学习心理的概念

学习心理是研究个体在学习过程中所产生的心理活动、过程及其变化规律的一门科学。这一概念不仅指课堂内的知识学习，还广泛涉及人们在社会生活中不断积累经验、技能的所有活动。学习心理是一个多维度、复杂且动态的过程，涵盖了认知、情感、动机、社会环境等多个层面。这些层面相互交织、相互影响，共同塑造了个体的学习经历与成果。

从认知层面来看，学习心理主要关注个体如何有效地获取、处理、存储和应用信息。以儿童学习新的数学概念为例，这一过程并非简单的知识接收，而是涉及大脑内部复杂的神经活动。当儿童接触新概念时，他们的大脑会积极地构建新的神经连接，以便将这些新概念与已有的知识体系进行有机融合。在此过程中，注意力、记忆、思维等多个认知功能发挥着重要作用。注意力帮助儿童筛选出关键信息，记忆功能则负责将这些信息存储下来，而思维则负责对这些信息进行加工处理，形成新的认知结构。这些认知功能的协同作用，使得儿童能够逐步建立起对世界的理解和认知。

情感在学习心理中也占据重要地位。学习者的情绪状态、自信心、焦虑程度等情感因素都会对学习效果产生深远影响。以英语学习为例，充满热情的学生往往更容易取得优异成绩，而对英语学习感到厌倦和恐惧的学生则可能面临学习困难。这是因为积极的情感状态能够激发学习者的内在动机，提高他们的学习效率和创造力。因此，在教育实践中，关注学习者的情感需求，营造积极的学习氛围具有重要意义。

动机是学习心理的另一个核心要素。作为推动个体学习的内在力量，动机驱使着人们去追求知识和技能的提升，不断超越自我。动机可以分为内在动机和外在动机两种类型。内在动机源于学习者对学习内容本身的兴趣和热爱，它是一种自发的、内在的驱动力；而外在动机则来自外界的奖励或惩罚。以音乐学习为例，一个孩子可能因为对音乐的热爱而自发地学习钢琴（内在动机），也可能因为家长的期望或奖励而学习（外在动机）。不同类型的动机在学习过程中的作用机制和效果也各不相同。因此，教育者需要深入了解学习者的动机类型，有针对性地设计教学策略，以激发和维持学习者的学习动机。

社会环境作为学习心理的重要组成部分，同样对学习者的心理状态和学习效果产生深远影响。家庭、学校、社区等社会因素都在不同程度上塑造着个体的学习经历。例如，一个充满关爱和支持的家庭环境能够为孩子提供稳固的情感支撑，有助于培养他们的自信心和学习兴趣；而一个积极向上、资源丰富的学校环境则能够为学生提供更多的学习机会和资源，激发他们的学习潜力。因此，教育者需要密切关注社会环境对学习者的影响，积极营造有利于学习的社会氛围。

三、儿童学习的特征

儿童学习是一个复杂而多维度的过程，涉及认知、情感、社交和身体等多个方面的发展。这一过程不仅是知识的简单传递，更是儿童个体与外部环境相互作用、逐步构建自身认知结构的过程。了解儿童学习的特征，有助于教育工作者和家长为儿童创造一个有效且富有支持性的学习环境，制订恰当的教学策略，进而促进儿童的全面发展。下面将详细阐述儿童学习的一些主要特征。

（一）好奇心与探索欲

儿童天生对世界充满好奇，他们渴望了解周围的一切，对未知事物总是怀有浓厚的兴趣和探究的欲望。这种好奇心成为他们学习的内在动力，驱使着他们去触摸、尝试、提问和探索。他们喜欢拆解玩具以了解工作原理，喜欢观察动植物以探索自然的奥秘。好奇心不仅有助于儿童拓宽视野，还能培养他们的创新思维和解决问题的能力。教育工作者和家长应鼓励和保护儿童的好奇心，为他们提供安全的探索环境和丰富的学习资源，满足他们不断增长的求知欲，引导他们积极探索、勇于尝试、敢于创新。

（二）模仿学习

模仿是儿童学习的重要方式之一。模仿行为在儿童的语言学习、动作技能发展、社交行为习得等方面都发挥着重要作用。在语言学习方面，儿童常常通过模仿父母的说话方式、语调和用词习惯，逐渐掌握语言的运用；在动作技能发展方面，儿童会观察并模仿成年人或同伴的动作，如写字、画画、做手工等，快速掌握新的动作技能，提高学习效率，并在实践中不断完善这些技能；在社交行为的习得方面，儿童通过观察并模仿周围人的社交行为，学习如何与他人相处、分享、合作及解决冲突，逐渐掌握社交规则和技巧，发展社会适应能力。教育工作者和家长是儿童学习过程中的主要模仿对象，应展示正确的行为和语言，提供积极的榜样示范，帮助儿童快速掌握新知识和技能。

（三）游戏化学习

儿童对游戏的热爱是与生俱来的，游戏是他们认识世界、学习知识的重要途径。游戏化学习符合儿童的身心发展规律，能充分激发他们的好奇心和探索欲，使之通过动手操作、亲身体验来学习。这种寓教于乐的学习方式，能够帮助儿童更好地理解和掌握知识，在轻松愉快的氛围中不断成长和进步。

教育者和家长可以巧妙地将学习内容融入游戏中，让儿童在玩耍中不知不觉地获取新知识。例如，通过设计富有挑战性的数学游戏，如拼图、猜数字等，引导儿童在解决游戏难题的过程中掌握数学概念；通过角色扮演游戏，如模拟超市购物、医生看病等场景，让儿童在扮演不同角色的过程中锻炼社交技能，学会与他人沟通和合作。

（四）注意力短暂

儿童的注意力相对较短暂，难以长时间聚焦于同一项任务。例如，儿童对课堂上的新颖活动充满好奇，但不久后，这个刺激源变得熟悉时，他们的注意力便会迅速转移，寻找下一个吸引他们的目标。这种现象主要归因于他们尚未完全成熟的大脑发育，以及神经系统对信息处理能力的有限性。

教育工作者需要不断变换教学方法和活动，以维持儿童的注意力集中。例如，通过讲述一个引人入胜的故事，引领儿童进入一个充满奇幻与想象的世界，使他们在听故事的过程中全神贯注，暂时忘却外界的纷扰；进行一次趣味横生的实验，让儿童亲手操作，亲眼见证科学的魅力，从而激发他们的好奇心与探索欲，使他们的注意力在实验过程中得到保持；播放一段生动有趣的视频，也能在短时间内紧紧抓住儿童的眼球，让他们在轻松愉快的氛围中学习新知识。

教育者还需根据儿童的年龄特点和认知水平，精心安排教学时间与内容。比如，对于年龄较小的儿童，可以采用更短的教学时段和更多样化的活动安排，以确保他们在每个活动中都能保持新鲜感和兴趣。对于年龄稍大的儿童，则可以适当延长教学时间，并引入更多需要思考和探索的任务，以挑战他们的认知极限。

（五）受情感和社交因素影响

儿童的学习过程深受情感和社交因素的影响。他们渴望得到他人的关注和赞扬，这种正向的情感反馈如同催化剂，能够激发他们的学习动力和探索欲望。例如，当儿童完成一幅画作后得到老师和家长的赞赏，他就会更加热衷于绘画，不断尝试新的绘画技巧和风格。当遭遇批评和挫折时，他会感到沮丧，甚至失去继续尝试的信心。例如，儿童因在数学考试中表现不佳而受到责备，他可能会就此对数学产生抵触情绪，导致学习成绩进一步下滑。此外，与同伴的互动和合作也有助于他们的学习和发展。在合作与互动中，儿童不仅能够学习到新的知识和技能，还能培养团队协作精神和沟通能力。例如，在小组合作项目中，儿童需要共同讨论、分配任务、解决问题，这样的过程不仅教会了他们如何有效沟通，还教会了他们如何在团队中发挥自己的优势，相互支持，共同达成目标。

教育工作者和家长应当密切关注儿童的情感需求，给予他们积极的反馈和支持，以增强他们的学习自信心和积极性。同时，也应当为他们创造更多与同伴互动和合作的机会，让他们在实践中学习如何与人相处，如何处理人际关系，从而促进他们社交技能的发展。通过这样的方式，为儿童营造一个更加健康、积极的学习环境，帮助他们在情感和社交方面得到全面的发展。

（六）想象力丰富

儿童的想象力非常丰富，他们可以想象出各种奇妙的场景和情节。在想象的天地里，山川可以对话，星星能下凡游玩，动物与人类共舞……充满了无限的创意与奇幻色彩。这种丰富的想象力不仅是他们理解和探索新事物的钥匙，更是孕育创新思维与创造力的宝贵源泉。教育工作者和家长应鼓励儿童发挥想象力，为他们提供创作和表达的机会。例如，通过绘画，孩子们可以将脑海中的奇幻世界付诸纸上，用线条和色彩诠释他们天马行空的想象；通过写作，他们可以编织出一个个引人入胜的故事，让文字成为他们想象力的翅膀；通过表演，他们能将心中的角色和情节活灵活现地展示出来，体验成为故事主角的乐趣。这些丰富多彩的活动，不仅能够让儿童淋漓尽致地挥洒他们的创造力，更能在无形中提升他们的艺术素养与审美能力。

（七）逐渐独立

随着年龄的增长，儿童逐渐展现出独立性的特质。他们开始渴望自己完成任务、做出决定，这是儿童自我意识和自主性发展的重要体现。例如，一个 5 岁的儿童坚持要自己穿衣、整理书包，甚至选择每天要穿的衣服，这些都是他们独立性萌芽的表现。

教育工作者和家长应尊重儿童的独立性，适当赋予他们自主权，为他们提供更多的自主机会，让他们在实践中不断成长和进步。例如，家长可以让孩子负责照顾家里的宠物，如喂食、清洁等，这样既能满足他们想要独立的愿望，又能在实践中锻炼他们的责任感和自律精神。儿童在独立完成任务和做出决定的过程中，能够更好地适应社会环境，成为有自信、有能力的人。

综上所述，儿童学习具有好奇心强、模仿学习、游戏化学习、注意力短暂、受情感和社交因素影响、想象力丰富、逐渐独立等特征。这些特征相互交织、相互影响，共同构成了儿童学习的复杂性和多样性。了解这些特征有助于教育者和家长为儿童提供有效的学习环境和教学策略，促进他们的全面发展。在教育实践中，应该充分尊重儿童的主体地位和个性差异，以儿童为中心，为他们提供适宜的学习资源和支持，引导他们健康快乐地成长。

四、留守儿童学习状况的相关研究

留守儿童在学习上普遍面临一些问题和挑战。由于家庭教育的长期缺失，他们往往缺乏良好的学习习惯和学习方法，导致其学习成绩不尽如人意。长期的亲子分离也给他们的心理和情感发展带来了负面影响，进一步削弱了学习动力和学习效果。尽管社会各界和学校在一定程度上为留守儿童提供了教育支持，但这些支持往往缺乏针对性和时效性，难以从根本上解决问题。以下是对国内部分学者关于留守儿童学习状况研究的详细介绍。

叶敬忠等学者深入研究了留守儿童家庭教育状况与学习成绩之间的内在联系，明确指出家庭教育的缺失对留守儿童的学习成绩产生了深远的负面影响。这种缺失不仅体现在学习监督和指导的不足上，更深入体现在孩子学习习惯、学习方法等核心方面的指导欠缺上。研究还揭示了留守儿童在学习上普遍缺乏自信，长期缺乏父母的鼓励和支持使他们在面对学习困难时容易陷入挫败感，对自己的学习能力产生严重怀疑。针对这一现状，叶敬忠等学者提出了加强家庭教育指导、建立留守儿童关爱机制等一系列对策建议，旨在从源头上改善留守儿童的学习状况。

段成荣教授团队利用大数据技术对留守儿童的教育问题进行了更为宏观和系统地分析。他们的研究发现，留守儿童在教育机会、教育资源和教育质量等多个方面都处于明显的不利地位。与非留守儿童相比，留守儿童的平均成绩显著偏低，这一发现进一步印证了家庭教育缺失对留守儿童学习成绩的严重负面影响。同时，他们也指出这主要是由于留守儿童在家庭教育、学习资源等方面的严重不足所导致的。为了从根本上解决这些问题，段成荣等提出了完善教育资源分配、加强师资培训等具有前瞻性的对策建议，期望能够从政策层面为留守儿童提供更加坚实和有力的教育支持。

留守儿童在学习动力上也表现出明显的不足，缺乏明确的学习目标和计划，学习态度也较为消极。这种缺乏学习动力的状况，进一步加剧了他们的学习困难。针对这些问题，张丽华等学者提出了一系列具体的建议：家庭教育是留守儿童学习的重要基础，家长应该加强对孩子的学习指导和监督；同时学校也应该优化教育资源配置，为留守儿童提供更多的学习支持和帮助；此外，社会各界也应该关注留守儿童的学习问题，为他们提供更多的关爱和支持。只有家庭、学校和社会三方共同努力，才能为留守儿童创造一个良好的学习和成长环境。

周宗奎等学者致力于研究留守儿童的心理健康与学习状况之间的关系，采用心理测量和学习成绩分析的方法，对大量留守儿童进行了深入的调查和分析。研究结果显示，留守儿童的心理健康状况普遍较差，很多人存在焦虑、抑郁等心理问题。这些问题的存在，不仅严重影响了他们的情感发展，导致他们难以形成健康的人际关系，更对他们的学习产生了直接的负面影响。研究发现，留守儿童心理健康问题与学习困难之间存在恶性循环关系：学习困难导致心理压力增大，进而引发更多的心理问题；心理问题的存在，又进一步加剧了学习困难。因此，周宗奎等学者建议在对留守儿童进行教育支持时，应更加注重心理健康教育和心理辅导。只有通过专业的心理干预和帮助，留守儿童才能逐步建立起积极的学习态度和健康的心理状态，从而打破心理健康问题与学习困难之间的恶性循环，实现个人的全面发展。

王晓燕等学者主要从学习动机的维度深入研究了留守儿童的学习状况，认为学习动机在个体学习过程中扮演着至关重要的角色，是影响学习效果的核心要素之一。问卷调查和数据分析证明，留守儿童群体在学习动机方面普遍呈现较弱的态势，具体表现为内在学习动力的不足和学习兴趣的缺失。为了有效改善这一现状，王晓燕等学者提出了一系列具有建设性和针对性的建议：为留守儿童设置明确且可达成的学习目标，建立科学合理的奖励机制以激励其学习热情，加强与留守儿童的情感交流以了解其内心世界，以及深入挖掘和准确把握他们的学习需求和兴趣点。这些建议旨从根本上激发留守儿童内在的学习动机，促使其更加积极主动地投入到学习活动中，从而实现学习效果的显著提升。这一研究成果对于深入理解留守儿童学习问题，制订有效的教育干预策略具有重要的理论和实践意义。

第二节 留守儿童学习问题的表现及影响因素

留守儿童在成长过程中面临多重挑战，其中学习问题尤为显著。他们普遍面临学习习惯不佳、学习成绩欠佳、注意力不集中等困扰，不仅阻碍他们的学业进步，更对其未来的生活轨迹和职业发展产生不良影响。本节将探讨留守儿童学习问题的表现及影响因素，寻求有效的干预措施和解决方案，希望能为留守儿童的学习问题引起更多的关注和支持，帮助他们克服学习中的重重困难，向着更加光明的未来迈进。

一、留守儿童学习问题的表现

（一）学习习惯较差

留守儿童的学习习惯普遍欠佳，他们往往缺乏自我驱动力和学习管理能力，难以形成稳定而高效的学习模式。对于他们来说，日常作业常常变成沉重的负担，拖延和遗漏作业的现象屡见不鲜。他们对于课后复习和课前预习的重要性认识不足，很少将其付诸行动。观察他们的学习环境，常可见书桌杂乱无章，学习用品随意摆放的现象，这不仅影响了学习的连贯性和效率，也透露出他们对学习的漠视态度。更令人担忧的是，许多留守儿童在学习时分心严重，手机、电子游戏等成为他们难以抗拒的诱惑，这些因素严重分散了他们的注意力，影响了学习效果。

案例7-1

留守儿童小涛不良学习习惯导致的学业困境

9岁的小涛是一个典型的留守儿童，他的父母为了生计不得不远赴城市工作，留下他与年迈的祖父母共同生活。小涛所在的村庄教育资源匮乏，学校设施简陋，师资力量薄弱。在这样的成长环境下，小涛的学习问题逐渐显现：他缺乏学习的主动性和规律性，放学后总是先要玩，直到天黑才开始匆忙完成作业。周末更是将学习置于脑后，沉迷于电视和手机游戏。他的作业完成情况令人担忧，经常忘记作业或草率应对，作业中字迹潦草，错误频出。在课堂上，小涛也常常心不在焉，不积极参与讨论，对老师的问题回答得不着边际。家中的学习环境同样令人忧虑，书桌上书本、文具、玩具混杂，凌乱不堪。祖父母虽然深爱他，但由于年事已高且文化水平有限，难以在学习上给予他有效的指导和帮助。在这种环境下，小涛的学习习惯逐渐恶化，学习成绩也直线下滑。

（二）学习成绩不佳

留守儿童的学习成绩普遍呈现不理想状态，他们在各科目的考试中得分普遍偏低，显示出在基础知识掌握上的显著不足。面对稍微复杂的问题时，他们常常缺乏解题的思路和方法，表现出明显的无助感。在课堂上，由于认知能力的限制和心理因素的影响，他们难以充分理解教师的讲解内容。因此，在接触新知识时，他们的接受速度明显偏慢，无法与同龄孩子保持同步。这种学习上的不足进一步在作业和测试中体现出来，他们的错误率持续处于较高水平。对于需要深入思考和探究的问题，他们通常选择回避或放弃，缺乏主动探索的精神和解决问题的能力。与同龄孩子相比，他们的学习进步速度明显滞后。

案例7-2

留守儿童小红因教育资源匮乏而学习成绩不佳

10岁女孩小红，是一名留守儿童，父母为了生计外出打工，留下她与年迈的祖父母相依为命。在这个偏远的村庄里，教育资源十分匮乏，学校的教学设施陈旧，师资力量也相对薄弱。在这样的成长环境中，小红的学习成绩一直不佳。她在各科考试中的得分总是偏低，基础知识掌握得很不牢固。面对稍微复杂的数学题目，她常常感到困惑，不知从何下手；在语文学习中，无论是阅读理解还是写作表达，她都面临着不小的挑战，难以把握文章的核心思想，写作时也常常缺乏深度和见解。在课堂上，小红经常发现自己难以跟上老师的教学节奏，对新知识的接受和理解速度较慢。即便老师不厌其烦地多次讲解，她依然感到迷茫。在作业和测试中，她的错误率居高不下，面对需要深入思考的问题，她往往选择回避，而不是勇敢面对。

（三）注意力不集中

留守儿童在学习时注意力不集中的问题尤为突出，不容忽视。从心理学视角分析可知，他们的注意力稳定性相对较弱，导致思绪容易偏离学习任务。当面对需要持续专注的学习活动时，他们常常难以维持稳定的注意状态，进而影响了学习效率和质量。在课堂环境中，这一现象具体表现为他们容易分心，难以与教师的授课节奏保持同步。在阅读过程中，他们的视线容易跳行或遗漏文字，这不仅减缓了阅读速度，还导致了对文章内容的理解不足。此外，留守儿童在学习过程中还常展现出一些体态上的疲惫迹象，如频繁打哈欠、伸懒腰等，这些身体语言进一步证明了他们在学习过程中难以集中注意力。

案例7-3

留守儿童小明注意力缺陷导致的学业困境

9岁的小明生活在湘西一个偏远小村庄里。为了改善家里的生活条件，小明的父母前往城市工作，留下他与年迈的爷爷共同生活。小明是一个典型的留守儿童，他的生活和学习都缺乏足够的关注和引导。在学业上，小明的成绩一直未能达到理想状态。据他的老师反映，小明在课堂上经常显得心不在焉，似乎总是在思考与课堂无关的事情。当被老师点名回答问题时，他常常是一脸困惑，显然没有跟上教学进度。在完成家庭作业时，小明的专注力同样不足，经常做着做着就开始玩弄文具，或是目光空洞地望向窗外。尽管爷爷非常关心他的学习，但由于自身文化水平有限，无法为小明提供有效的学习帮助，只能无奈地看着他在学习上逐渐落后。在一次数学测验中，小明的表现再次引起了老师的注意。他的试卷上留有大量空白，已作答的部分也是错误频出。当老师询问原因时，小明怯生生地回答："老师，我写着写着就会想其他事情，然后就忘记了自己在做什么。"

（四）学习目标不明确

留守儿童普遍面临学习目标不明确的问题。他们缺乏清晰、具体的学习目标和计划，导致在学习进程中方向性和针对性不足，难以有效提升学习成绩。这些儿童往往只是机械地完成教师布置的作业和任务，未能深入理解学习活动的内在意义和价值。由于缺乏明确的学习目标，他们在学习过程中容易迷失方向，难以建立系统的知识体系。这种盲目和随意的学习态度会极大地削弱学习效果，使得他们在知识掌握和应用方面存在明显不足。因此，为留守儿童提供有针对性的学习指导，帮助他们明确学习目标并制订合理的学习计划，是提升他们学习效果的重要途径。

案例7-4

留守儿童小涛在迷茫中徘徊——学习目标不明确的困境

11岁的小涛是西南地区偏远农村的一名留守儿童。为了改善家庭生活，他的父母选择远赴城市打工，将小涛托付给了年迈的祖父母。父母的离去，不仅改变了小涛的家庭环境，也影响了他学习生活的轨迹。小涛所在的学校教学资源有限，师资力量薄弱。尽管老师们尽心尽力，但在面对一群活泼好动的孩子时，他们往往感到力不从心。在这样的教育环境下，小涛对学习逐渐失去了方向感。他开始质疑学习的意义，对于自己应该达到的学习目标感到迷茫。每天上学对他来说，变成了一种例行公事，而非出于内心的渴望。课堂上，小涛常常心不在焉，思绪飘向远方。面对老师的提问，他常常显得困惑和无助。对课后作业也是敷衍了事，缺乏深入地思考和理解。尽管祖父母关心他的学习，但由于文化水平的限制，他们无法提供具体的学习指导，只能反复叮嘱小涛要努力学习，希望他将来能够有所成就。然而，祖父母的鼓励并没有真正触动小涛，他依然在知识的海洋中迷失，学习成绩逐渐下滑。最后，他对学习产生了抵触情绪，开始逃避学习，与坐在教室里听课相比，他更愿意在村里闲逛。面对这样的困境，祖父母感到无助，只能默默地流泪。

（五）学习动机不强

留守儿童在学习动机方面普遍显得较弱，他们缺乏对学习的兴趣和热情，很少自发地参与到学习活动中去。在课堂上，这些孩子往往表现出消极态度，对教师的互动和提问反应冷淡，缺乏积极参与的意愿。课后，他们也很少主动寻找额外的学习资源或机会来提升自身的学习成绩。学习动机的缺失严重影响了他们的学习主动性和积极性，进而影响了学习效果。当面临具有挑战性的学习任务时，他们更倾向于选择逃避或放弃，而不是勇往直前、克服困难。这种态度不仅影响了他们的学习成绩，更对其长远发展构成了障碍。因此，激发留守儿童的学习动机，引导他们积极参与学习，是提升其学习效果的关键。

案例7-5

留守儿童小乐学习动机缺失的困境

10岁的小乐是贵州某偏远山村的留守儿童。他的父母为了生计长期在外打工，将他留在家乡与祖父母一同生活。由于长期缺乏父母的陪伴与关爱，小乐在学习上逐渐失去了动机。他所在的是一所乡村小学，教学资源相对匮乏，师资力量也有限。尽管老师们尽职尽责，但面对一群缺乏学习动力的孩子，他们时常感到力不从心。小乐就是其中的典型代表，他对学习缺乏兴趣，在课堂上经常走神，不专注于老师的讲解。当老师提问时，他往往选择沉默或回避，不愿意主动思考并回答问题。课后，小乐也很少主动做作业或复习功课，他更喜欢与伙伴们玩耍，沉迷于电子游戏或电视节目。祖父母虽然关心他的学习，但由于自身文化水平的限制，无法给予他有效的指导和帮助。他们只能反复叮嘱小乐要好好学习，却无法为他提供具体的学习计划和目标。随着时间的推移，小乐的学习成绩逐渐下滑，他对学习也失去了信心，认为自己无论如何努力也无法取得好成绩。这种消极的心态进一步削弱了他的学习动机，使他陷入了恶性循环之中。

（六）学习效能感低

留守儿童普遍学习效能感较低，他们往往缺乏自信，对自己的学习能力持怀疑态度，这导致他们在面对学习任务时容易产生畏难情绪，不愿意主动尝试挑战性的学习内容。留守儿童在学习过程中的参与度较低，他们表现出消极的学习态度，缺乏积极的学习行为，如主动提问、参与讨论等。他们的学习坚持性不足，遇到困难时容易放弃，缺乏克服困难的毅力和决心。留守儿童在学习成绩上也表现出不稳定的特点，他们的学习成绩波动较大，难以保持持续的学习进步。这些表现都反映了留守儿童在学习效能感方面的不足，这不仅影响了他们的学习效果，也对他们的长远发展构成了不利影响。提升留守儿童的学习效能感，帮助他们建立积极的学习态度和信心，是当前教育工作中亟待解决的问题之一。

案例7-6

留守儿童小梅学习效能感低下的心理困境

在湘西的偏远农村，11岁的小梅是众多留守儿童中的一个。她的父母为了生计远赴城市工作，留下她与年迈的祖父母生活。随着父母的远离，小梅在学习上逐渐表现出效能感不足的迹象。小梅在课堂上很少主动发言，害怕因犯错误而受到嘲笑，这种恐惧心理导致她课堂参与度极低。课后，小梅对待作业的态度也显得消极，拖延现象严重，不愿主动投入学习。面对难题，她往往选择放弃，缺乏解决问题的决心和毅力。此外，小梅对学习成绩缺乏期待，认为自己怎么努力也无法取得优异成绩，这种消极心态进一步削弱了她的学习效能感。在生活方面，小梅同样表现出自信心不足，她不愿参加课外活动，害怕在同学面前出丑，常常独自一人，缺乏与同伴的交流，这种孤独的生活方式加剧了她学习效能感低的困境。

二、留守儿童学习问题的影响因素

（一）家庭因素

1. 缺乏有效监管和指导

留守儿童通常由年迈的祖父母或其他亲属照顾，这些监护人往往因年龄、健康状况或文化水平的限制，无法在学习上给予孩子有效的监管和指导。案例 7-1 中的小涛便是一个典型例子。他的祖父母虽然深爱他，但由于年事已高且文化水平有限，无法在学习上给予他有效的指导和帮助。缺乏及时的作业检查和课外辅导，小涛的学习习惯逐渐恶化，学习成绩也直线下滑。这种情况在留守儿童群体中普遍存在，家庭监管和指导的缺失是他们学习问题的一个重要根源。

2. 家庭经济条件限制

留守儿童家庭往往经济条件有限，无法为孩子提供良好的学习环境和资源。案例 7-2 中的小红就生活在这样的环境中。她的父母为了生计外出打工，留下她与年迈的祖父母相依为命。由于家庭经济条件的限制，必要的学习工具和资料匮乏，小红的学习效果受到了严重影响。

3. 亲子关系缺失

父母长期在外打工，导致留守儿童缺乏与父母的亲密关系和有效沟通。这种亲子关系的缺失不仅影响孩子的情感发展，也削弱了他们的学习动力。案例 7-5 中的小乐就是一个例子。由于长期缺乏父母的陪伴与关爱，他在学习上逐渐失去了动力和信心。

（二）学校因素

1. 教育资源匮乏

许多留守儿童所在的学校教育资源匮乏，教学设施简陋，师资力量薄弱。这使得学校无法为学生提供高质量的教育服务，难以满足学生的学习需求。案例 7-1、案例 7-2、案例 7-4、案例 7-6 中的学校都存在这一问题。教育资源的匮乏直接影响了留守儿童的学习效果，使他们在起点上就处于不利地位。

2. 教学方法单一

一些学校的教学方法单一，缺乏创新和多样性，无法激发学生的学习兴趣和积极性。对于留守儿童这一特殊群体，更需要灵活多样的教学方法来吸引他们的注意力，提高他们的学习效果。然而，许多学校在这方面做得并不好。以讲授式为主的教学方式使得留守儿童在课堂上难以集中注意力，学习效果大打折扣。

3. 缺乏个性化关注

在校园环境中，留守儿童常常面临着个性化关注不足的情况。由于缺少契合留守儿童自身特点的个性化教学计划以及专门的辅导，这些孩子在学习过程中出现的问题，时常被教师忽略，或者在处理时出现延误的状况，进而对他们的学习成效产生了诸多不利影响。

（三）社会因素

1. 社会支持不足

当前，社会对留守儿童的关注与支持力度明显不足，专门针对这一群体的有效支持措施相对缺乏。这种状况导致留守儿童在遇到学习挑战时，难以及时获取必要的外部帮助和资源。社会支持体系的不完善，留守儿童在学业上面临的困难变得更加棘手，进而影响了他们克服困境的能力。

2. 不良社会风气影响

留守儿童所处的社会环境中常常弥漫着游戏成瘾和网络沉迷等不良风气。这些负面因素容易分散孩子们的注意力，削弱他们的学习效率。案例 7-1 中的小涛便是一个深受手机和电子游戏影响的留守儿童。这类不良风气不仅侵占了留守儿童本应用于学习的宝贵时间，还可能潜移默化地引导他们偏离正向的生活轨迹。

3. 公共教育资源缺乏

在一些偏远地区，公共教育资源匮乏。这使得留守儿童在课余时间无法接触到丰富的学习资源，限制了他们的学习和发展。缺乏公共设施的支持，留守儿童的学习和生活都受到了很大的限制，他们无法像城市孩子那样享受到丰富多样的学习资源和文化活动，教育资源分配上的不平等阻碍了留守儿童获取知识和技能的机会，进一步加剧了他们的学习问题。

第三节　留守儿童学习问题的心理调适与指导

留守儿童由于长期缺乏父母的陪伴与关爱，在学习动机、自信心、情绪管理等方面存在障碍，导致学习成绩不佳、学习动机不强等一系列问题。因此，对留守儿童进行心理调适，帮助他们建立积极的学习态度、培养健康的学习习惯，显得尤为重要。这不仅关乎每一个孩子的未来发展，更关系到整个社会的和谐与稳定。通过心理调适，可以为留守儿童提供更好的学习支持，助力他们克服学习困难，实现全面发展。

一、建立积极的自我认知

留守儿童因长期与父母分离，容易在情感上出现缺失，进而产生自卑、孤独、焦虑等负面情绪。这些负面情绪不仅对他们的心理健康构成威胁，还可能对其学习和生活带来不利影响。因此，对于留守儿童而言，构建积极的自我认知显得尤为重要。自我认知是指个体对自身内在状态、情感、能力及价值观等方面的认知和理解。对于留守儿童来说，建立积极的自我认知意味着他们需要学会正确地评价自己，认识到自身的优点和长处，提升自信心和自尊心。

为了建立积极的自我认知，留守儿童可以积极参与自我肯定的活动，从正面认识自己。例如，留守儿童可以通过记录每天的小成就和进步，来让自己感受到自己的价值和能力。这种方法不仅可以增强他们的自信心，也可以培养他们的成长心态。自我反思同样是提升自我认知的有效途径。通过定期回顾自己的行为和经历，留守儿童能够更深入地探索自己的内心世界，识别自己的兴趣和潜在目标。这种自我探索有助于他们更好地理解自己，并为未来的发展定位。教师在这一过程中也扮演着重要的角色，不仅要在学习上为留守儿童提供充分的关注和支持，更要在日常生活中发现并肯定他们的每一个闪光点。通过及时的鼓励和正面反馈，教师可以帮助留守儿童逐步建立起积极的自我认知，从而帮助他们走出心理困境，迎接更加美好的未来。

二、培养学习兴趣和动力

留守儿童在学习上所面临的困境不容小觑，其中学习兴趣和动力的缺失问题尤为突出。为了有效改善这一状况，教师和家长应积极采取措施，引导和激发留守儿童对学习的热情。学习兴趣是驱动学习行为的重要动力，它源于个体对知识的内在需求和好奇心。对于留守儿童而言，由于他们常常缺乏父母的陪伴和指导，在面对学习困难时更容易产生挫败感和无助感，进而导致学习兴趣的丧失。

为了激发留守儿童的学习兴趣，教师和家长可以探索将学习任务与趣味实践相结合的方式，如组织科学实验、手工制作等寓教于乐的活动。这些活动不仅有助于唤醒留守儿童的好奇心，还能让他们在实际操作中体验到学习的乐趣和成就感。此外，设立明确的学习目标和奖励机制也是提升学习动力的有效途径。通过设定具体、可衡量的学习目标，留守儿童能够更加清晰地了解自己的学习进度和方向。同时，适当的奖励机制可以为他们提供外部激励，促使他们更加积极地投入学习。这种结合内在兴趣和外在激励的方法，有助于留守儿童逐步形成自主且持续的学习动力，进而提升学习成效。

三、建立高效的学习支持体系

留守儿童在学习上所面临的挑战，如学习资源的短缺和学习方法的不当，是不容忽视的现实问题。为了解决这些问题，构建一个高效的学习支持体系显得尤为重要。该体系的核心目标是创建一个全面、互动性强的多维度支持框架，涵盖同学间的互助合作、教师的专业指导，家长的远程参与和支持，以及学校和社会层面的全方位关怀，以确保留守儿童能够获得及时和全面的学习援助。

高效的学习支持体系应当覆盖多个层面。首先，同伴间的互助与合作构成了这一体系的基础。通过小组讨论、同伴辅导等互动形式，留守儿童能够在同龄群体的协助下，解决他们在学习过程中遇到的疑惑和难题。其次，教师的专业指导也是不可或缺的。教师应定期与留守儿童进行深入交流，了解他们的学习进展和所面临的挑战，提供针对性的教学支持和个别辅导。

此外，家长的参与和支持在构建学习支持体系中同样占据着举足轻重的地位。尽管留守儿童与家长在空间上存在一定的距离，但现代通信手段如电话、视频通话等为家长提供了积极参与孩子学习过程的桥梁。家长可以通过这些方式，及时了解孩子的学习状况，为他们提供情感上的鼓励和学习上的宝贵建议。这种远程的亲子互动，不仅有助于弥补空间上的隔阂，还能增强孩子的学习动力和自信心。

最后，学校和社会层面的支持是必不可少的。学校作为留守儿童学习的主要场所，可以设立专门的学习资源中心，为他们提供丰富多样的学习资料和专业的辅导服务。这些资源和服务能够有效填补留守儿童家庭学习环境中的不足，为他们的学业发展提供有力保障。社会各界也应积极行动起来，通过志愿者活动、公益项目等方式，为留守儿童的学习提供更多的外部支持和资源。这些来自社会各界的关爱和帮助，将让留守儿童感受到社会的温暖和关怀，进一步激发他们的学习热情和潜力。

四、培养情绪管理和应对压力的能力

留守儿童在成长过程中，不仅要应对学业和日常生活的种种难题，还要承受由此衍生的心理压力。若这些压力未得到有效的管理和应对，可能会引发焦虑、抑郁等负面情绪，对留守儿童的身心健康及学业造成不利影响。因此，培养留守儿童在情绪管理和压力应对方面的能力尤为关键。

在情绪管理方面，留守儿童需要系统学习并掌握一系列有效的情绪调节技巧。例如，通过深呼吸、放松训练等实用技巧，他们可以在面对压力时迅速调整自己的状态，保持冷静和理智，避免因情绪失控而做出冲动的行为。同时，积极的自我暗示和自我激励也是他们调节情绪、提升自信心和抗压力的有力武器。通过这些方法，留守儿童可以逐渐学会如何更好地掌控自己的情绪，避免被负面情绪所左右。

教师和家长要努力培养留守儿童的情绪管理能力，密切关注孩子的情绪变化，及时发现并妥善处理其负面情绪。教师和家长还要教会孩子如何正确地表达自己的情绪，倾听他们的心声，为他们提供必要的心理支持和帮助。通过这些举措，教师和家长可以帮助留守儿童建立更加健康、积极的情绪管理模式，为他们的成长和发展奠定坚实基础。

在应对压力方面，留守儿童需要学会识别压力源，并采取有效的应对策略。教师和家长可以引导他们通过制订合理的学习计划来科学分配时间和精力，从而减轻压力、提高效率。此外，参加一些有益身心的活动也是转移注意力、缓解压力的有效方法。教师和家长要鼓励孩子勇敢面对困难，培养他们解决问题的能力和抗压能力。通过这些努力，留守儿童可以逐渐学会如何更加有效地应对学习中的各种挑战和压力。

五、建立良好的师生关系和同学关系

留守儿童的学习和心理发展在很大程度上受到师生关系和同学关系的影响，因此建立良好的人际关系对于留守儿童具有极其重要的意义。营造一个关爱、和谐的学习和生活环境，可以为留守儿童的健康成长提供有力的保障。师生关系方面，教师应主动承担起关爱和引导留守儿童的责任。在日常教学和生活中，教师应通过细致入微地观察，深入了解每个留守儿童的家庭背景、学习状况和心理需求。在此基础上，教师可以为留守儿童提供个性化的教学辅导，帮助他们克服学习上的困难，激发他们的学习兴趣。同时，教师还可以通过定期的家访、谈心等方式，深化与留守儿童及其家庭的联系，建立起一种基于信任和尊重的亲密关系。

此外，同学间的关系对留守儿童同样重要。一个和谐、友爱的班级氛围有助于留守儿童更好地融入集体，感受到来自同龄人的关心和支持。为了实现这一目标，教师可以组织丰富多彩的班级活动，鼓励留守儿童积极参与其中，与同学们分享快乐，共同成长。同时，教师还要教育和引导班级所有学生学会尊重和理解彼此的差异，培养宽容和包容的班级氛围，从而建立起一种平等、互助的同学关系。

综合案例分析

留守儿童学习问题的调适与指导案例

一、背景介绍

小颖，11 岁，是西北某省乡村的一名留守儿童。她的父母长期外出务工，留下她与祖父母相依为命。在偏远的山村，教育资源匮乏，学校设施陈旧，师资力量有限，整体学习环境不佳。小颖不仅要面对生活的艰辛，还要努力克服学习上的重重困难。小颖在课堂上经常走神，课堂参与度极低，很少主动举手发言或参与讨论；作业完成质量较差，经常拖延，有时甚至直接抄袭同学的作业。小颖逐渐对学习失去了兴趣，感到学习枯燥无味，经常独自在家放纵自己，沉迷于电视或手机游戏。她的学习成绩持续下滑，甚至出现了逃学的情况。

二、原因探析

家庭与环境因素：小颖长期缺乏父母的直接关爱与陪伴，导致她在情感上感到孤独和无助，这种情感状态进一步影响了她的学习积极性和专注力。偏远山村教育资源匮乏，学校设施陈旧，师资力量有限，整体学习环境不佳，这些都是小颖学习上的外部障碍。

个人因素：课堂学习困难导致小颖自信心受挫，她可能因为害怕出错或无法理解新知识而选择逃避，进而在课堂上出现走神、不参与讨论等行为。作业完成质量差反映出小颖在学习态度和方法上的问题，她可能缺乏自律性，对时间管理不当，且没有掌握有效的学习方法。厌学情绪与不良习惯的形成，部分原因是小颖在学习上找不到成就感和乐趣，她只能通过电视或手机游戏来寻求即时的满足感，这进一步加剧了她的学习困境。

三、心理调适与指导过程

建立信任与沟通：班主任老师与小颖建立了深厚的信任关系，不仅在课堂上关注她的学习情况，还在课后花时间与她谈心，了解她的生活和内心世界。每当小颖遇到困难或迷茫时，老师都会耐心地倾听她的诉说，从她的角度去理解和感受她的困惑和挣扎。老师以同理心对待小颖的感受，为她提供了一个安全、支持的环境，让她能够自由地表达自己的情绪和想法。这种亲密无间的信任关系为后续的学习辅导和情绪疏导奠定了坚实的基础。

认知重构：在建立了信任关系后，班主任老师着手帮助小颖解决学习上的问题。她深知小颖在学习上的消极态度源于对自身能力和学习价值的认知不足，因此决定从认知重构入手。老师耐心地与小颖探讨学习的重要性，帮助她理解学习不仅是为了取得好成绩，更是为了未来能够拥有更多的选择和机会。同时，老师也通过肯定小颖的点滴进步和挖掘她的潜在优势，让她意识到自己具备学习的潜力。在老师正面的反馈和鼓励下，小颖开始改变对学习的消极态度，重新找回了对学习的热情和信心。

情绪管理：针对小颖在学习过程中表现出的焦虑、孤独和挫败感，班主任老师专门为她设计了一套情绪管理方案。老师耐心地教给小颖一些简单易行的情绪调节技巧，如深呼吸和放松训练，帮助她在紧张或不安时能够迅速平复情绪。此外，老师还鼓励小颖通过写日记、绘画等方式来表达自己的情感和想法，这样不仅可以让她更好地了解自己的内心世界，还能够有效地释放内心的压力。在老师的指导和鼓励下，小颖逐渐学会了如何管理自己的情绪，变得更加自信和乐观。

激发学习兴趣与动力：为了激发小颖的学习兴趣与动力，班主任老师同各学科老师沟通，一起深入了解她的兴趣爱好，并结合这些特点，为她量身定制了一系列富有趣味性和挑战性的学习活动。在语文课程中，老师设计了以小颖喜欢的童话故事为主题的阅读和写作任务。她鼓励小颖发挥想象力，创作属于自己的故事，并在课堂上分享给同学们。这样的活动不仅让小颖对语文产生了浓厚的兴趣，还提高了她的阅读和写作能力。

在数学课程中，老师通过设计趣味数学游戏和挑战题，引导小颖发现数学的乐趣。她让小颖在游戏中学习数学知识，解决实际问题，从而培养她的逻辑思维和数学应用能力。每当小颖成功解决一个数学难题或赢得一场游戏时，她都会感受到成功的喜悦，这进一步激发了她的学习动力。这些专为小颖设计的课程方案，不仅成功地激发了她的学习兴趣，还让她在参与过程中体验到了成功的喜悦。这种个性化的教学模式不仅提高了小颖的学习成绩，更让她对学习充满了热情和期待。

建立学习支持网络：为了给小颖创造一个更有利的学习环境，班主任积极地与她的祖父母进行了深入的沟通。老师耐心地向他们解释了小颖在学习上遇到的困难和挑战，并教给他们一些实用的辅导方法。例如，如何在家中设定固定的学习时间，如何鼓励小颖独立完成作业，以及如何与她进行有效的交流。通过这些指导，祖父母们逐渐明白了如何更好地支持小颖的学习。与此同时，班主任还精心组织了学习小组，让小颖能够与同学们一起互相学习、互相帮助。在这个小组中，成员们共享学习资源，讨论学习难题，并相互激励。小颖在与同学们的互动中，不仅找到了学习的乐趣，还逐渐培养了团队协作和沟通能力。这种学习支持网络不仅有效地改善了她的学习环境，更为她提供了持续的学习动力和支持。通过这些举措，小颖的学习态度有了明显的改善，她的学习成绩也逐渐提升。她变得更加自信、积极，对未来充满了期待。

持续监测与调整：在整个调适过程中，班主任老师始终密切关注小颖的变化，并根据她的反馈和表现及时调整辅导策略，以确保调适效果的持续性和稳定性。老师会定期与小颖进行面对面交流，了解她在学习和情绪管理方面的进展，以及遇到的困难和挑战。通过这些交流，老师能够及时发现小颖的需求和问题，并针对性地调整辅导计划。

当发现小颖在某一学科上遇到难以逾越的障碍时，老师会及时调整教学方法，采用更直观、有趣的方式来解释复杂的概念，或者为她提供额外的辅导材料，帮助她逐步克服困难。同时，老师也会关注小颖的情绪变化，如果发现她出现焦虑或挫败感，会及时给予心理疏导和鼓励，帮助她重新找回学习的信心和动力。

此外，老师还会定期对小颖的学习成果进行评估，以便更准确地了解她的学习进度和水平。这些评估结果不仅为老师调整辅导策略提供了依据，也让小颖能够更清晰地看到自己的进步和不足，从而更有针对性地进行自我调整和提升。通过这种持续的监测与调整，小颖的学习状态逐渐趋于稳定，并在各个方面都取得了显著的进步。

四、调适效果

经过一段时间的心理调适和学习辅导，小颖的学习态度和学习效果都有了明显的改善。她开始主动参与课堂活动，积极发言，与老师和同学们互动交流，课堂氛围因此变得更加活跃。在作业完成方面，她也变得自觉而认真，不再像过去那样拖延或逃避，而是努力克服困难，按时完成每一项任务。这些积极的改变不仅让她的学习成绩有了显著的提升，更重要的是，让她重新找回了对学习的热情和信心，让她逐渐认识到自己的潜力和价值，开始对未来充满期待。同时，小颖与老师和同学的关系也变得更加融洽和谐，她开始主动与同学们交朋友，分享彼此的快乐和烦恼。这一切改变都离不开班主任老师的耐心指导和全班同学的共同帮助，小颖也因此变得更加开朗、自信和乐观。

五、总结与反思

本案例展示了针对留守儿童学习问题，心理调适与个性化辅导策略的重要性及有效性。通过建立信任与沟通、认知重构、情绪管理、激发学习兴趣与动力、构建学习支持网络及持续监测与调整等方法，成功助力小颖克服了学习困境，让她重拾了对学习的信心与热情。这不仅是学习上的转变，更是她情感世界的一次深刻洗礼。此案例深刻提醒我们，在解决留守儿童学习问题时，绝不能忽视他们的心理需求与情感支持，而应为他们创造一个充满关爱、理解与鼓励的学习环境。展望未来，我们必须进一步加强对留守儿童心理健康与学习问题的关注，以实际行动为他们送去更多的关爱与帮助，让他们在阳光下健康成长。

第八章
留守儿童的自我认同

自小彬记事以来，父母都在外地打工，只有过年才会回来几天，平日里她和爷爷奶奶在一起生活。

在老师们的眼里，小彬是个勤奋刻苦、努力踏实的好学生。上课期间，她总是以好奇、探究的状态紧跟老师，认真思考老师提出的每一个问题，也非常遵守课堂纪律；课间她也从不打闹嬉戏，就安静地在座位上准备下节课的相关学习用品；课后她还会在第一时间完成相关作业，不需要老师家长督促操心，作业质量也很不错。

在爷爷奶奶的眼里，小彬是个孝顺听话、体贴父母的好孩子。她从不向爷爷奶奶或者父母提出任何要求，学习生活也不需要家里人操心，还会在课余时间帮助家里做一些力所能及的事情。

可在小彬自己看来，自己敏感、自卑、不知道如何与他人沟通交流，“我也想多和老师、同学、家人聊聊天，但我不知道怎么表达，感觉自己嘴很笨，会让大家不高兴。”“一听到其他人交流关于父母的话题，我就很难过，会觉得是在针对我，暗示我没有父母陪。”同时小彬还觉得自己学习能力不足，“我其实很笨，其他同学听一遍就会了，我有时要练习好几次，所以要比别人更努力。”

为什么老师、家长、小彬自己的评价存在如此大的差异呢？其实是因为小彬长时间缺乏父母陪伴，较为敏感自卑，对自我认同感相对偏低。这不仅是小彬个人的问题，更是留守儿童的普遍现象。

近年来，随着社会的发展，我国劳动力出现了从农村到城市的转移，导致农村地区出现了大量的留守儿童。《国务院关于加强农村留守儿童关爱保护工作的意见》中明确提出：留守儿童是指父母双方外出务工或一方外出务工另一方无监护能力、不满十六周岁的未成年人。据《2023 年全国留守儿童统计数据》显示，2023 年全国留守儿童约 6683 万人（包括城乡流动和农村留守儿童），其中不满 16 周岁的农村留守儿童 902 万人。从监护方式看，由（外）祖父母监护的为 805 万人，约占 89.3%；由亲友监护代管的为 30 万人，约占 3.3%；父母一方外出、另一方无监护能力的为 31 万人，约占 3.4%；还有 36 万留守儿童处于无人监护状态，约占 4%。因此，关注留守儿童这个群体，引导其正确认识自我，正向认可自我，有助于留守儿童心理健康及社会关系良好发展。

第一节　留守儿童自我认同概述

一、自我认同

认同（identification）在心理学中最早被弗洛伊德赋予意义，他将认同看作是一个心理过程。即"一个人将其他个人或群体的行为方式、态度观念、价值标准等，经由模仿、内化，而使其本人与他人或群体趋于一致的心路历程"。具体来讲，"其他个人或群体"通常指比自己地位或成就高的人，个体对这些人的模仿和内化行为是为了消除个体在现实生活中因无法获得成功或满足时，而产生的挫折感和焦虑感。生活中常说的狐假虎威、东施效颦等成语故事就属于认同的范畴。

基于个体对自我认识的困惑，"自我认同"由之产生。通俗来讲，自我认同的建立是以自我认知为基础的，当个体对自己生存的意义、什么是生活中最有意义的事情产生困惑时，就产生了自我认同问题。从社会学角度来看，英国社会学家安东尼·吉登斯（Anthony Giddens）曾在他的自我认同理论（self-identity theory）中提到自我认同是个体在与周围环境互动的过程中，对自己身体、性格、道德等方面的认同和评价。从心理学角度来看，美国心理学家埃里克森（Erik H Erikson）在弗洛伊德"认同"概念的基础上提出了"自我认同感"的心理学概念，也可称为"自我的同一性"。根据埃里克森的理论，自我的基本功能是建立并保持自我认同感。自我认同感是一个复杂的内部状态，它包括了我们的个体感、唯一感、完整感，以及过去与未来的连续性。简而言之，自我认同就是个体对自己的特征、角色和身份的意识和理解，即自己对自己的认可，包括自我了解和自我实现两个方面。

（一）自我了解

自我了解是指对自我所处环境的适当评估，对所扮演角色的正确认知和对理想与现实能力的掌握。当正确了解了"我是谁？我是怎么样的人？我想做怎样的人？我应该做怎么样的人？"这四个问题后，自我就初步形成了一种持续的、稳定的认同感。自我了解可通过自我意识、自我评价和自我概念实现。"我是谁？"就是自我意识的判断，表现为个体能够对自己的存在进行感知和理解，自我意识是了解自己、思考自己和规划自己的基础。"我是怎么样的人？"属于自我评价，即个体对自己特征、行为和表现的评价。自我评价是个体对自己的喜好、成就和价值的主观评价。"我想做怎样的人？我应该做怎么样的人？"是自我概念的认知，自我概念是个体对自己所属的社会群体、所扮演的角色和相关身份的认知和理解。

（二）自我实现

美国著名的人本主义心理学家马斯洛曾提出需要层次理论，他认为人类具有七个层次的需要，从下到上依次是生理需要、安全需要、归属与爱的需要、尊重的需要、求知的需要、审美的需要和自我实现的需要。自我实现主要是指个体的各种才能和潜能在适宜的社会环境中得以充分发挥，实现个人理想和抱负的过程，亦指个体身心潜能得到充分发挥的境界。但作为金字塔顶尖的自我实现真正意义上是难以达到的，对于儿童的自我认同建构，主要在于对自我了解的引导。

二、留守儿童的自我认同

基于上述对“自我认同”的解释，留守儿童的自我认同是指留守儿童根据自己的生活实际，通过反思和对比找到自己在社会中的位置及在社会中所处的角色，形成稳定和连续的自我意识，包括对自己身份、价值观、情感、社会关系和自我评价等方面的明确。心理学家詹姆斯·马西娅（James Marcia）将自我认同状态分为四种：自我认同完成、自我认同延迟、自我认同早闭、自我认同扩散。留守儿童属于特殊群体，由于父母陪伴的缺失、生活环境的局限和社会支持的不足，他们的自我认同是在社会活动中实现的，往往处于一种不稳定的状态。他们可能会在身份认同上感到迷茫，对于自身的价值产生怀疑，对未来的存在意义感到困惑，从而可能产生自我认同延迟或是扩散，即个体缺乏明确的方向，做不出明确的选择。当然，在良好环境和周围人的正确影响下，留守儿童发挥个体主观能动性和独立性，也能达到自我认同完成状态，从而健康成长。针对留守儿童的自我认同状况，可通过留守儿童的内心自我认同、家庭自我认同、社会自我认同三个层次进一步认识。

（一）内心自我认同

留守儿童的内心自我认同是指他们在缺乏父母关爱的环境下，通过个人经历和反思总结，形成对自身存在的意义认知和身份规定。这种自我认同是他们对“我是谁”的回答和体验，也就是他们如何看待自己、定位自己的角色，以及对自己价值的理解的反应。

1. 自我身份认同

自我身份认同是儿童内心自我认同的基础，涉及对个体生理状态的认识，如身高、体重、健康状况等；也包括对个体心理状态的理解，如情绪、性格、价值观等；还涉及对个体人际关系的认知，如家庭关系、朋友关系、工作关系等，此外还包含了对个体在社会中所扮演的角色的理解，比如学生、员工、父母等。留守儿童的身份本身具有特殊性，在定位自己的角色时，更需要外界的正确引导，帮助他们建立一个良好的内心自我身份认同。

2. 自我评价

留守儿童的自我评价通常涉及他们对自己的生活、学业和情感状态，以及自我价值、自我能力等方面的认知和看法。一方面，留守儿童可能会对自己有较高的期待和要求。在家庭角色中，他们可能会认为自己在家中要承担更多的责任，比如照顾弟弟妹妹或者做家务等；在学习表现上，由于父母不在身边，他们可能需要更多的自律来保持良好的学习成绩；在社交关系中，留守儿童的社交圈子可能主要是同学和老师，他们可能会认为自己在这个环境中扮演着重要的角色；在未来规划上，尽管面临挑战，许多留守儿童仍然对未来充满希望，并为自己的目标而努力。在这种情况下，他们可能会对自己有较高的评价，认为自己能力强，能够应对各种挑战。

另一方面，由于父母不在身边，留守儿童可能会对自己的身份产生困惑，感到孤独或被忽视。这可能会导致他们对自己的评价较低，觉得自己没有价值，或者缺乏信心。例如，由于与父母的分离，留守儿童的情感健康可能会受到一定影响，他们可能会对自己的情绪管理能力产生怀疑。此外，留守儿童的自我评价也会受到周围人的态度和行为的影响。例如，如果老师或其他成年人给予他们积极的关注和鼓励，他们对自己的评价就会比较高；反之，如果他们经常受到忽视或批评，他们对自己的评价就会比较低。总的来说，留守儿童的内心自我评价是复杂的，并且可能会随着时间和环境的变化而改变。

案例8-1

为什么我这么差？

轩轩是一名10岁的留守儿童。他的父母在外地打工，他长期与爷爷奶奶生活在一起，在镇上读小学4年级。爷爷奶奶文化程度不高，家里没有人辅导他学习，但轩轩从小就懂事，学习自觉性也比较高，因此他的整体成绩还不错。

轩轩的数学成绩一直不太理想，爷爷奶奶为此经常批评他，总是说“你爸妈在外面辛苦赚钱就是为了供你读书，你考这么差对得起你爸妈的辛苦吗？”“数学成绩这么差，肯定是上课不听老师讲课！”这些言语让轩轩既委屈又沮丧，也对数学这门学科产生了更大的恐惧，总是害怕自己考不好被爷爷奶奶批评。在一次数学考试中，轩轩又考砸了。他带着不满意的数学成绩回家，爷爷奶奶在看到成绩后，又是一顿批评。并且他们还要求轩轩在接下来的考试中每门课程都必须取得优异的成绩，这让轩轩感到巨大的压力。

由于爷爷奶奶长期的打压教育，轩轩没有得到正面的引导和鼓励，他的自信心受到了打击。他开始怀疑自己的能力，觉得自己无论怎么努力都无法达到家人的期望。这种持续的情绪低落和自我怀疑，使轩轩在学校的生活和学习过程中难以保持积极的态度，他逐渐对学校生活失去了兴趣，与同学之间的交流也越来越少。这样的状态导致他的成绩越来越差。看着自己的成绩，听着爷爷奶奶的指责，轩轩觉得自己就是个废物，读书就是在浪费爸妈的钱。

在这个例子中，轩轩因为学业压力和家庭的不理解，体验到了挫败感和孤独感，从而导致他对自我的评价越来越低。由于长时间与父母分离，轩轩缺乏直接的情感支持和指导，这使得他更难以处理学习中的挑战和家庭的压力。轩轩的自我认同问题体现在他对自己能力的怀疑和自我价值的否定上，这是农村留守儿童在自我认同方面常见的问题之一。由于缺乏正面的反馈和支持，孩子可能会发展出较低的自我评价，进而影响他们的社交能力、学习动力和整体幸福感。

（二）家庭自我认同

留守儿童的家庭自我认同，是指他们对家庭角色、家庭责任和家庭的情感依赖等方面的理解和体验。也就是说，留守儿童会根据自己的生活经历，形成对于自己在家庭中的位置、责任以及与家庭的情感联系的认识。

1. 情感认同

家庭情感认同是指个体对于家庭成员的情感联系和归属感的感受。对于留守儿童来说，他们的家庭情感认同可能会因为他们与父母长期分离而受到影响。华中师范大学毛齐明教授在调查研究中提到，如果在家庭中缺乏父母的陪伴和关爱，可能会导致留守儿童的积极情感体验不充分，负性情绪表达受阻，应激情感沟通不畅等问题。然而，值得注意的是，并非所有的留守儿童都会面临相同的情感问题。一些留守儿童能够通过与家人的定期联系，如电话或视频聊天等方式，保持与家庭的情感连接。此外，父母感情满意度、监护类型、被留守年龄段等因素也会对留守儿童的家庭情感生活产生影响。如果父母之间的感情良好，他们可能会更加关心孩子的情感世界；如果选择恰当的监护人，比如祖父母或其他亲近的家庭成员，他们可能会提供必要的情感支持和关怀，从而帮助这些留守儿童建立积极的情感认同。

2. 家庭意识

留守儿童的家庭意识是指留守儿童对家庭的理解和感受，涉及家庭观念、亲情关系和教育方式等多个方面。这种家庭意识通常会受到他们生活环境和父母长期缺席的影响，但并不会因为父母不在身边就直接消失。一方面，由于父母的外出工作，留守儿童可能会有一种被忽视的感觉，这可能导致他们对家庭关系产生困惑或不满。留守儿童的日常生活和教育主要由监护人负责，如果监护人无法提供足够的关爱和引导，他们的行为习惯、学习态度和心理健康等方面就会产生一些问题，从而对留守儿童的家庭意识产生负面影响。另一方面，尽管留守儿童的父母不在身边，但都会通过电话、视频等形式关心儿童的学习、生活情况，给予儿童精神及物质方面的支持和鼓励。同时在家人、老师和社区的帮助下，大多数留守儿童能够建立起积极的家庭观念。例如，他们可能会理解父母的工作是为了家庭的未来，从而更加珍惜与家人相处的时光。

案例8-2

不被理解的小华

小华，11岁，父母在外地城市工作，祖父在她很小的时候因病去世，她从小与祖母一起生活。小华喜欢画画，由于长年见不到父母一面，于是在想爸爸妈妈的时候，她就画一幅画，有全家福，也有她想象的父母带她一起玩的画面。她在学校里的表现也很好，老师知道小华喜欢画画并且看出了她的天赋，支持她参加学校的绘画比赛，小华不出意外获得了奖项。当她兴奋地将这个消息告诉祖母时，祖母笑了笑，表示“获奖是好事，但你还是要把重心放在学习上，学习成绩更重要。”小华听着这话，不高兴地撇撇嘴，她想把这个消息告诉爸爸妈妈，觉得他们肯定会很高兴。但父母忙于工作根本没有接她的电话。

小华的生日快到了，每年都是祖母和她一起过，这次也不例外，但小华总是期盼着爸爸妈妈能够回来陪她过生日，她想象着一起过生日的场景，打算画下来。祖母看见小华又在画画，于是就指责她心思不放在学习上，每天回家就是画画，根本不看书，还规定小华每周只能周末的时候画画。小华很是伤心，她只是想通过画画实现爸爸妈妈陪她过生日这个愿望，这也有错吗？

渐渐地，小华不爱画画了，她觉得自己连画画的时间都要被安排，那画画就没有意义了，即使在这方面有天赋，也不会得到祖母的认可和父母的支持。她开始在学校里变得内向，不愿意参加任何课外活动，因为她担心如果她表现得不好，会让他们更加失望。小华很是沮丧，她想要父母的陪伴，无法实现，她想要每天画会儿画，不被允许。她感觉自己似乎没有得到家庭的重视，自己的想法也没有得到家庭的支持。

小华的自我认同出现了问题，这体现在她对家庭情感的怀疑上。小华的祖母虽然关心她的学习，但缺乏对她其他兴趣的支持，这让小华感到自己的兴趣和努力没有得到认可。小华的父母在外工作，对小华的想法、生活和兴趣爱好毫不关心，这让小华觉得自己是不被家人在意的。这样的情况在留守儿童中并不少见，因为他们经常缺乏与父母的直接交流，这可能导致他们在自我认同方面出现问题。面对这样的情况，父母应该加强与孩子之间的沟通，鼓励儿童发展多元兴趣，并提供更多的正面反馈和支持，帮助他们建立健康的自我认同。

（三）社会自我认同

留守儿童的社会自我认同是指他们通过与社会的互动形成对于自己在社会中的角色、地位、责任等方面的认识和体验。这种自我认同包括他们如何看待自己在社会中的位置、自己的社会角色及对社会的责任感。在这一基础上，大致将儿童的行为分为以下两类。

1. 亲社会行为

亲社会行为是指个体自愿为个人或集体带来利益并满足社会期望的行为，包括但不限于助人、分享、谦让等，因此亲社会行为也可称为利社会行为。比如部分留守儿童从小就自立自强，虽然父母不在身边，家庭条件也比较艰苦，却反而使他们更加勇敢、坚韧，在社会的资助下努力学习，最后回报社会。

案例8-3

爱是需要传递的

“我觉得爱是需要传递的，我很感谢村里的叔叔阿姨对我的照顾，也很感谢村委会对我的资助，正因为有他们，我才能够考上大学，走出大山。因此，在我学有所成时，我很愿意回到家乡，利用我的所见所学帮助村民们一起建设家乡。”这是大学生村官丽丽在接受采访时说的一段话。

丽丽从前是一名留守儿童，她的父亲在她4岁的时候就因病去世了，她的母亲为了生计不得不外出打工，她和外婆一起生活在农村。丽丽要上学，外婆年纪大了，无法劳动，家里唯一的生活来源就是母亲的工资，因此，丽丽一家过得很拮据。好在村里的邻居非常热心，经常给丽丽家送一些自家种的蔬菜，还时不时邀请丽丽和外婆去家里吃饭。村委会的工作人员调查了丽丽的家庭情况，也积极为她准备资料申请贫困资助。在政府的支持下，丽丽上学的学费被免除，而且每年都能收到一定的资助。

丽丽很感恩大家的帮助，她理解母亲在外打工的辛苦，也明白读书的重要性，她下决心要好好读书，考个好大学，回报家人，回报社会。在家里，她主动照顾年迈的外婆，小小年纪就承担了部分家务，以减轻外婆的负担；在学校，丽丽也乐于助人，她会主动帮助学习上有困难的同学，共享她的学习资料，耐心地解答同学的问题。此外，丽丽还会参与村委会的志愿服务，比如在周末的时候帮助清理村里的公共区域。丽丽的决心和努力收获了成果，她如愿考上了理想的大学，并以优异的成绩毕业。但她放弃了大公司的邀请，选择回到家乡做一名大学生村官，振兴家乡。

丽丽是一名农村留守儿童，但她的自我认同没有出现问题，并且还表现出很多亲社会行为，包括帮助家人、在学校里帮助同学、在社区中参与志愿服务等。这些行为表明，尽管作为留守儿童可能在情感和家庭支持方面面临一定的挑战，但在其他力量的支持下，他们能够积极地与周围的社会环境互动，展现出关心他人、乐于助人及合作的精神。这些亲社会行为不仅有助于建立这些留守儿童的社会支持系统，也是他们自我成长和增强自信心的重要途径。因此，除了家庭和学校对留守儿童的引导，社会力量的适当支持也可以帮助这些孩子展现出积极的亲社会行为，为他们的社会自我认同和心理健康发展奠定基础。

2. 反社会行为

反社会行为意味着儿童发展出现了违反社会规则和规范的行为，包括但不限于暴力、犯罪、欺骗、欺凌等，这些行为可能会对他人或社区造成伤害。相对来说，在留守儿童中，自我认同出现偏差的儿童容易出现这样的行为。

第二节　自我认同与儿童健康成长的关系

留守儿童能否健康成长，已然成为当前教育领域亟待关注的重要议题。由于其父母长期不在身边陪伴，留守儿童普遍面临着身份感和认同感缺失的困境。积极培养留守儿童的自我认同，改善他们的精神面貌，不仅影响着他们的情绪调节能力，还影响着他们的社交能力和抗压能力。

一、自我认同影响儿童情绪调节的能力

情绪调节能力是指个体管理和调整自己情绪状态的能力，不仅影响着儿童的日常行为和学习，还深刻地塑造着他们的自我认同。有研究指出，自我认同感与儿童的情绪智力呈正相关，那些能够理解自己情绪的儿童，在遇到困难时，会采取更为建设性的应对

策略，而不是逃避或冲动行事。例如，当儿童学会如何有效地处理挫折和失败时，他们更有可能将这些经历视为成长的机会，而不是自我价值的否定。这种积极的自我认同感，反过来又促进了他们情绪调节能力的进一步提升。

此外，自我认同还能够帮助儿童在社交环境中更好地管理情绪。儿童在与同伴的互动中，通过自我认同的建立，学会如何在群体中定位自己，这有助于他们理解并适应社交规范。例如，当儿童在游戏时感到被排斥，一个拥有积极自我认同的儿童可能会将这种经历视为成长的机会，而不是个人的失败。他们能够从自身找原因，同时保持自尊，这有助于他们以更成熟的方式处理负面情绪，如通过沟通和协商来解决问题。这种能力的培养，不仅有助于儿童在当前的社交环境中更好地管理情绪，也为他们未来的人际关系打下了坚实的基础。

案例8-4

失控的小艺

小艺，一个10岁的女孩，坚强的同时又略带固执。她的父母为了家庭生计，不得不远离家乡在外地打工。这使得小艺的童年缺失了父母的陪伴与关爱，给她带来了极大的心理负担。小艺在学校里的情况不容乐观。由于缺少父母的关爱和陪伴，小艺的情绪波动较大，表现为情绪低落、易失控、爱发脾气。她无法有效地管理自己的情绪，即使是微不足道的小事也能让她瞬间暴怒或痛哭流涕。尽管老师多次提醒她要关注情绪波动，但她却感到无所适从和力不从心。小艺在家中的处境同样令人同情。年迈的姥姥虽然疼爱她，但毕竟年岁已高，难以理解小艺内心的感受和需求，更无法为她提供充足的安慰和支持。这使得小艺在家中也无法得到足够的慰藉与支持，进一步加重了她的心理负担。

在这个年纪，小艺本应享受无忧无虑的童年，然而生活的无奈却让她背负了沉重的心理负担。她渴望得到关爱，希望有人能理解她的内心世界，为她指引方向。为了帮助小艺和其他留守儿童纾解情绪问题，家庭、学校、社会应当共同发挥作用，关注留守儿童的心理健康。家庭成员要积极关注孩子的生活状况，增加与孩子的沟通交流次数，及时帮助他们走出情绪困境；学校可以提供心理辅导和情感支持，帮助他们缓解孤独和焦虑；社会也可以提供支持和关爱，让他们感受到温暖和归属感。

二、自我认同促进儿童社交互动的发展

社交能力是指个体在社交互动中所表现出的能力，包括沟通、合作、解决冲突等，不仅影响着儿童与同龄人之间的互动，还深刻地塑造着他们的自我认同感。自我认同感强的儿童往往更自信，更愿意与他人建立联系，从而在社交互动中获得更多的积极体验。例如，一项针对 5～7 岁儿童的调查研究显示，那些自我认同感较高的儿童，能够有效沟通和解决冲突，故而在同伴中更受欢迎，能顺利建立和维护友谊。这说明，自我认同感的建立能够促进儿童在社交场合中更加自信和适应，从而更容易形成积极的人际关系。这种积极的社交体验反过来又加强了他们的自我认同感，形成了一个良性循环。

如果儿童缺乏自我认同感，往往会表现出较低的自我效能，即在社交情境中倾向于采取消极的行动，因为他们认为自己不具备影响结果的能力，长此以往易产生孤独、自卑等不良情绪。通过鼓励儿童参与各种社交活动，提供体验成功的机会，可以增强他们的自我效能感，从而促进其自我认同感的形成，帮助他们在人际交往中更加自信和主动。

案例8-5

矛盾的小瑞

小瑞，一名一年级的小学生，性格略显自负。在得知即将被选拔为少先队员的消息后，他在家中反复演练入队仪式，坚信自己能够成为首批少先队员。然而，最终他未能如愿入选，由于无法坦然接受这一失败，他开始以一种挑剔的目光审视那些在他看来“不合格”的少先队员，例如，嘲笑好友小嘉的“旧石器时代”红领巾佩戴方式。小瑞的偏执与自负态度，不仅导致他落选，还在落选后引发了一系列负面情绪与行为，如意志消沉、与家人发生冲突、与好友产生矛盾等。更为重要的是，他难以正视自身存在的缺点与问题，缺乏清晰的自我认知和认同，这是他成长过程中面临的一大难题与挑战。

在了解到小瑞的情况后，家人给予了他细致的关怀，老师耐心地进行了教导，使他逐渐走出了内心的阴霾。同时，好友小嘉的帮助也起到了关键作用，使他开始正视并接受自己的不足，同时学会欣赏他人的优点。可以看出，小瑞的自我认同在很大程度上得益于他人的支持与引导。家人、老师和朋友如同一面“镜子”，帮助他学会直面困难、尊重他人，并通过对自我的深刻反思实现真正的成长。

三、自我认同赋予儿童应对压力的勇气

在当今社会，儿童面临的压力日益增加，从学业竞争到社交挑战，再到家庭期望，这些压力源对他们的心理健康构成了严峻考验。根据美国心理学会的研究，超过三分之一的儿童认为自己在学习和社交方面感受到压力。这种压力不仅影响他们的即时情绪状态，还可能对其自我认同的形成产生负面影响。面对压力时，自我认同感的强弱直接影响儿童的应对策略和结果，自我认同感强的儿童往往拥有更高的抗压力，能够更加坚定地面对困难。例如，自我认同感低的孩子，在学业上遭遇挫折时，可能会开始质疑自己的能力，从而影响其自我价值感的建立；而那些在自我认同上表现出较高一致性的青少年，在面对学业压力和人际关系问题时，更能够采取积极的应对措施，而不是退缩或沉湎于消极情绪。这种积极的应对方式有助于他们更好地适应环境变化，促进心理健康的发展。

案例8-6

孤独的小华

小华，一个身处困境的留守儿童，他的父母为了改善家庭生活，毅然选择了远离家乡去外地打工。年复一年，小华只能和年迈的爷爷相依度过孤独的时光。在此期间，他

面临着自我认同的严峻挑战。在学校里，小华总是笼罩在自卑的阴影中，他认为自己无论在学业还是才艺方面都远不如其他同学。自身和外界的压力感使他缺乏勇气去展现自己的才能，也不敢轻易尝试新事物和挑战自我。每当目睹同学们取得优异成绩或荣誉时，他心中的自卑感和羡慕之情便愈发强烈。回到家中，小华也无法得到父母的关爱和支持。爷爷虽然疼爱他，但因为年事已高，难以理解他的内心世界和需求。在没有父母鼓励和引导的日子里，小华渐渐失去了自信，开始质疑自己的能力和价值。他感到自己犹如一片漂泊的落叶，无所依附，前途渺茫。

在这个关键的成长时期，小华需要关爱和引导。他渴望得到他人的安慰和认可，释放自己的压力，证明自己并非一无是处。然而，现实环境的种种局限使他陷入了自我否定的漩涡。如何摆脱自卑，舒缓压力，重拾信心，成为小华面临的最大挑战。

综上所述，自我认同在儿童的成长过程中发挥着不可替代的作用，它不仅帮助儿童在情绪上保持稳定，促进社交能力的发展，还赋予他们面对压力时的勇气和智慧。因此，家长和教育者应当重视儿童自我认同感的培养，通过提供支持性的环境、鼓励探索和自我表达，以及教授有效的应对策略，帮助儿童建立起积极的自我认同，为他们的心理健康和全面发展打下坚实的基础。

第三节　留守儿童自我认同存在的问题

一、自我同一性问题

自我同一性问题是留守儿童面临的一个重要问题。由于父母长期不在身边，留守儿童可能会感到自己与父母的距离越来越远，无法明确自己的身份。他们可能会对自己的身份产生疑惑，不知道自己是谁，不知道自己属于哪个群体。这种身份认同的困惑可能会导致留守儿童在成长过程中出现自卑、焦虑、抑郁等心理问题，具体表现为以下两个方面。

（一）身份困惑，心理落差较大

留守儿童在成长过程中，长时间与父母分离，会与其他的孩子存在明显的身份认同差异，可能面临身份认同的困惑和心理压力。这种困惑表现为对自己的价值和地位的怀疑，特别是农村留守儿童，他们往往难以融入城市的课堂、社交圈和生活方式，从而导致城乡身份认同的割裂。同时，身份特殊性也许会让他们被同龄人视为异类，这将进一步引发留守儿童自身对身份认同的困惑和不确定性。

案例8-7

小明的困扰

小明是一个10岁的留守儿童，他的父母在他6岁时就去大城市打工了，他一直和祖父母生活在一个小县城里。小明在学校的成绩很好，老师同学都挺喜欢他的，但他内心总是感到自己和别人不一样。每次听到周围的同学提到他们的父母给他们买了很多好吃的，周末还带他们去玩之类的话题，小明都很羡慕。他的同学们都有父母在身边，而他只能在电话里听到自己父母的声音。由于长期缺乏父母的关爱和陪伴，小明对自己的身份产生了困惑。他不明白为什么父母要离开他，去一个遥远的地方工作。这些想法，不善言辞的他总是藏在心里，就连陪伴在身边的祖父母也没能察觉。渐渐地，他开始怀疑自己是否是父母亲生的，或者自己做错了什么，让父母不愿意带他一起去大城市生活。这种自我疑惑，让小明觉得自己既不是城市的孩子，也不是农村的孩子。显然，小明的心理出现了问题，对身份的困惑让他的自我认同感开始动摇。

在这个案例中，小明在与其他同学的对比之下，产生了身份上的落差感，在其他人眼中，小明是一个品学兼优、听话懂事的孩子，这样的认知间接导致了小明周围的人不太能关注到小明的心理落差。因此，当小明出现身份困惑并憋在心里时，外界也没有人能帮忙进行排解，最终导致他的心理压力越来越大。

（二）缺乏自信，问题行为出现

由于缺乏父母的陪伴和指导，在面对挑战时，部分留守儿童会感到无助和困惑，进而影响其自信心的建立，尤其是农村留守儿童，由于农村地区的经济发展水平相对较低，社会保障体系不够完善，他们的生活环境和教育资源受到影响，这使得其自信心的建立与发展难度更大。因此在成长过程中，留守儿童可能会面临一些心理和社交问题，他们可能会觉得孤独、焦虑或者缺乏安全感，这些不良情绪在一定程度上导致他们在性格上表现出内向胆怯、敏感多疑等特点，不善或拒绝与外界进行沟通交流，甚至出现反抗或攻击行为。

案例8-8

一句话的冲动

小刚是一名12岁的留守儿童，刚上初中。从小到大他的父母都在外地打工，只有过年才会回家和小刚团圆。由于家里没有大人管教，在外的父母也只是在经济上支持小刚，并没有太多的教育和陪伴。上初中后，叛逆期的到来让小刚的不良行为习惯更加显露。他上课不专心，不遵守纪律，与周围同学讲话，甚至与老师唱反调，并以此为荣。并且凡事不肯吃亏，爱出风头，虚荣心较强。有一次，学校为建立“留守学生”档案，需要在校的“留守学生”完成一份调查问卷，正当小刚完成调查问卷时，同桌看到他的问卷题目就顺嘴说了一句“你是留守儿童呀!”小刚听到这样一句话，面色铁青，瞬间站起来一拳朝同桌打去，而后两人直接在教室内动起手来，桌子、椅子都翻倒在地。经多名同学劝阻，两人才停下手来。小刚会做出这样的举动是其自卑心理或者说是其自信心不够的表现。在小刚的心里，“留守儿童”是一个特殊的群体，是一群受同学、老师，甚至社会鄙视的人群，这个词象征着他被父母“抛弃”了。他在日常生活中的叛逆和反常行为，也仅仅是因为他迫切地想要得到外界的关注和关心，以此来证明自己是有价值的。

二、自我归属感问题

相关研究显示，每个人都害怕孤独和寂寞，因此会希望自己加入一个或多个群体，如家庭、单位、协会等，并能在此团体中获得温暖、帮助，从而改善或减少孤独、寂寞等不良状态。自我归属感主要强调了个体与所属群体之间的这种内在联系，自我归属感的缺失会导致留守儿童产生更多的陌生感和失落感，从而较难适应新环境、不易与他人建立稳定的人际关系，具体表现如下所述。

（一）情感淡漠，亲子关系紧张

长时间与父母的分离，一方面可能会导致部分留守儿童觉得自己被遗忘、被放弃，从而产生自卑、自责或者埋怨、愤懑等不良情绪。长此以往，他们将不再愿意与外界有过多的接触和交流，更倾向于将自己“封闭”起来，独来独往。另一方面，因长时间不能陪伴孩子，大部分留守儿童的父母都对子女有较强的愧疚感，他们习惯于以金钱来弥补对孩子的亏欠，甚至对其有求必应。这样的教养方式，使得部分留守儿童较易以自我为中心，不愿听从老师及抚育者的教导，也不理解父母的辛苦，认为父母的付出都是理所应当的，人际关系尤其是亲子关系较为紧张。

案例8-9

我很孤独吗？

小华是一个13岁的留守儿童，他的父母在他出生后就去了城市工作，他一直在农村和祖父母生活。由于常年没有跟父母见面，小明很少感受到父母的关爱和支持，他对于父母的印象并没有那么多，也没有那么深的情感羁绊，整个人表现出一种亲情淡漠，生人勿近的样子。在学校，小华总是独来独往，不愿意与其他同学交往，因此没有朋友；在课堂上，他经常分心，无法集中精力学习，成绩一直很差，老师也对他感到失望。对于各种班级活动，他总是能不参加就不参加，对于别人的关注和帮助，小华感到的只有不自在与尴尬，甚至怀疑别人的动机。有时小明看着周围同学交流关于父母对自己有多好的话题，内心却没有一点波动，只是在疑惑父母真的有那么好吗？为什么周围的人都觉得父母很好？没有父母陪伴就会孤独吗？他好像并不觉得自己是孤独的，甚至觉得一个人很自在，对于父母想要与自己亲近的行为，他反而觉得不适和别扭，常常以各种理由回避。

（二）社交障碍，人际关系疏离

社会学和心理学都将人际关系视为人类满足社会需求的一种方式。其中家庭关系被认为是最直接、最深刻、最重要的人际关系和社会关系。稳定的家庭环境对于儿童学习如何建立和维护人际关系非常重要。然而，留守儿童的生活环境往往使他们无法得到家庭的情感支持和引导，从而影响了他们建立健康的人际关系的能力。此外，社会心理学家林顿提出，获得他人的情感反应是人类需要的一种基本形式。儿童通常在家庭中初步接触并了解人际交往过程中的规则和约束，了解其他社会成员对自己角色的期待与要求，以及如何更好地适应他人和社会。但留守儿童的生活状态使他们无法在家庭中得到这样的学习和实践机会，因此，他们更容易产生社交障碍。

案例8-10

“透明人”的生活

许亚出生在一个小山村，由于地势偏远、交通闭塞，村民们只能以种植农作物换取微薄的收入。许亚的父母为了改善家庭的经济情况，在她5岁时就选择了一起外出打工，将幼小的许亚托付给年迈的爷爷奶奶照顾，只有在春节期间他们才会回家待几天。由于老家较为偏远，加上爷爷奶奶年纪大了，不会使用智能手机，父母外出打工后，许亚便和他们失去了联系。爷爷奶奶听力不好，常常也听不清许亚讲述的内容，基本是答非所问。由于长时间缺乏与家人的沟通交流，原本性格开朗大方的许亚逐渐变得沉默寡言，以前还会主动跟邻居朋友打招呼的她，开始为了躲避人群绕道而行。在学校里，许亚也从不发表自己的意见，总是一个人默默待在座位上，班级有集体活动时，她也会主动选择最不起眼的地方完成基本任务。在旁人的眼里，许亚就像是个“透明人”，只有在点名的时候才会意识到她的存在。

三、自我价值感问题

缺乏自我认同感的人，自我价值感也较低，在成长过程中总是对自己感到不满或失望。自我认同感高的人既能够形成良好的自我认知与客观的自我评价，又能更好地与自己相处，拥有乐观、自信、坚韧、进取的人生态度。留守儿童的自我价值感通常是指他们对于自己存在的认知和评价，由于与直系亲属在空间上的距离，他们不能及时得到正向的反馈和指导。因此，留守儿童在自我价值感方面可能存在以下两个方面的困扰。

（一）自我评价不属实、不稳定

相关研究显示，父母更在意自己孩子取得的成就，并会在第一时间给予肯定和鼓励的反馈。在父母积极的引导和教育下，孩子更倾向于对自己进行正向合理且程度适中地认知和评价。留守儿童因父母一方或双方均在外务工，他们得到的评价更多源于其他抚育者、老师及朋友，一方面，这些人并不能做到像父母那样对孩子保持高度关心，鼓励及肯定式反馈的频率也会降低；另一方面，父母对自己孩子的包容度、理解度较高，当孩子犯错时，父母会更倾向于引导而不是批评。但其他抚育者、老师及朋友则会以更高的要求和标准规范和衡量留守儿童的行为，当其出错时，会得到否定、指责，甚至打骂。时间一长，留守儿童对自己的要求会更高、评价也会更消极，他们总觉得自己做得不够好，在得到别人的肯定和鼓励时，也会第一时间持否定态度。

案例8-11

我真的有这么好？

提到林雅，家人、朋友们都会竖起大拇指。林雅今年10岁了，她还有一对上小学的双胞胎弟弟，和一个上幼儿园的妹妹。为了维持家里的基本开销，林雅的父亲常年在外打工，母亲就在家里边种地，边照顾他们姐弟四人。据周围邻居描述，林雅很乖巧懂事，放学后她会第一时间帮助母亲将家中饲养的动物赶回圈中，喂食、添水、打扫卫生，每一样她都做得得心应手。忙完后，她还要给弟弟妹妹们做饭，洗衣……然后才能完成学校布置的作业和功课。林雅常常得到邻居们的表扬和称赞，她却认为一切都是自己该做的，而且自己笨手笨脚，常常把鸡蛋打碎、把饭菜烧糊、把衣服弄脏，自己根本就没有其他人说得那么好。

（二）自我规划不清晰、不切实

留守儿童在成长过程中缺乏父母的陪伴和指导，对自我的认识较为局限且更倾向于看到自己的缺点，只有少部分留守儿童能在外界的帮助或自我的觉察中明确自己的兴趣爱好及能力特长，因此他们中的绝大多数不太擅长对自己的现在或未来进行规划，或是制订的计划或目标较为模糊，与实际情况存在较大出入。

案例8-12

我能做好什么？

小红是一个9岁的留守儿童，她的父母在她上幼儿园的时候就去城市工作了，她和弟弟在农村与祖父母一起生活。在家里，祖父母比较年迈，文化程度低，弟弟也只有3岁，整个家里只有小红一人上学。在学校，小红因为留守儿童的身份有些自卑，不爱与人交流，朋友也不多，成绩一般，处于班上中等水平，但她在课外活动中表现很出色，特别是画画。小红在画画方面很有天赋，虽然没有系统地学过画画，但她在独处的时候总是会拿起画本，用画笔表达她的想法。然而，内心自卑的她总认为自己表现得不好，也不知道自己未来想成为什么样的人。

第四节　留守儿童自我认同问题的调适与指导

留守儿童在成长过程中常面临自我认同危机，对他们的心理健康与成长发展构成挑战。为了促进留守儿童更好地认识自我、发展自我，家庭、学校、社会需共同发力，重视并探索有效的调适策略。

一、及时回应儿童需求

儿童需求的多样性是理解儿童心理和社交能力发展的关键，不仅仅局限于基本的生理和安全需求，还包括社交、尊重和自我实现等更高级的需求。那些在家庭中得到情感支持和鼓励探索的儿童，在社交能力和自信心方面表现更为突出。因此，家长和教育者必须采用多元化的策略，以促进儿童在各个层面的需求得到满足。

一方面，要建立有效的沟通机制。家长和教育工作者应学会倾听，给予儿童充分的时间表达自己，并通过反馈和确认来强化儿童的表达。研究显示，当成人以开放和接纳的态度倾听儿童时，不仅能准确理解儿童的需求，还能促使儿童更愿意表达自己，分享内心的想法和感受，从而在互动中建立信任和理解。此外，有效沟通还应包括非言语的沟通，如肢体语言和面部表情，这些都能传递出父母和教育者对儿童需求的重视和理解。

另一方面，要创造安全环境以鼓励表达。在培养儿童健康心理与社交能力的过程中，家长和教育者应为儿童提供一个安全、支持性的生活和学习环境，让儿童感到自己的需求和感受被尊重和理解。在这样的环境中，儿童更愿意开放自己，与他人分享内心的想法和需求，这样才能促进儿童的社交能力和情感发展。一项针对幼儿园儿童的研究显示，那些在班级中感受到更多安全感的孩子，更倾向于在集体讨论中积极发言。在实践中，家长和教育工作者可以运用积极倾听的技巧，如重复孩子的话、使用开放式问题、给予正面反馈等，来营造这样的环境，以此帮助儿童及时释放情感，为他们长期的心理健康打下坚实的基础。

二、积极引导自我认同

为促进留守儿童的身心健康发展，并为其改变命运创造更多契机，必须重视并积极引导他们建立自我认同。家长和教师应有意识地为孩子布置具有挑战性的任务，同时提前向他们解释可能遇到的情况，并关注他们的担忧与疑虑。对于新鲜事物，孩子往往需要更多的实践与时间来逐步适应，此时家长和教师可建立家校沟通的桥梁，共同呵护孩子，给予支持和指导，协助他们寻找克服困难、迎接挑战的方法。

此外，家长和教师还应深入挖掘孩子的独特潜能，帮助他们认识到自身的优点与长处，并培养其自信心与自豪感。一旦孩子能够体验到成功的喜悦，其自信心将得到显著提升，进而形成积极的自我认知与独立的生活态度，更有助于留守儿童更好地认识自己，坚定信念，为未来的成长与发展奠定坚实基础。

案例8-13

羞怯的红红

红红，女，14岁，就读于中学八年级。因学校离家比较远，所以现在寄宿于学校，每周五回家，周末返校，但由于交通不方便，每次往返都要步行一个多小时的路程。在她小学时期，父母就远离家乡去了外地务工，虽然她还有一个哥哥，但是与哥哥的年龄差距较大，所以兄妹之间相处时间不多，情感不深。红红更多时间是与奶奶一起生活，但由于是隔代养育，生活中不可避免地存在一些隔代养育中容易出现的问题，最突出的就是红红与奶奶之间的代沟较大，很多事情与奶奶分享之后得不到想要的反馈，祖孙之间的沟通存在问题，这导致红红渐渐地不再愿意与奶奶分享交流。同时，红红的性格内向，不太爱笑，也没有亲密朋友可以充当述说的对象，久而久之，很多事情被她闷在心中，无人可以诉说。红红对自我的评价和认知存在很大偏差，交谈过程中不难发现她会表现出羞怯、回避和不自信。

红红在自我认知层面，存在很大偏差，没有成就感，对自己做出的总体评价都很负面，不相信自己，认为自己没有什么优点，觉得自己很没用，不值得被喜爱等。例如，红红明确表达出对自己的身高、外貌、学习成绩、特长等方面都很不自信。实际上红红的身高在同龄人中是存在优势的，但在红红的认知中，却把此当作劣势看待，认为自己与别人格格不入，同时认为学校中其他同龄群体都比自己会打扮，而自己犹如丑小鸭一般，不如他人受欢迎。红红还极度不认可自身学习能力，认为自己学东西很慢，比较愚笨，并且红红的父母总是在红红面前跟亲友抱怨其成绩很差，甚至还说过红红也许连高中都考不上。父母的这些评价对于红红的影响很大。长期处于这种负面评价的环境中，红红感到极度丢脸与自卑，再加上其不愿轻易向他人表露真心，内心的压抑感与自卑感无处倾诉、无人疏导，导致情况愈加严重。

三、强化榜样的力量

一方面，在儿童成长的道路上，榜样的力量是不可估量的。研究表明，当儿童观看成人表现出助人行为时，他们更有可能在类似情境中模仿这种行为。这表明，榜样的行为不仅能够被儿童内化，还能在适当的情境下被复制和实践。因此，榜样的正面行为，如诚实、勇敢和同情心，对儿童行为的塑造具有深远的影响。在实际应用中，榜样的力量可以通过多种方式来强化儿童的行为。例如，讲述历史人物或当代英雄的故事，增加与榜样的互动频次，可以为儿童提供行为的参照框架，激发其道德感和责任感，帮助其建立正确的价值观和行为准则。然而，榜样的力量并非总是正面的。儿童也可能模仿不良榜样的行为，如暴力、欺凌或不诚实。因此，家长和教育者需要仔细选择和管理儿童接触的榜样。

此外，榜样的力量不仅限于行为模仿，它还能够激发儿童的内在动机和自我效能感。例如，在学习方面，儿童看到榜样在学习中遇到挫折后，通过积极思考找到解决问题的方法，他们也会学会在遇到类似情况时采取积极的应对策略；在家庭中，父母作为家庭中的首要榜样，他们的行为和态度会直接影响儿童对社会规范的理解和内化，而榜样的肯定和鼓励也可以显著提升儿童的自我效能感，进而促进其心理发展。

另一方面，在儿童成长的道路上，肯定儿童的努力和成就，不仅能够增强他们的自信心，还能激发他们内在的潜能。一项针对小学生的研究表明，那些经常被家长和老师表扬努力而非天赋的孩子，在面对困难任务时表现出了更高的坚持度。因此，我们应当在日常生活中，通过具体而真诚的反馈来肯定儿童的努力，例如，通过仪式和活动庆祝成就，记录和分享儿童成长的里程碑或言语鼓励等。不吝啬“肯定”不仅能够增强儿童的自我价值感，还能激发他们继续前进的动力。

四、建立健全关爱机制

首先，在建立健全关爱机制的过程中，家庭成员的角色对儿童自我认同的积极影响不容忽视。家庭是儿童成长的第一个社会环境，父母和其他家庭成员的行为、态度和价值观对儿童自我认同的形成起着至关重要的作用。对于留守家庭而言，在外务工的家长和其他监护人应尽可能地为孩子提供一个充满爱、支持和理解的环境，帮助儿童建立自我价值感和自尊心，例如，增加交流频次、合作解决问题、共同参与决策等。通过积极地互动和沟通，可以为儿童提供一个奠定自我认同的基石。

其次，学校作为儿童社会化的关键场所，提供了丰富的互动环境，使儿童在与同伴和教师的交往中，通过学习、游戏和集体活动，不断探索和确认自己的身份。学校教育应通过提供多元化的课程和活动，帮助儿童发现和发展个人兴趣和才能。例如，好的音乐、艺术和体育等课程，不仅丰富了学生的校园生活，还为他们提供了展示自我和获得成就感的机会。

最后，社区支持系统在促进儿童自我认同方面扮演着至关重要的角色。通过建立儿童俱乐部，为儿童搭建学习、娱乐、沟通、创新的平台，培养沟通能力、动手动脑能力、独立处理问题的能力，儿童将得到全面发展。还可以在俱乐部里设置亲情互动角，为儿童提供免费亲情电话，使家庭困难的儿童获得经常与家长联系的机会。也可以使家长及时地了解孩子的情况，及时给予关爱和感情上的慰藉。

综合案例分析

留守儿童自我认同的调适案例

一、背景介绍

小张，14 岁，女，初二。她的父母外出打工，她和祖父母一起在农村生活，直到小学毕业。而后因父母想让小张接受更好的教育，所以小张去县城里就读初中。为了上学方便，她的父母将小张托付给舅舅舅妈照顾。在舅舅家，舅舅舅妈态度比较冷淡，对小张不管教也不关心，这让本就性格内向的小张更加不爱说话了，她觉得自己没有真正的家，没有人关心。在学校里，她不愿意参与集体活动，成绩也一直平平，同学们因为她的冷淡都不敢靠近她。在这样的环境下，小张变得唯唯诺诺，非常自卑，不知道如何与人相处，学习成绩也越来越差，逐渐成了学校和家庭里的“小透明”。

二、原因探析

自我同一性：小张从小和祖父母在农村生活，长时间与父母分离，从记事起，她的身边就没有父母的陪伴，逢年过节远在外地打工的父母也仅仅是打电话问候一下，对小张的关心并不多。小张总是在一个人的时候思考为什么自己的爸爸妈妈要离开她去外地。特别是到了县城里读初中，寄住在舅舅家，城市和农村的差异，寄人篱下的感觉，青春期的敏感，这些环境和心理的变化让她觉得自己就是一个没人要的孩子，她会担忧城里的同学在背后说她是个乡巴佬，会羡慕甚至嫉妒同学每天都有父母接送，会疑惑自己的父母是不是真的关心她……在这样的情况下，小张的自我身份认同出现了问题，种种困惑堆积在心里，增加了她的心理压力，使她变得阴郁起来。

再加上小张寄住在舅舅舅妈家，舅舅舅妈对她比较冷漠，他们在和小张的日常相处中并不关心她的学业，也不主动询问小张是否适应现在的生活。青春期的敏感让小张意识到，舅舅舅妈可能并不是特别喜欢她，这样的寄住生活让她十分不自在，整个人也唯唯诺诺的，生怕给舅舅舅妈带来麻烦。在学校里，她看着县城的同学每天打扮得很精致，学习成绩也很优秀，这种巨大的落差感使她整个人更加自卑了。

自我归属感：在家庭关系中，由于从小缺乏父母的陪伴和教育，小张与她父母的关系并不亲厚，在小张的成长过程中，她的父母仅仅提供了学费和生活费，没有真正地关心过小张的生活，与小张之间没有稳固的亲子关系。加之小张寄住在关系不亲近的舅舅家，疏离的亲缘关系导致小张内心极度缺乏安全感，对身份的困惑也让她根本不理解家人存在的意义。

在学校里，城乡差异让自卑的小张害怕与班上的同学交流，周围的同学看着她平常独来独往，认为她是一个不好相处的人，也不主动与她交流，因此她的同伴关系非常薄弱。小张学习成绩又处于中等偏下的位置，往往被老师所忽略。在这样的环境下，小张更加不愿意参加班级活动，人际关系变得疏离，在班级里成了无人关注的透明人。

自我价值感：小张自幼缺乏父母的家庭教育引导，作为一个农村留守儿童，她在父母这里没有获得足够的情感支持。在小学阶段，小张由文化程度不高的祖父母抚养，除了农村自身教育环境的落后，她也缺乏家长的指导和监督，没有人引导她对自己的未来做出合理的规划，她的自我期望是不稳定的。

在初中阶段，小张身边的家人变成了对她不甚关心的舅舅舅妈，仍然没有得到良好的情感支持，同时她亲身感受了城乡教育的差距，学习环境的变化和班上城里同学的优异给小张带来了挫败感。她总能感觉到，比起其他同学从小就接受各种兴趣培养，自己似乎什么也不会，没有目标，也没有规划。这样的感受导致小张的自我价值感越来越低。

三、调适过程

基于上述事实，小张的自我认同出现了问题。针对小张的情况，可以从自身、家庭、学校和社会多方面入手，采取对应的调适措施，帮助小张重拾信心，建立良好的自我认同，实现身心的健康发展，具体措施如下。

及时回应儿童需求：在小张的成长过程中，她与周围人的对话交流是非常有限的，而交流中的及时回应恰恰很重要。小张的父母除了对小张给予物质上的关心，更应该注重和孩子的交流。父母可以多与小张进行手机通话或者视频，在交流中关心小张的生活和学习，比如，关注小张在舅舅家是否习惯，在新学校是否适应，并对小张的一些情绪和需求做出积极的回应，让小张感受到父母的关爱和情感支持，这有助于小张和父母建立良好的亲子关系，进而增强小张的家庭归属感和自我身份的认同感。

积极引导自我认同：作为教师，不能因为学生在班上存在感低或者成绩平平就忽视对这类学生的教育，反而应该更加关注他们。小张的班主任可以多与小张的父母沟通，了解小张的家庭情况，并针对小张的心理状况进行心理辅导。同时教师可以对小张的同伴关系进行适当干预，组织一些集体活动，帮助小张和班级同学友好相处。此外，在自我发展方面，可以有意识地对小张进行鼓励，在观察小张的时候，深入挖掘她的独特潜能，帮助小张认识到自身的优点与长处，培养她的自信心与自豪感，引导她树立合适的目标并制订发展规划。

强化榜样的力量：通过小张的故事，可以发现她变得非常自卑怯懦的一个重要原因是她的自我价值感低下。小张作为一个农村留守儿童，从农村到城市就读初中，城乡教育的差距和对自我的迷茫导致她无法获得自我价值感。榜样示范作用可以在一定程度上激发小张的前进动力。家长和教师是孩子身边最近的群体。在小张的成长过程中，家长和教师要做好言传身教的工作，注意与小张的日常交流。教师可以在辅导过程中借助书本内容延伸一些优秀人物的事迹，特别是和小张身世相似的人物，通过讲述他们的成功故事引导小张树立良好的自我期望。还可以设置小任务打卡等活动，帮助小张养成设定目标的习惯，通过完成一个个小的任务增强她的成就感。

建立健全关爱机制：除了家庭教育，学校教育，留守儿童这一特殊群体还离不开社区的关心帮扶。小张家乡的村委会要密切关注小张的生活，定期安排工作人员对小张进行关心问候和心理辅导。同时，可以统筹各方面的力量，建立乡镇、村级留守儿童关爱网络平台，联系家庭、学校，形成“家校社”一体的全方位、多角度的关爱网络机制，便于家长或教师对留守儿童心理健康状况的监测，从而呵护留守儿童的身心健康。

四、调适效果

经过持续地努力与细致地调适，小张的自我认同感显著提升。在此期间，她不仅获得了来自父母的深切关怀，还收获了学校中教师的殷切关注、同学的友好支持，以及社会的助力。在生活上，小张展现出了更为积极自信的态度，面对他人时能够坦然交流，不再显得拘谨；在学业上，她以更加饱满的热情投入课堂，积极参与，取得了显著的学业进步；在思想层面，得益于父母与教师的悉心引导，小张对自身的未来有了清晰明确的规划。与此同时，小张父母也深刻感受到了沟通与关怀对孩子成长所起到的关键作用，因此他们增加了与小张的沟通频次，经常关心、询问小张在校的学习与生活状况。这一系列的积极变化促使小张的性格日益开朗活泼，自信心也实现了显著增强。

五、总结和反思

本案例深入剖析了影响留守儿童心理健康的诸多因素及其调适策略，具体从学校、家庭、社区及同伴等维度进行了系统考察，为解决留守儿童普遍存在的自我认同感缺失问题，探索并提供了一套行之有效的方案。通过整合并分析学校、家庭、社区等环境对留守儿童心理状态的影响，为留守儿童身心健康的全面发展奠定坚实的理论基础，进而减少其抑郁、焦虑、敏感、自卑等心理问题的发生频率。此外，本案例还详细阐述了针对留守儿童自我认同感缺失问题的具体调节方法，通过科学有效的手段促进留守儿童身心的健康成长，为其未来发展提供必要的支持和帮助。同时，本案例也强调了社会关怀在留守儿童成长过程中的关键作用，呼吁社会各界给予留守儿童更多的关注与帮助，以提升其学习成绩、生活技能，为他们的长远发展奠定坚实的基础。

第九章
留守儿童情绪问题

圆圆，11岁，在家乡已经留守11年了。“奶奶说，爸爸妈妈在我8个月大的时候就出门打工了。”圆圆从记事起，就是和爷爷奶奶生活在一起。“为什么不能和爸爸妈妈一起到打工的地方上学？”这是她小时候问得最多的问题。

从小学一年级开始，圆圆便每天自己步行十几分钟到学校，“有时是和小伙伴一起，有时就是自己一个人走。”圆圆说。每当看到村里别的小孩被爸爸妈妈接走，圆圆总会回家打电话问爸爸妈妈：“我为什么不能到你们打工的地方去上学？”得到的答案都是“到外面上学很麻烦，没办法”。

“二年级以后，我就再没问过他们这个问题了。”圆圆低着头说，“但是我也想一放学回到家，就在院子里喊一声爸妈，我回来了！也想在电视机前，和爸爸妈妈说今天学校里发生的事情；也想……”在思念父母的日子里，圆圆常常感到孤独，渐渐变得敏感、多疑、自卑、冷漠、害羞……

留守儿童是我国城市化发展过程中因为大规模人口流动而产生的一个特殊群体。截至当前，我国留守儿童数量已超过两千万，且仍在不断上升。随着留守儿童数量的增长，留守儿童的发展渐渐引起了社会关注，留守儿童的心理问题、情绪问题也成为当下社会的热点。有学者甚至指出：“留守儿童”之所以能引起社会的关注，与“留守儿童”群体中种种不良问题行为的“高发性”是紧密相连的。研究发现，我国留守儿童当中存在明显心理问题的儿童占比在30%左右，而在他们的心理问题当中，情绪问题又最为突出。

第一节 情绪概述

一、情绪的概念

一般认为，情绪是人们对客观事物能否满足自己需要的一种主观体验及所产生的身心激动状态，即人们被外界刺激引起的生理和心理变化的一种主观体验。情绪是主观意识，与需要有关，具有外在独特表现。

情绪由主观体验、表情、生理唤醒三个部分组成。

（1）心灵的感受——主观体验。情绪在意识层面上的感受称为体验，情绪体验是大脑的感受状态，与情绪的外部表现有先天的一致性，每种具体的情绪体验在主观上可感受的感觉是不变的。情绪之所以成为与认识过程不同的心理形式，在于其可感受的特定感觉及其外显表情。同一情景可能会诱发不同情绪，故情绪主观体验是复杂的。

（2）情绪的镜像——外部表现。外部表现也称为表情，是情绪的外部特征，无论何种情绪状态，它们通常都是通过情绪的表情成分来体现的，包括面部表情、言语表情和躯体表情，如人在痛苦时捶胸顿足，愤怒时摩拳擦掌等。

（3）躯体的动员——生理唤醒。情绪的生理唤醒是指情绪的发生、发展和改变取决于中枢神经系统、自主神经系统及内分泌系统，各种情绪的主要成分之一就是人体内部的生理变化。例如，恐惧情绪的生理变化是由肾上腺素所引发的，它会通过循环系统引起一系列生理变化，如心率加快、血压升高、瞳孔放大、血管舒张或收缩、内分泌变化等。不同情绪的唤醒反应是有差异的，当个体体验愉悦满意时，心跳节奏正常；当个体体验恐惧暴怒时，心跳加速、血压升高、呼吸急促，严重时甚至会出现僵直；当个体痛苦时，血管会收缩。

二、情绪的作用和机制

情绪在我们的生活中每时每刻都在产生着，作为一个包含生理、认知、行为等多种成分的复杂心理活动，情绪是人类进化的产物，是在各种环境和情境下力求适应生存的心理活动。简单来说，情绪对每个人来说都是至关重要的，在情绪的支配下，人的行为也会受到很大的影响。具体来说，我们可以把情绪的作用归纳为四个方面：适应、动机、组织、相互作用等。

（一）适应

情绪是个体适应生存、适应社会发展的重要手段与方式。刚出生的婴儿不具备言语表达与行为交际能力，只能依靠情绪来向成人传递信息，成人通过观察婴儿的情绪了解他们的需求并满足。同理，成人也通过对情绪的观察、表达、反应等适应生存、适应环境。情绪直接反映个体的生存状况，比如：情绪愉悦反映个体的处境良好，情绪痛苦反映个体正面临困难。个体通过情绪变化来进行社会适应，例如，微笑表达友好，哭泣表达悲伤；个体还通过共情、移情来维护人际关系，通过仔细揣摩、察言观色来了解他人的情绪状态，进而选取相应的人际交往措施或对策。总之，情绪是个体了解自己和他人的一种生存重要手段，对于直面自身或他人的处境有着重要作用。

（二）动机

情绪是个体动机的源泉之一，也是动机系统的重要组成部分。适度的兴奋情绪，有助于个体保持身心最佳状态，推动个体有效完成任务。研究发现，适度的紧张焦虑可激励人们积极思考、解决问题。此外，情绪对于生理内驱力的放大起着重要作用，例如，当人体缺氧时，身体会发出补充氧气的生理信号，这种生理内驱力可能不足以引发个体大幅度的行为变化。但是，个体在体验到恐慌感、急迫感时，自我内驱力会增强，成为行为的强大推动力。

（三）组织

情绪的组织作用是指情绪对其他心理过程的影响。心理学家认为，情绪作为大脑的监测系统，对其他心理活动起着组织作用。这种作用包括积极情绪的协调作用和消极情绪的破坏作用。强度适中的积极情绪，如愉悦、兴奋等，有助于提升个体认知活动的效果；而消极情绪，如恐惧和痛苦等，会对个体认知活动产生负面影响。同时，个体消极情绪的激活水平越高，认知活动效果就越差。此外，情绪组织作用还体现在行为上，当个体处于积极、乐观的情绪状态时，更容易注意到事物美好的一面，行为也更开放，愿意接受外界事物；而当个体处在消极的情绪状态时，更容易感到失望、悲观，甚至产生攻击性行为。

（四）相互作用

情绪和健康有着密不可分的关系，情绪的存在总伴随着生理成分的变化，日常生活中我们经常会听到某人因情绪波动较大而被送进医院，或者某人情绪激动导致疾病突发等消息，当然我们也会有这样的感受：情绪极度激动的时候会感觉身体不适，或者发怒时会出现腹痛或胃痛的感觉。人在大怒的时候，会出现心跳加速、血压急剧上升的现象，而人的健康也会受到这些不良情绪的影响，甚至会出现因为情绪波动过大或过久而身体垮掉的情况。另外，不良情绪的持续存在还会造成人心理上的不适，如长期的紧张或恐惧情绪会让人出现抑郁、焦虑等心理问题。

三、情绪情感相关的理论

情绪是对个体内心状态的展现，通常反映个体当下的心理状态。情绪发展是儿童社会化的重要内容之一，情绪的发展和波动对孩子生活、学习都有很大的影响。留守儿童由于长期缺乏父母的关爱与教育，容易出现一些情绪问题。与情绪相关的理论有很多，下面重点介绍几个与儿童情绪情感相关的理论。

（一）认知发展理论

皮亚杰的认知发展理论主要关注儿童的认知过程和思维方式的发展。他认为，孩子的情绪发展与他们的认知水平密切相关。简单来说，随着孩子逐渐学会从不同角度看问题，他们的同理心也会提高，从而更好地理解和控制自己的情绪。同时，随着儿童去中心化的发展，他们会逐渐学会从别人的角度看问题，能够更好地理解他人的情感和行为，这对他们的情绪管理非常有帮助。例如，小明的父母在外地打工，他由爷爷奶奶照顾。因为缺少父母的陪伴，小明常常感到孤独和困惑。一次，他在学校和同学发生争执时，不知道如何控制自己的情绪。恰好此时，学校开展了“我是情绪小主人”的心理健康活动，这次活动帮助他学会了如何分析和理解自己的情绪，以及如何从同学的角度看待问题。通过这些活动，小明逐渐学会了如何在冲突中保持冷静，减少了与同学的冲突，变得更加平和。

（二）依恋理论

依恋理论强调了婴儿与主要照顾者之间的情感纽带对儿童情绪发展的重要性。安全的依恋关系有助于孩子建立信任感、安全感和情感调节能力，这对其后的社会互动和情感表达十分关键。依恋关系的质量直接影响儿童的情绪安全感和社会适应性。研究表明，安全依恋的儿童在面对压力和挫折时表现出更强的情感调节能力和适应性，能够更好地处理负面情绪并寻求社会支持。相反，不安全依恋的儿童可能会表现出更多的情绪问题和行为问题，难以建立和维持健康的社会关系。例如，小丽的父母在外打工，她由祖父母照顾。由于缺乏父母的亲密接触，小丽在遇到挫折时常常感到孤独和不安。有一次，她在学校被同学排挤，回家后感到非常难过。虽然她的祖父母尽力安慰她，但小丽还是觉得缺少安全感。后来，在学校和社区的帮助下，小丽逐渐建立了与祖父母的信任关系，并学会了如何更好地调节自己的情绪。现在，当她遇到困难时，一方面能够主动向祖父母或者父母寻求帮助，另一方面也能够冷静地处理问题，并且不再感到孤独和无助。

（三）情感社会学理论

情感社会学理论认为，随着孩子年龄的增长，他们的情感目标和偏好会发生变化。通过经历不同的生活事件和社会互动，孩子学会了如何更好地管理自己的情绪。父母、教师和同伴在孩子的情感社会化过程中扮演着重要的角色，通过直接教导和榜样示范，可以帮助孩子学习适应社会规范和期望的情感表达方式。例如，小刚的父母在城市工作，他和弟弟由年迈的祖父母抚养。小刚在学校经常感到孤独，因为他觉得自己和其他孩子不一样。后来，老师发现了这一个情况，通过一些团体活动、班级活动和谈心谈话，小刚学会了如何在不同的社交场合中管理自己的情绪，并逐渐形成了自己的情感调节策略。同时，在他的示范下，弟弟也慢慢学会了如何正确表达情绪。

（四）社会学习理论

社会学习理论强调孩子通过观察和模仿他人来学习如何表达和调节情绪。通过观察他人如何处理不同情境中的情绪反应，孩子可以学习有效的情绪调节策略。这种学习不仅包括情感表达的方式，还涉及情感调节的技巧，例如，如何自我安慰、如何寻求社会支持，如何有效应对压力和挫折。例如，小华的父母长期在外打工，他由叔叔婶婶照顾。小华在学校时，经常感到压力和焦虑，但他不知道如何处理自己的情绪。于是，他开始偷偷在家观察叔叔婶婶或者在校观察老师和同学们如何处理情绪，逐渐学会了如何有效地调节自己的情绪。通过这些学习，小华慢慢有了转变，他知道当焦虑时可以用深呼吸、冥想来放松自己；当遇到困难时可以向老师和朋友寻求帮助。

（五）情绪调节理论

情绪调节理论侧重于研究个体如何学习认识、表达和调节他们的情绪。这个理论强调了父母、教育者和环境在教导儿童情绪调节技能方面的重要性。通过学习适当的情绪调节策略，孩子能够更好地应对情绪波动和社会压力，建立更健康的情感发展模式。情绪调节不仅涉及情感反应的控制，还包括对情感体验的认知重评和行为调整。有效的情绪调节有助于孩子们在面对挑战和压力时保持心理平衡，提高他们的社会适应能力和学业成就。例如，小美的父母在大城市打工，她由奶奶抚养。小美因为父母不在身边，常常感到焦虑和压力，特别是在学校遇到难题时。学校的心理健康课程和社区的支持帮助她学会了如何更好地认识和表达自己的情绪。当她感到压力时，她会写日记来记录自己的感受，并与奶奶分享；当她感到焦虑时，她会进行深呼吸练习来平静自己。通过这些情绪调节技巧，小美在遇到挑战和压力时能够保持心理平衡，不仅在学业上取得了进步，还交到了许多好朋友。

综上所述，儿童的情绪感知与反应能力在出生时已初具雏形，而情绪调节和表达能力则需要通过后天的学习和社会化过程不断发展和完善。通过多种理论视角的综合分析，可以更全面地理解儿童情绪发展的复杂性及其在不同背景下的表现形式。

案例9-1

小强的情绪困境

小强，13岁，是贵州某偏僻村庄的典型留守儿童，父母从他出生起就在外务工，只在春节时回家短暂探望。小强常年与年迈的祖父母一起生活，父母也常常忙于生计，疏于对小强的关爱与指导。在成长的过程中，小强常常遇到一些困难，产生一些困惑。

困境1：小强在学校里常常感到压力，因为他认为自己必须取得好成绩才能证明自己的价值。然而，由于缺乏父母的陪伴和辅导，他在面对学业困难时，常常感到孤立和无助。他对自己的学习能力的认知是“我不聪明，成绩总是不好”，这种负面的自我认知使得小强在考试前常常焦虑不安。他无法通过积极的认知重构来缓解自己的压力，导致情绪波动较大，表现出焦虑和低自尊。

困境2：小强的依恋关系主要是与祖父母建立的。然而，祖父母由于年纪较大，难以提供有效的情感支持和教育。小强与父母之间的依恋关系不稳定，他在面对挑战时，缺乏安全感和情感支持。最近，小强在学校被同学欺负，但他不知道该如何寻求帮助，这使得小强在面对社会压力时，表现出更多的不安全感和情绪不稳定。

困境3：小强祖父母的教育方式较为传统，强调忍耐和隐忍。他们认为孩子不应该轻易表达负面情绪，因此小强在家庭中习惯了压抑自己的情绪。他在学校也习惯于隐藏自己的不快和愤怒，担心会被认为是不乖的孩子。然而，这种情绪社会化方式使小强在面对情绪困扰时，缺乏有效的调节策略，容易积累负面情绪，导致心理问题。

困境4：在学校里，小强观察并模仿老师和同学的情绪表达和调节方式。他发现一些同学在遇到困难时，会向老师寻求帮助，老师也会耐心地给予指导和支持。通过观察，小强学会了一些情绪调节方法，比如深呼吸和与信任的老师交流。然而，由于在家庭中缺乏父母的示范和支持，小强在家里遇到问题时，仍旧难以有效地应用这些调节策略。

困境5：小强在学校的心理辅导课程中，学习了写情感日记和进行正念练习等情绪调节方法。这些方法帮助他在学校环境中更好地应对情绪波动。然而，在家里，当小强感到孤独或思念父母时，缺乏情感支持的环境使他难以完全依靠这些策略来调节自己的情绪。例如，当他想与父母视频通话时，父母却因工作忙碌无法及时回应，小强感到失落和无助，难以通过自我调节来缓解这种情绪压力。

我们可以看到，小强在成长过程中，情绪发展受到多方面因素的影响。

（1）认知发展：由于缺乏父母的指导，小强的负面自我认知影响了他的情绪稳定性。

（2）依恋关系：与父母的依恋关系不稳定，导致小强在面对情绪挑战时缺乏安全感。

（3）情绪社会化：传统的家庭教育方式使小强习惯于压抑情绪，缺乏有效的情绪调节策略。

（4）社会学习：尽管在学校学到了一些情绪调节方法，但家庭环境缺乏示范，使这些方法难以在家庭中应用。

（5）情绪调节：学校的情绪调节教育对小强有一定帮助，但家庭中的情感支持不足，使得他在家中难以有效应用这些策略。

综上所述，小强的情绪发展和调节受到了家庭环境、社会环境和个人认知等多重因素的影响。我们可以通过不同理论的综合分析，更全面地理解小强在情绪发展和调节中的困境。这也启示我们，在制定教育和社会政策时，应特别关注留守儿童的情感需求，提供更多的心理支持和教育资源，帮助他们获得足够的情绪调节能力。

第二节　留守儿童情绪问题的表现

儿童的情绪是在学习和模仿的过程中丰富起来的，儿童对外部世界的人、事、物的理解，以及情绪的体验、发展、表达等都与他人及其所处环境有着密切的关系。留守儿童由于生活环境较特殊，多数会因父母的缺位而影响身心健康的发展，尤其容易产生一些情绪问题。具体表现为抑郁、焦虑、恐惧、孤僻、冷漠等。在一项调研中，有70%的留守儿童表示，曾因父母的离开，经历了不同程度的情绪困扰。

一、抑郁

抑郁是一种消极情绪，会导致个体陷入心理失常状态。它让个体常陷入悲观情绪中，也让人常感到意志消沉，影响个体正常学习、工作和生活。这种情绪会导致个体出现懒惰、失眠、情绪波动等问题，严重损害身心健康，甚至可能引发自残、自杀等危险行为。抑郁可分为轻微抑郁情绪和抑郁症（中、重度）。轻微抑郁情绪主要表现为兴趣减退和不开心，但不影响正常的学习和工作。如果抑郁症状持续加重的话，就会被诊断为临床的抑郁症。轻微抑郁不具有长期性，而严重抑郁可导致长期的生理、心理健康问题，甚至会导致自杀。

由于父母长时间在外，留守儿童与父母缺乏日常接触和沟通交流，亲子关系疏离，再加上缺少可倾诉的同伴群体，使得留守儿童更容易感到抑郁。在留守儿童与非留守儿童的对比研究证明：留守儿童的抑郁发生率和程度显著高于非留守儿童。可见，留守儿童的抑郁状况不容乐观，应当引起社会各界的普遍重视。

案例9-2

小雪的郁闷

小雪刚上五年级，父母已经外出务工好几年没回家了，小雪每每想到这里就无比难过。最近重庆又开始小雨飘摇，坐在教室的小雪，常望着窗外发呆。突然，老师叫小雪起来回答问题，这让她不知所措。课后，老师把小雪叫到办公室询问情况，了解到小雪父母在外打工，最近几年一直没有回家看过她，平常也很少电话联系她，家里只有年迈的爷爷奶奶，一天也说不上几句话。小雪说自己就像一个“孤儿”一样，看不到生活的希望，在家什么也不想干，也不想来上学。夜里，总是一个人在被窝里抹眼泪、心里的思念和苦楚也无人诉说！

这个案例揭示了留守儿童由于父母长期不在身边，容易产生“被抛弃感”；和爷爷奶奶没有交流的生活状态，也会让他们感到无人诉说的苦闷，从而导致他们常常闷闷不乐、心情低落，总是不能集中注意力，对任何事情都没有兴趣，也觉得未来没有希望。长时间的抑郁情绪会转化为抑郁症，如果得不到及时关注和干预，甚至会有生命危险。因此，我们应该多关注留守儿童的情绪状态，建立良好有效的沟通，给他们更多精神需求的关注和支持。

二、焦虑

焦虑，通常为一种负面情绪，即对不利情况的警惕性恐惧。这种情绪状态包含紧张、不安、恐惧和不愉快等感受，通常与个体预感到不利情况的出现有关。焦虑的特征包括注意范围缩小、恐惧、反复担忧、脆弱、行为抑制和交感神经兴奋增强。这种情绪常伴随明显的生理变化，如心跳加快、血压升高、呼吸加深加快、面色苍白、失眠、手心出汗等。焦虑也是儿童最常见的情绪障碍之一，如果没有及时处理，可能持续到青春期甚至成年，影响儿童健康成长。

研究发现，留守经历会显著提高焦虑水平，因此，留守儿童的焦虑水平显著高于非留守儿童，而焦虑水平在留守儿童之间也存在着差异，具体体现如下。

（1）父母外出时，留守儿童越年幼，他们的焦虑水平越高。

（2）父母与留守儿童联系频率越低，他们的焦虑感越高。

案例9-3

小林的懂事与焦虑

父母外出打工多年，今年10岁的小林，已经和奶奶两人生活在偏僻的老家七八年了。小林很懂事，知道父母在外打工很不容易。所以，小林学习非常刻苦，每次都考得很好。平常在家里小林经常帮着奶奶做家务，最近，小林又在学习炒菜，想多分担一些奶奶的负担。

临近期末，小林心想，这个学期要结束了，爸爸妈妈可能就要回家过年了，自己一定要好好考，给爸妈一个惊喜。在复习的这些天里，小林一直很努力地温习着功课，自信心也满满。但是到了考试前一天，小林开始焦虑起来，“我这个还没看，怎么办呢？”“这个我还没背熟，明天就要考试了呀。”“过几天，爸爸妈妈就要回来了，如果这次考不好，我怎么交代啊！”小林的脑海里开始出现各种考试没考好的场景，越是这样想越是感到焦虑不安。这一晚，小林辗转反侧，到了很晚的时候才睡去。第二天，由于没休息好，小林无精打采地来到考试的教室。试卷发下来之后，小林看每道题都很熟悉，但大脑里面一片空白，就是想不出答案。越是想不出答案，越是紧张，这样就更想不起来了。结果，这种状态一直持续到考试结束。小林伤心地流下了眼泪。考试结果出来了，小林果真考得不是很好。从此，小林每逢考试的时候就开始焦虑，睡不着觉，有的时候还吃不下饭。

小林的考试焦虑也是一些留守儿童正在面临的问题，他们渴望通过好成绩，让父母开心、让父母为自己感到骄傲，但往往事与愿违。这种考试焦虑如果不及时干预，久而久之会泛化成焦虑症，不仅影响他们的心理健康，还可能对他们的身体健康造成影响。因此，我们应该关注留守儿童的情感需求，给予他们更多的支持与关爱，让他们健康地成长成才。

三、恐惧

恐惧是人类最原始的情绪之一，它是指人们对某一情境中存在的或潜在的危险、威胁的情绪反应。这种情绪在儿童和青少年中较为常见。研究表明，恐惧主要来源于以下五个方面。

（1）与危险、伤害相关，如绑架、地震、雷电。

（2）与未知物、神秘物相关，如独自待在一个空间内、鬼魂或幽灵般的东西。

（3）与失败、批评和惩罚相关，如考试得分低、被批评或家人的惩罚。

（4）与动物相关，如老鼠、蜥蜴。

（5）与重要关系相关，如失去朋友、家人生病等。

儿童在逐渐社会化的过程中，很多事情对他们来说都是新奇的，他们需要在不断地学习和积累中把握各种未知，因此，儿童很容易产生恐惧的情绪。因为长期父母缺席，留守儿童在面临未知或者新异的人事物、潜在的危险等情况时，常常不知所措，从而产生恐惧情绪。

案例9-4

轰隆隆的闪电

又是一个电闪雷鸣的夏夜，晓玲在这样的晚上很害怕，总是会躲在被窝里，死命地捂上自己的耳朵，浑身发抖，好像这样雷声就会变得小一点儿，闪电就不会那么让人害怕。晓玲不敢大声喊出来，因为害怕吵醒睡在隔壁的爷爷奶奶。雷声还在继续轰炸着，几乎要把窗子都震碎了。晓玲拼命想忍住哭泣却再也忍不住了，泪水漫过眼眶，顺着脸频流到了嘴角。

晓玲想起，以前爸爸妈妈在家的时候，夏天下雨的晚上，妈妈总会陪着自己睡觉。打雷有闪电的时候，妈妈总会把自己的脑袋抱在怀里，一遍一遍地安慰道："别怕，有妈妈在啊，咱家玲儿不怕咯……"可是爸爸妈妈自从出门打工，已经有4年没有回家了。现在晓玲每每遇到这种情况，都会不自觉地害怕。甚至后来发展到，遇到大的声响和光亮，晓玲都会找地方蜷缩起来，浑身颤抖。

这个案例揭示了留守儿童由于父母长期不在身边，面对未知潜在的危险容易产生恐惧感。持续的恐惧感可能导致留守儿童出现焦虑、抑郁等心理健康问题，影响其正常的生长发育和情绪稳定，长期处于恐惧状态可能对留守儿童的身体健康产生负面影响，如导致睡眠问题、消化系统紊乱等。因此，我们应该多关注留守儿童的情绪状态，及时发现他们的恐惧情绪，合力为留守儿童营造一个安全、稳定的成长环境，给予他们更多的关怀、陪伴，帮助他们更好地应对恐惧，促进其健康成长和全面发展。

四、其他情绪问题

留守儿童除了遭遇上述情绪困扰，还可能存在以下情绪体验与表达的问题。

（一）孤独感

孤独感是个体感觉自己与外界隔绝或受到外界排斥时所产生的孤零零、苦闷、无人可依的情绪体验。孤独感是儿童在日常交往中，较易产生的一种不良情绪。短暂的孤独感体验不会对儿童的心理造成消极影响，甚至可以促进儿童的心理健康发展。但如果长期处于孤独状态下，儿童会丧失归属感，容易出现心理适应不良，自尊自信水平下降的情况。

研究发现，留守儿童的孤独感明显高于非留守儿童。由于父母双方或者一方长期不在身边，留守儿童更容易体会到孤独感。在学校，不仅是学校氛围会影响儿童情绪体验，同伴关系、师生关系也会造成留守儿童情绪体验的差异。留守儿童可分为两大类：学习好、经常受老师表扬、被同伴所喜欢的一类儿童比学习差、受老师表扬少的一类更易保持愉快心理，人际关系往往发展得更好。农村父母对儿童的教育方式通常很简单，且农村适合留守儿童休闲娱乐的设施和场所比较少，他们的课余生活相对而言比较单调。因此，农村留守儿童普遍比城市留守儿童更为内向，孤独感也更高。

（二）自卑

自卑是一种常见的心理现象，主要源于对自身能力、品质和价值的低评价，伴随着失望、忧郁等情绪。自卑主要分为内在表现与外在表现。

（1）内在表现：悲观失望，常情绪低落、多愁善感、敏感多疑，过度关注自身缺点和不足，习惯性地贬低自己。

（2）外在表现：爱退缩、谨小慎微、依赖他人、缺乏独立解决问题的信心和能力，回避社交、回避表达观点；小部分自卑者可能还会存在异常过激行为，如摔东西或打人等。

留守儿童因长时间缺乏关爱、教育监管力量不足、自我认知偏差等，常出现自我贬低、轻视自己的情况，抗压与抗挫折能力差，学习时缺乏自律性和主动性，容易半途而废。他们通常不愿参加学校活动，对人际交往持消极态度。这种自卑心理不仅影响他们的心理健康，还影响其学习、社交能力的发展，严重阻碍身心健康成长。

（三）嫉妒

嫉妒，主要是指个体在看到他人拥有自己渴望却未能获得的重要事物时所产生的一种消极情绪体验。嫉妒的情绪来自不良的认知，不能正确地认识和看待别人的成功和自己的付出。

与非留守儿童相比，留守儿童由于不能与父母生活在一起，看到非留守儿童有父母家人的疼爱和呵护，很容易与之相比较，羡慕他人家庭的温暖与幸福。这种情绪的产生是一种很正常的反应，但是一旦留守儿童过分关注这种差异，或者受到周围同学、同伴的嘲笑或讽刺时，他们的自卑心理就会油然而生，如果没有及时调整，最后就会发展为嫉妒。与此同时，留守儿童的父母由于缺席了孩子的成长，存在补偿心理，所以宁肯自己省吃俭用，也要满足孩子各种正当或者不正当的要求，这种情况下，孩子往往更容易自卑、焦虑，甚至嫉妒他人。

（四）冷漠

冷漠一种冷淡漠然的消极心态，也是一种缺乏情感回应或表达的状态或行为。

冷漠通常表现为情感上的淡漠，即个体对他人的情感状态或情境缺乏同理心或关注。这种情况下，个体可能表现出对他人的悲伤、喜悦、困境等情感缺乏反应或理解，甚至可能表现出对他人的需求或痛苦漠不关心的态度。冷漠也可以表现为行为上的无动于衷，即个体对他人的行为或事件缺乏积极的回应或参与。这种情况下，个体可能表现出对他人的请求或帮助缺乏积极的反馈。

留守儿童在成长过程中，与外出父母的物理距离使他们无法及时得到父母的关心与呵护，缺少温暖和感动的体验，长此以往，对人对事也变得冷漠、淡然。与此同时，留守儿童要多次经历与父母的分离，有些父母会在分离过程中给孩子一些“善意的谎言”（如马上就会回来）。当孩子发现自己的感情受到父母的欺骗时，内心便会滋生爱恨交加的种子，认为连自己最相信的人都会欺骗自己。于是他们学会了控制自己的感情，不轻易相信任何人，不轻易付出感情，这样便不会受伤害。久而久之，他们对人对事都表现得漠不关心。

案例9-5

风雨飘摇的小双

小双是家里最小的男孩，从小娇生惯养，爸爸妈妈对他是捧在手里怕摔了，含在嘴里怕化了。对于小双，无论什么要求父母都是有求必应。小时候的小双是同村小朋友眼中最幸福的孩子，因为小双总有别人没有的玩具和新衣服。这让小双一直有一种被人捧着的高高在上的优越感。但是好景不长，随着小双的父母外出务工，小双的生活发生了很大的变化，父母不在身边，有时一两年不回家一次。小双跟着爷爷奶奶，因为上辈人的节俭思维，小双的很多物质要求不能得到满足，这让小双在同村孩子中失去了威望，他也不再是那个父母宠着的幸福孩子了。从被人追捧的高高的位置上摔下来的感觉让小双很不适应，他内心的优越感受到了极大的伤害。每当别的孩子拿出新的玩具，被别的小朋友追捧时，小双总是怨恨地看着对方，觉得对方抢去了他的位置。久而久之，这颗嫉妒的种子在小双的内心生根发芽，嫉妒情绪愈演愈烈。随着年龄的增长，小双因为没有被看见、被满足，性格愈发孤僻、冷漠；时常会在夜里一个人思念远方的父母，觉得同学们都比他过得幸福。

小双正在被嫉妒、自卑、孤独等多种情绪所困扰。若不及时进行干预，不仅会影响其心理健康，还会影响其身体健康。因此，我们应该防患于未然，对留守儿童多一些关注、关爱、支持、陪伴，帮助他们及时调节不良情绪，树立积极向上的自我认知。

第三节　留守儿童负面情绪调适与指导

儿童在情绪发展与调适的过程中，逐步彰显出独立性日益增强、随意性不断发展、复杂性逐渐增加等特点。留守儿童由于长时间缺乏父母的陪伴，缺乏安全感，致使他们常常比非留守儿童体验更多的负面情绪（如孤独、抑郁、焦虑等），并存在一定的情绪认知与发展问题。根据儿童情绪发展的特点，结合留守儿童现实情况，特提出以下几种调适建议。

一、情绪转移法

情绪转移法主要是指当个体面对不愉快的事或产生不愉快体验时，回忆过去所经历的高兴事或愉快体验，以此来代替眼前的不悦之事或体验。情绪转移法主要有愉快记忆法，自我暗示法，幽默化解法，代偿转移法等。

（一）愉快记忆法

愉快记忆法是指个体不良情绪上涌时，有意转移话题或做点其他的事情来分散个体本身的注意力，以此使个体的情绪体验得到一定程度的缓解，或者用相关的愉悦记忆代替目前的不愉快体验从而实现情绪的转移。其目的是通过转移注意力，疏导消极情绪。

（二）自我暗示法

自我暗示是指个体使用积极的情绪、思想、语言不停地提示自己，以消减自己正在体验的悲伤、沮丧和恐惧的一种方法。个体通过心理暗示，树立成功心理、发展积极心态潜能。同时，自我暗示法是自己用言语对自己进行心理治疗，目的是调控自己的情绪、情感等。简单来说，就是进行自我教育、自我说服。

（三）幽默化解法

幽默是一种处理尴尬或紧张情境的技巧。拥有良好幽默能力的人，可以在尴尬、紧张的情况下，通过幽默的方式来减轻压力或是缓解尴尬，以保持个体积极和乐观的态度。个体可通过机智的语言、表情、动作等来表现其幽默感，从而巧妙地表达或转移情绪。

（四）代偿转移法

代偿转移法其实就是通过参与一种有意义的活动来弥补自己受到的某种挫折或其他不良体验，努力让自己处于一个良好的情绪环境下，进而增强自信心或积极的情绪体验。青少年由于身心发展不成熟，极易遇到挫折，当他们的需求受阻或面临挫折时，就可以选择满足另一种需要来代替当下的不良情绪体验，或者是通过分散个体的注意力来转移不良情绪。

二、合理宣泄法

发泄是心理学所提倡的一种心理防御机制，主要是个体为了避免精神上的痛苦或遭遇挫折后的不良反应而采取的防御机制，以保持个体的心理平衡。合理且恰当地宣泄可以帮助个体缓解甚至直接平复负面情绪体验，避免其对个体心理健康造成不良影响。

留守儿童常常因为缺乏父母陪伴、缺失家庭教育、学业困难、人际交往受困等问题产生不良情绪体验，并时常将负面情绪积压在心里。若不及时疏导或者宣泄，量变引起质变，将会影响个体的身心发展，使其可能向极端偏执发展。合理宣泄情绪便是解决负面情绪的有效方法，常见的情绪宣泄法主要有运动宣泄、倾诉宣泄、哭泣宣泄、行为宣泄等。

（一）运动宣泄

研究表明，适当运动可以促进大脑分泌内啡肽、血清素、多巴胺，提高积极情绪体验，有效缓解不良情绪。当留守儿童遭遇不良情绪困扰，无法排解时，可以通过跑步、骑车、打球、游泳、瑜伽等体育运动来舒缓身心，提高自己的心理能量，这是缓解负面情绪最有效的方法之一。

（二）倾诉宣泄

当留守儿童面临不良情绪的困扰时，积极地向同伴、亲友倾诉，分享自己的困扰、疑惑与问题，既可以得到有效的社会支持和理解，也可以获得一些建议与帮助，有效地缓解由情绪困扰带来的心理压力，增强留守儿童的安全感与归属感。

（三）哭泣宣泄

实证研究发现，哭泣确实能够减轻精神负担与情绪压力，有一定的保健作用。一般情况下，哭泣后，个体的情绪强度会降低 40%。反之，若个体不能通过哭泣纾解情绪，则会影响其身心健康。因此，留守儿童在遭遇不幸和挫折，陷入绝望和忧虑的时候，可以尝试尽情地大哭一场，将不良的情绪宣泄出来。

（四）行为宣泄

呐喊是行为宣泄的手段之一，留守儿童可以找一个空旷的地方或者心理宣泄室，通过大声呼喊宣泄不良情绪，缓解抑郁、焦虑和愤怒，从而有效避免不良情绪对心理健康造成伤害。

击打也是行为宣泄的手段之一，留守儿童可以在情绪宣泄室内合理使用击打宣泄器材进行宣泄，在安全的范围之内，击打宣泄是一种有效的宣泄方式，非常有助于发泄不良情绪，同时还能有效帮助留守儿童学会控制情绪，提升情绪管理的水平，把“暴力”留在宣泄室内。

三、情绪 ABC 法

情绪 ABC 法是指个体被事件刺激（A）导致的情绪反应（C），是由个体对事件刺激的想法、信念（B）所引起的。其中 A 是指激发事件（刺激事件），B 是指信念和想法，C 是指情绪后果。ABC 理论认为一切情绪性结果都是由个体的主观认知所导致的，也就是说干扰个体情绪的不是诱发事件本身，而是个体对该事件的态度、观念和看法。

留守儿童正处于身心发展的关键时期，自我认识和心理承受能力弱。由于缺乏父母的陪伴，缺少正确的引导，他们很容易产生认知上的偏差，常常因为认知偏差体验到更多的负面情绪。因此，帮助留守儿童纠正不合理的信念是当务之急。

首先，要学会识别“不合理信念”。当信念具备以下特征时，它就摇身一变为“恶魔”，即不合理的信念（见表 9-1）。

表 9-1　不合理信念的特征及主要表现

不合理信念的特征	主要表现
绝对化的要求	1．以自我意志、意愿为事情的出发点，笃定某事“必然”“必定”“肯定”发生或不发生。 2．具体表现：常使用绝对化词语“必须”“一定要”等。 3．举例：部分留守儿童抱有“我必须成功”“爸爸妈妈必须爱我”等想法。这种绝对化的想法是不合理的，一个人不可能在每一件事上都获得想要的结果，他周围的人或事也不会以他的意愿来进行改变。所以，当某些事的客观发展和其绝对化要求相悖时，个体就会产生难以接受和难以适应的情绪体验，从而陷入情绪困扰当中
过分概括的评价	1．一种以偏概全的思维方式。 2．具体表现：把局部或者小概率的“有时”“某些”过分概括成总体或者大概率的“总是”“所有”。典型特征是通过某一件或某几件事来片面地评价自身或他人的整体性价值。 3．举例：部分留守儿童遭受失败与挫折后，立马认为自己“一无是处、毫无价值、是人生的失败者”，这种片面的自我否定通常会导致个体体验自卑自弃、自罪自责等负面情绪。这种评价模式一旦指向他人，就会让个体一味地指责别人，产生怨恨、敌意等不良情绪
糟糕至极的结果	1．将小危害无限扩大。 2．具体表现：若发生一件不好的事，个体将会觉得很可怕、很糟糕，宛若人生崩塌。 3．举例：部分留守儿童在遭遇学业挫折时，通常会产生“我没考好，一切都完了”“我没考上中学，没有前途了”等想法。如果个体执意坚持这种“糟糕”感，但凡遇到“有点糟糕”的事都会认为是“百分之百糟糕”，深陷消极情绪中，而萎靡不振

其次，要学会转变“不合理信念”。当察觉到信念中存在“绝对化的要求”“过分概

括的评价”“糟糕至极的结果”的特征时，要及时将他们进行转化，即将“绝对化的要求”转化为“客观要求”，“过分概括的评价”转化为“实事求是的评价”，“糟糕至极的结果”转化为“理性的结果”。例如，有些留守儿童常常抱有“我必须成功、我必须考第一”的信念，想用优秀的学习成绩吸引父母的关注与关爱，一旦遭遇失败，在不合理信念的作祟下就极易陷入不良情绪的困扰。这时候识别出来不合理信念具有“绝对化的要求”这一特征，就可以将“绝对化的要求”转化为“客观要求”，即将“我必须成功、我必须考第一”的不合理信念转化为“我希望自己能成功、我希望自己能考第一”，这样不论结果如何，都会降低遭遇持久情绪困扰的概率。

最后，要学会构建合理情绪。当情绪产生时，我们要第一时间确认是哪个事件（A）引发了此时的情绪（C），及时甄别我们对该事件的现有信念及想法（B），及时驳斥与转化其中的不合理部分，进而建立理性的信念和想法，培养良好的情绪管理能力。

四、其他方法

留守儿童由于父母不在身边，亲子关系处于空间上的断裂状态，导致留守儿童在日常生活中很多情绪不能及时排解和调适，很多情绪问题困扰着孩子及家长，甚至影响儿童的身心发展。除了以上几种，还可以尝试以下两种方法对留守儿童负面情绪进行调适。

（一）曼陀罗绘画法

实证研究表明，当个体感到无助、迷茫、郁闷、烦躁等负面情绪时，圆形的图案能够很好地帮助缓解这些负面情绪，让人的内心慢慢平静下来。

当个体处于心理紊乱、焦虑、抑郁的时候，如果将外界的东西进行规整排序，会使个体的内心世界处于一种平衡有序的状态。荣格发现，曼陀罗中的几何体结构和色彩，可以连接个体内在的力量，创造强有力的能量圈，从而整合自我，稳定情绪。通过曼陀罗绘画，个体更专注于当下，不仅可以释放不良情绪，平心静气；还可以激活内在能量，获得成长；通过深度的自我觉察，获得自我疗愈。曼陀罗绘画是一种表达性艺术，同样也适用于儿童纾解不良情绪，平和心境。

曼陀罗绘画流程可分为五个步骤：静—思—画—写—悟。

1. 静

开始前，个体需要先选择一处无人打扰的理想环境，准备好曼陀罗绘画需要的工具，即彩铅与白纸。与此同时，也可适当放点轻柔的音乐，让内心保持平静和松弛。

2. 思

绘画前，先不急于下笔，留心观察一下圆这个图形，体会画面带给自己的感受、画面的意义。无论个体心中出现什么情景，都需要及时抓住当下内心的真实感受，然后带着这种真实感受去绘画。

3. 画

跟随自己当下情感的自然流动去作画，画笔色彩的选择也不要掺入大脑的意识，而应遵循直觉。绘画时，保持专注的状态，以便聆听自己内心的声音，从而通过绘画记录下来。另外，曼陀罗绘画分为两种，一种是只在圆圈内进行的规则图案或主题绘画；另一种是可以延展到圆圈之外的空间创意绘画（见图 9-1）。

图 9-1　曼陀罗绘画示例

4. 写

画完后，为自己的曼陀罗作品命名，写上日期，并用文字把画画时的感受写下来，这是将潜意识意识化、与自己的内在连接并进行自我疗愈的过程。

5. 悟

观察自己的曼陀罗作品，通过体悟平息内心、排解不良情绪、获得收获与成长。

（二）放松训练法

当留守儿童在生活中因各种各样的事情感到紧张、焦虑、恐惧时，可以尝试做一些放松训练，让自己的情绪舒缓下来，找到适合自己的放松方式是调适与管理情绪的第一步。

1. 蝴蝶拍

蝴蝶拍是一种寻求和促进心理稳定的方法，它可以帮助安抚情绪，缓解焦虑不安等消极的情绪体验，增加内心的安全感和积极感受，提升自身能量。

操作方法：两手交叉放在手臂（左右肩）上，左手放在右手臂（右肩）上，右手放在左手臂（左肩）上，交替拍打。左手拍一下、右手拍一下算一轮，每次可以做 4～12 轮，拍打时要温和缓慢（见图 9-2）。

2. 深呼吸放松法

深呼吸放松是一种容易操作且放松效果非常不错的方法。在遇到紧张的场合，或不知道自己该怎么办、手足无措的时候，就可以给自己来一个深呼吸 SPA。

操作方法：在放松练习时要专注于自己的呼吸，用鼻子吸气，吸气时腹部隆起；用嘴巴呼气，将气体全部呼出，呼气时腹部收缩，如此循环（见图 9-3）。

图 9-2 蝴蝶拍示例

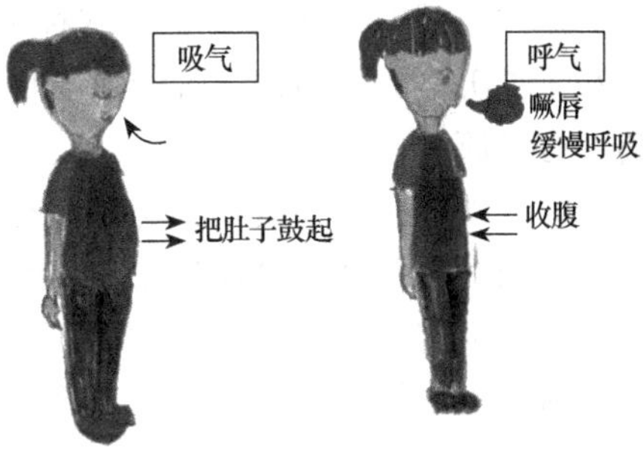

图 9-3 深呼吸放松法示例

综合案例分析

留守儿童情绪困扰的调适案例

一、背景介绍

丽丽，是重庆市某山村的一名 10 岁女孩，父母从她 3 岁开始外出打工，她只能和外公外婆一起生活。为了能让在外打工的父母少操心，丽丽学习刻苦自觉，生活上吃苦耐劳，是一个非常懂事的孩子。

二、具体案例介绍

丽丽从上学开始学习就一直很好，在班里排名一直都是前三名。虽然父母常年在外打工，很少回家，可是丽丽的学业一点也没耽误。丽丽知道父母在外打工很辛苦，为了让自己上学，父母也很不容易，所以为了不让父母失望，她一直很努力。丽丽每年都是班级前三，老师们也都很喜欢她。她自己也认为虽然爸妈不在身边，可是自己在学习上并没有让他们失望，所以她也一直很自信，平时也总是乐呵呵的。

今天终于要公布期中成绩了，丽丽认为今年自己肯定也是前三。到时候，又可以给爸妈打电话通报这个好消息了，也让他们高兴高兴，想到这些丽丽都要笑出声了。可惜事与愿违。

"希望这次考得好的同学不要骄傲，继续努力；没有发挥好的同学也不要气馁、沮丧，你们也很优秀……"刘老师在讲台上一直说着，丽丽却什么都没听进去，她感觉沮丧极了。一直在想"我必须考到前三，为什么这次考试没考好？没有进前三？我真没有用，我该怎么和爸爸妈妈说啊？"

下课后，她不像以前那样和同学一起玩了，一个人在自己的位子上伤心着。同学过来喊她一起去玩儿，她无精打采地说："不玩了。"回家后丽丽也是一脸伤心样，晚饭也没吃，自己一个人躲在屋子里哭，连续一个星期都闷闷不乐。

三、调适过程

丽丽正在被“自己必须考到前三”这种不合理信念所“挟制”，致使她陷入自我否定、焦虑不安、悲伤等情绪困扰。若情绪困扰持续时间过长，会导致更加严重的情绪问题，影响其身心健康。

班主任老师发现丽丽的情况后，与她进行了一次谈话。与此同时，心理老师也针对这一情况，教了丽丽使用情绪 ABC 法进行情绪调适。

首先，让丽丽确定引发情绪的事件 A：最近一次考试没考好，没考到前三；原事件的信念、想法 B：我必须考试考到前三，否则就是没用；引发的情绪 C：焦虑不安、自卑、悲伤。

其次，让丽丽识别原事件的信念、想法是否存在不合理的信念特征。“我必须考到前三”的想法中存在“绝对化的要求”的特征，“我真没有用”的想法中存在“糟糕至极的结果”的特征。丽丽需要驳斥原想法的不合理性，将不合理信念进行转化，将“我必须考到前三”转换为“我希望自己能考到前三”，“我真没有用”转化为“一次考试没有考好不代表我没用”。

最后，让丽丽建立理性的新想法和新情绪，“这次考试发挥不好也不代表我没有用，回去我要好好分析一下试卷，看看原因出在哪儿，下次要更加认真、仔细地备考”。

四、调适效果

现在每当丽丽遇到负面情绪困扰的时候，就会使用情绪 ABC 的方法，经过一段时间的刻意练习，丽丽逐渐变得更加理性、客观、乐观，恢复了以往的阳光与自信。

五、总结与反思

本案例表明针对留守儿童的情绪问题采取有针对性的干预措施具有一定效果。总之，培育留守儿童的积极情绪，需要全社会的共同参与，只有让留守儿童健康成长，祖国的明天才更有希望。

第十章
留守儿童的网络心理调适

“楠楠宝贝，吃饭了！吃饱了才有力气玩!”楠楠的奶奶一边将饭菜端上桌，一边亲切地叫着。

此时游戏胜利的声音响起，11岁的楠楠兴奋地从床上跳了起来，得意地欣赏了一下战绩后，快速点开了下一局游戏。

“我还不饿，打完这局再吃!”楠楠嘴上快速回答着，目光紧紧盯在手机上，手指在屏幕上灵活地操作着。楠楠已经这样很长时间了，爷爷奶奶担心楠楠的视力和健康受到影响，但多方劝说也没有用，只能干着急。

由于父母外出务工，楠楠从4岁起就跟着乡下的爷爷奶奶一起生活。爷爷奶奶以摆摊卖自家种的蔬菜为生，每天忙碌于市场与农田之间。因此，楠楠从小就学会了照顾自己，但由于父母陪伴的缺失和社交引导的缺乏，他感到非常孤独，并且在自我认同和社交能力方面的发展较为迟缓。智能手机的普及和网络世界的丰富多彩给楠楠带来了强烈冲击，这与他单调的现实生活形成巨大的反差。这种反差吸引着他逐步沦陷于多彩的网络，进而忽视了现实的生活和学习。

网络的普及与盛行是数字时代进步的结果，这一进步不仅推动了社会的快速发展，也为人们的工作、学习和生活带来了方便和快捷。然而，这些便利的背后也隐藏着巨大的负面影响。网络的便利，促使人们更加频繁地使用它，甚至沉溺其中，进而对身心健康造成负面影响。因此，“网络成瘾”一词逐步走进大众的视野，并逐渐成为公众关注的焦点。

在网络成瘾的群体中，留守儿童的网络成瘾问题尤为特殊。一方面，留守儿童的身心发展正处于关键时期，但在此特殊时期，他们往往由于得不到父母足够的关爱与陪伴，而更易产生较强的孤独感和寂寞感，因此极易陷入网络成瘾的漩涡。另一方面，网络成瘾不仅会对留守儿童的学业和身心健康造成影响，更会对其发展与成长产生极大的负面影响。因此，学校、家庭和社会应更加关注留守儿童的网络使用情况，从多方面为他们提供更多的关爱、帮助和引导，帮助留守儿童远离网络成瘾，健康成长。

第一节　网络成瘾概述

一、什么是网络成瘾

（一）网络成瘾的定义

早期，肖顿（M.A.Shotton）于 1989 年指出计算机会引发依赖现象，类似心理应激，易造成心理障碍和心理缺损。随后，1994 年伊凡·戈德伯格（Ivan Goldberg）提出网络成瘾（internet addiction disorder，IAD）的概念。金伯利·扬（Kimberly S. Young）则类比病理性赌博，将网络成瘾视为冲动控制障碍（impulse control disorder）。

对于网络成瘾的定义至今未有统一的界定，学者表述各有不同，但一致认为网络成瘾是对网络的过度使用，并且这种过度使用会对个体的社会功能造成负面影响。这些负面影响不仅包括学业、工作、家庭、人际等各个方面，甚至会导致心理问题和疾病。因此，对网络成瘾的认识和干预不容忽视，需要提高社会各界对这方面的关注和重视。

（二）网络成瘾的类型

“网络成瘾”的类型多样且随着社会的变化也在不断地改变。但根据不同的研究和观察，可以归纳出以下几种主要的类型。

1. 网络游戏成瘾

网络游戏成瘾是指个体对网络游戏过度依赖与沉迷的状态，主要特征为对游戏的强烈渴望、无法减少或停止游戏，即使深知这样做会带来极大的负面后果却仍难以遏制游戏的冲动。调查数据显示，留守儿童大多拥有自己的专属手机或经常使用长辈的手机。一方面，儿童天性中对未知世界拥有极大的好奇心和探索欲，网络游戏中丰富的故事情节、即时的反馈机制及个性化的成就感体验，都吸引着儿童的持续性关注；另一方面，留守儿童的自制力相对较弱，且缺乏有效的监督和正面引导，因此，易迷失在虚拟世界中，影响其正常的现实生活。

2. 网络社交成瘾

网络社交成瘾是指个体过度依赖网站社交平台，形成一种强烈的、难以自控的动机，驱使个体不断登录、浏览、互动于社交网站之间，并且将大量的时间和精力倾注于社交网站，导致学习、工作和现实生活中的人际关系的发展和维持出现问题，进一步加剧孤独感和社交隔离。主要表现为刷屏强迫狂、零回复抑郁和离线恐慌等。

3. 信息过载成瘾

信息过载成瘾是指个体在面对网络中海量、持续更新的信息洪流时，展现出无法自控的持续浏览、搜索和收集行为，即使信息已远远超出实际需要或处理能力。这种成瘾者主要表现为对即时满足感情的追求、注意力的分散与效率的下降、社交与情感的疏离，常伴随着情绪低落、焦虑不安、健康与生活习惯的受损等。

网络成瘾的类型之间并不是完全孤立的，个体有时会同时展现出多种成瘾行为，并且随着技术的发展和社会的进步，网络成瘾的类型也在持续地更新和改变。然而，无论形式如何改变，这些行为对儿童产生的负面影响却是共通的，并且亟待社会关注。儿童长期沉迷于网络，不仅会对其身体健康构成直接的威胁，如视力下降、营养不良、免疫力低下等，同时也会为儿童的心理健康发展埋下隐患。过度沉浸在虚拟世界的成就与满足中，会让人逐步丧失对现实生活的兴趣与热情，造成社交能力退化、情感交流缺失，进而引发自卑、焦虑、抑郁等心理问题。

（三）诊断要素

网络成瘾的诊断要素主要涉及个体对网络的过度依赖和失控行为，其作用是及时识别并进行有效干预，从而减轻对个人和社会的负面影响。

判断被试者是否网络成瘾，研究者们也提出了各自的看法。美国心理学家金伯利·扬教授根据 DSM-IV［*Diagnostic and Statistical Manual of Mental Disorders*（*Fourth Edition*），《精神障碍诊断与统计手册（第 4 版）》］中的相关指标，确定了互联网成瘾的 8 项诊断标准，只要个体符合诊断标准中的 5 项就可以判定为互联网成瘾。金伯利·扬教授制订的量表因其简洁明了、操作简便的特点，获得了广泛的认同和应用。具体标准如下：

（1）强迫性网络使用。

（2）保证满足感。

（3）反复尝试减少上网行为。

（4）当网络使用受限时，产生易怒、抑郁或情绪不稳定等情况。

（5）过度时间消耗。

（6）为了上网甚至妨碍工作或危害社会关系。

（7）隐瞒上网行为。

（8）逃避现实。

此外，国家卫生健康委员会发布的《中国青少年健康教育核心信息及释义（2018 版）》中，将网络成瘾定义为在无成瘾物质作用下，个体对互联网使用冲动的失控行为，表现为过度使用互联网后导致明显的学业、职业和社会功能的损伤。诊断网络成瘾障碍，持续时间是一个重要标准，一般情况下相关行为需至少持续 12 个月才能确诊。

二、网络成瘾的影响因素

网络成瘾的影响因素涵盖了多个方面，主要包括生理因素、心理因素、社会因素等，这些因素之间相互作用、相互影响。因此，了解网络成瘾的影响因素对于预防和治疗网络成瘾具有重要意义。通过深入研究各种影响因素，能够更好地理解网络成瘾的成因，从而制订更有效的预防和干预措施。这不仅有助于减少网络成瘾的发生率，还有助于提高戒除网瘾的成功率。

（一）生理因素

网络成瘾的生理因素主要体现在大脑神经递质的变化及对大脑结构和功能的影响，这些影响在成瘾的形成、维持和后续的影响中扮演着关键角色。其中发挥主要作用的是多巴胺。多巴胺是一种神经递质，与快乐和满足感紧密相关，当个体在网络活动中体验到乐趣或成就感时，会引发大脑中的奖励系统反应，导致多巴胺水平的上升，从而产生愉悦或兴奋，引发个体重复相同行为，再次体验快感。然而，网络游戏和上网活动会通过精神的刺激使大脑产生超出平常量的多巴胺，长此以往，会扰乱人体内部的平衡系统，使大脑对多巴胺的需求不断增加，进而形成对网络活动的依赖和成瘾。

这种依赖和成瘾状态会进一步影响大脑的神经结构和功能，使大脑皮层中负责处理情绪、语言、视觉、听觉等功能的灰质萎缩，以及主要负责自主运动控制、整合调节细致意识活动和运动反应的皮层—纹状体神经环路连接异常。这些变化会进一步影响个体的注意力、记忆力、思维能力、控制力等各方面能力，对个体的学习、生活和工作产生长期的不良影响。

（二）心理因素

网络成瘾的心理因素主要与留守儿童的自我认知、情感支持和社交能力发展等方面有关，这些因素的相互结合共同构成了留守儿童网络成瘾的复杂心理背景。这方面的相关内容在第三章中已经做过详细介绍，这里不过多赘述。

但值得一提的是，网络世界包含着大量不良信息，而留守儿童由于认知、情感和社交方面的缺陷，更易受到影响，使得原本存在的问题变得更为复杂、棘手。因此，在鼓励留守儿童利用网络资源进行社交的同时，也要警惕网络中的不良因素对其产生的不良导向的作用，并采取相应的措施进行预防。

（三）社会因素

1. 家庭教育的缺失

家庭教育对于留守儿童的身心发展具有不可替代的作用，而这个阶段是个体心理发展的关键时期，为人格的发展奠定基础。有研究表明，留守儿童的心理健康水平明显低于非留守儿童。原因有以下几个方面：第一，父母过于注重物质条件的满足，而忽略了儿童心理健康的发展。第二，父母对于孩子的学习只关注成绩，认为好成绩是成功教育的表现，不注重孩子心理的变化。大多数留守儿童是由隔代长辈抚养，他们由于年纪较大、文化水平不高或者精力不足，以及教养方式的不科学，不仅在学习上无法提供帮助，也满足不了孩子的心理需求，进而增加了其网络成瘾的风险。第三，父母的爱和陪伴是孩子建立信任感和安全感的基石，这种陪伴是其他人代替不了的，留守儿童长期生活在亲子关系不健全的家庭，易导致亲子情感的疏离和沟通的困难。因此，大多数留守儿童在遇到挫折或其他相关问题的时候，习惯将问题隐藏起来，没有进行适当的排解也无法得到恰当的释放。这种不良情绪的长久积累会让留守儿童的心理产生问题，影响其身心的健康发展。

2. 社会文化环境的影响

农村留守儿童，往往只能接触到较为单一的社会环境。由于农村的社会建设相对滞后，活动范围有限，孩子们自幼便在这样的环境中成长，对周围的一切早已习以为常，失去了新鲜感与探索欲。然而，网络的便捷打开了一扇通向外界的窗户。在网络世界里，他们能够通过文字、视频、音频等多样化的方式感受到世界的五彩斑斓和无穷魅力。但与此同时，这种便捷的接入方式也使留守儿童更容易受到网络流行文化、游戏和社交媒体的影响。某些网络游戏和社交媒体平台，为了吸引用户，会采用各种营销策略，如奖励、积分等，诱导用户长时间在线。留守儿童由于心理发展不完全、自我控制力弱、网络监管不足等原因，极易在这些营销手段的轰炸下上网成瘾。

案例10-1

网络真奇妙！

“我们这个小山村很简单，只有山、农田、小河和一条马路。大人们忙着农活都没空管我们，我们都是几个小孩自娱自乐。我们的玩具都是自己做的，玩的游戏大多数也是我们自己编的，或者根据周围环境找乐子。附近好玩的、能玩的、有趣的，我们基本玩遍了。再好玩的游戏，玩了这么多年也玩腻了，每天都觉得好无聊！不过去年爸爸给我买了一部手机，手机真是一个神奇的东西，通过手机能听音乐、看视频、玩游戏、交朋友还能学知识，网络真强大！我放学回来就会刷小视频，一刷就停不下来，每个都是我喜欢看的，不知不觉就会看到很晚还不舍得放下。”

小华的生活是留守儿童生活的缩影，重复、单调的生活令他们感到无趣，他们渴望接触外面的世界，想要知道外面是什么样的。网络的普及，使他们即使人在乡村也能实时了解世界的变化，极大满足了儿童的好奇心。因此，越来越多的留守儿童在接触到网络世界的多彩与奇妙后，由于缺少有效的引导和约束，沉迷其中，而迷失了自我。

3. 学校和社区角色的缺失

留守儿童的活动范围主要包括家、学校和小区周围。由于留守儿童家庭教育的缺失，导致学校和社区的角色显得更为重要。但由于各方面原因，使这些角色在留守儿童网络成瘾问题上的作用被极大地削弱，使儿童在面对网络诱惑时更加孤立无援。一方面，留守儿童所在的农村学校普遍面临教育资源落后、师资力量薄弱、教育观念陈旧等问题，因此，为留守儿童提供全面的心理健康教育和持续有效的上网指导显得异常困难。另一方面，农村社区普遍存在资源有限、专业人才匮乏、对留守儿童的关注度不足等问题，导致社区对留守儿童的支持大打折扣。在这种背景下，关爱和帮扶留守儿童的机制难以充分发挥其作用，留守儿童的心理健康和上网行为管理问题也陷入困境。

三、网络成瘾干预及治疗

网络成瘾的原因是多方面的，对人产生的影响也是多方面的，不仅会对身心健康造成威胁，影响个体的生活和学习，还会对社会功能造成损害，如导致违法乱纪等反社会行为。因此，网络成瘾的干预和治疗就显得尤为重要。目前，针对网络成瘾的干预和治疗方法主要包括认知行为治疗法、家庭治疗法、医学药物干预法、体育干预法等。

1. 认知行为治疗法

认知行为治疗（cognitive behavior therapy，CBT）是一种结构化、目标导向的谈话疗法，旨在通过改变个体的思维和行为模式，改善其心理和情感状态，从而克服网络成瘾问题。认知行为治疗是一种可以检验的心理治疗途径，具有明确的治疗目标和评估方法，能够有针对性地、快速地帮助患者识别并改变不合理的认知，提高自我管理和解决问题的能力，这对于有效防止网络成瘾具有关键性作用。但这种治疗方法也存在一定的局限性，需要专业的治疗师根据具体的情况进行合适的指导，且患者需要有一定的自我意识和自我管理能力才能取得较好的治疗效果。

2. 家庭治疗法

家庭治疗法是心理治疗的一种形式，主要是通过改善患者的家庭环境，增强家庭成员间的沟通和理解，从而帮助患者更好地控制自己的网络使用行为。在改善患者的个人行为和家庭环境的同时，有效地帮助患者克服网络成瘾。但这种治疗方法需要家庭成员的积极配合，因此存在一定的难度。

3. 医学药物干预法

网络成瘾作为一种行为成瘾，其主要的治疗方法通常是心理治疗，但医学药物干预也能被用于辅助治疗，尤其是在处理伴随网络成瘾出现的身体症状或者心理疾病时。医学药物干预法主要包括中医干预和药物治疗。中医干预是指通过中药、针灸等传统中医治疗方法来调整患者的身体状态和心理状态，以减轻网络成瘾的症状。药物治疗主要是为了缓解伴随网络成瘾出现的心理疾病，如焦虑、抑郁等。这些药物通常包括抗抑郁药、心境稳定药、抗精神病药等。

4. 体育干预法

体育干预法是一种通过参与体育活动来疏导情绪、释放压力、改善个体体质的方法，并结合综合药物治疗、营养干预、护理干预等两种以上的综合干预方法。相关研究表明，综合干预方法的效果比单一干预方法或者医院常规治疗方法效果更为明显。

第二节　网络对留守儿童心理需求的满足

小刚从小在田间地头长大，5岁前的童年时光都充满着温暖与快乐。然而，随着父母离婚各自外出打工，小刚的生活发生了巨大的变化。心理与物理的双重距离导致小刚产生了极大的孤独感与无助感。在缺乏父母关爱与引导的环境下，小刚开始变得自卑、敏感且容易情绪激动。他既没有朋友，也不懂如何与他人进行正常沟通交流。为了逃避现实生活中的痛苦，他试图在网络世界寻找慰藉。

沉溺于游戏中的刺激与快感成了小刚逃避现实的唯一途径。然而，游戏结束后的空虚和落寞，让他更加深刻地感受到自己的孤独，从而形成一个恶性循环。这也导致了他对网络游戏的沉迷日益加深。学业荒废、没有朋友和极大的不安全感，这些都使得小刚更加深陷于网络世界的泥沼之中。

小刚早年的幸福因父母的离异而破碎。父母的离开使他感到极大的孤独与无助，变得自卑敏感。留守儿童由于家庭结构的变化，大多存在情感上的缺失，这促使他们将注意力转向网络，以此来寻求慰藉与满足。然而，这种虚假的慰藉无法给予他们想要的结果，甚至产生反效果，导致他们陷入无法自拔的境地，对现实生活造成严重影响。因此，留守儿童的心理需求亟须社会各界的关注与扶持。为有效应对这一问题，应当强化家庭、学校与社会之间的协作机制，以提供更全面且有效的支持与援助。

一、求新猎奇的需要

儿童对新颖、奇特或未知的事物易产生浓厚的兴趣和好奇，并愿意主动探索和发现其内在的含义或秘密。农村留守儿童的生活环境相对封闭，日常活动范围有限，活动方式也较为单一，接触新事物的机会相对稀缺。但网络的普及打破了地域的界限，使他们能够接触到来自世界各地的各种信息、文化和观念，这种全新的体验，极大地满足了留守儿童对未知世界的好奇心和探索欲。

二、情感宣泄的需要

人们在产生各种情绪时，需要找到一种途径或方式来释放和表达这种情绪，以达到情感上的平衡和满足。这种需要是人们情感生活中的重要组成部分，对于儿童的身心健康和人际关系具有重要的意义。尤其对于留守儿童来说，情感宣泄的重要性更为明显。网络为他们提供了一个宣泄情感、寻找共鸣的平台。在网络上与同龄人、陌生人分享自己的喜怒哀乐，得到他人的理解和支持，有助于他们缓解孤独感，增强自信心和归属感。

案例10-2

琪琪的懂事与辛酸

琪琪（女，11岁）和君君（男，7岁）是一对姐弟，他们的父母已经外出务工5年了，很少回家，两姐弟由乡下的叔叔照顾，叔叔家还有一个4岁的孩子。妈妈常叮嘱琪琪：“叔叔每天要干农活还要照顾你们，很辛苦，你是大姐，要多帮家里干活，多照顾弟弟们。”琪琪虽然觉得很委屈，但懂事的她只能默默地做事。因此，琪琪一起床就开始忙活个不停，既要做家务，还要照顾弟弟们。她感到很疲倦，也渴望像别人一样，能跟好朋友一起上下学、玩耍或者做自己喜欢的事。但繁重的家务让她没有时间和精力去交朋友或追求个人兴趣。

琪琪经常听到大人说“你是姐姐，凡事要让着弟弟”“叔叔家的弟弟更小，你要多照顾他”。这些言语让琪琪认为自己是不被重视的，常常会陷入自我怀疑，慢慢地，琪琪变得消沉和自卑，对生活缺乏热情。此时，网络的即时性和自由性，给了她莫大的安慰，让她重燃了对生活的希望与热爱。

三、求知的需要

求知是指个体对于知识和信息的渴望与追求。这种需要是人类天生的驱动力之一，促使人们不断地探索、学习和成长。网络是一个巨大的信息库，留守儿童通过网络能够快速地获取各种知识和信息，如学习资料、科普知识、生活常识等。这种便捷不仅能够提高学习效率、拓宽视野和思维、增强社会适应能力，还能为未来的学习和成长奠定基础。

案例10-3

“无聊的课”与“有趣的课”

“语文数学课最无聊了，老师每次都是照着书本教，既枯燥又听不懂，要么背背背，要么抄抄抄，要么做练习。”

“我最爱看手机里的各种微课，虽然免费的只能上几节，但是课程的内容很有趣，并不完全是课本中的知识。老师讲课的过程中会通过补充适当的视频、小游戏、故事或实验等方式来讲解知识点，课后还会根据课堂内容布置作业。虽然由于没有买课程，没有办法让老师批改我的作业，但是课上的内容我每次都能牢牢记住，不懂的地方我也能通过搜索得到解答，这样的课我很喜欢！”

由于农村经济发展的限制，教育资源及教育观念等方面都落后于时代，这对农村的教育发展产生了深远的影响。但网络的普及和便利，为留守儿童的学习提供了极大的助力，不仅能够满足他们的求知需要，还能够帮助他们获得更多的学习机会，掌握更多的知识和技能，培养批判性思维和创新能力。

四、自我实现的需要

自我实现是指个体在成长过程中，充分发挥自身潜力、才能和天赋，达到自我完善和自我成就的状态。留守儿童在现实中常常面临着家庭、社会和心理的多重挑战，通过追求个人成长与发展，能够帮助他们建立自信心、增强自尊心、培养进取精神，从而更有效地应对社会和生活的挑战。因此，对于留守儿童自我实现的需求，不论家庭、学校还是社会都应积极地为他们提供必要的支持和帮助，促进他们的全面发展和健康成长。网络世界提供了一个广阔的平台，留守儿童可以通过各种方式展示自己的才华和能力，这有助于个体潜能的充分发挥，促进自尊心的建立和自信心的增强，推动自我认同和自我接纳，并最终实现自我价值的提升。例如，在网络上发布自己的作品、参与社区讨论、组织线上活动等。这些经历不仅有助于留守儿童提升自信心和成就感，还能培养他们的领导力和团队协作能力。

第三节　留守儿童网络心理行为特点

一、我国儿童网络成瘾的现状

我国儿童网络成瘾的现状呈现一种令人担忧的趋势。近年来，随着互联网技术的飞速发展，网络已经深入到儿童的生活中，成为他们获取信息、学习、社交和娱乐的重要工具。《青少年蓝皮书：中国未成年人互联网运用报告（2024）》揭示，我国未成年网民群体规模已突破 1.93 亿，互联网在该群体中的渗透率高达 97.2%。此数据明确指出，从小学至高中阶段，几乎每位儿童都与互联网形成了密切的联系。据详尽报告统计，超过半数的儿童每周都会接触网络，而近三成的儿童则几乎每日都沉浸在网络世界中。在上网工具的选择上，智能手机毫无疑问地占据了主导地位，与此同时，平板学习机等新兴设备在儿童中的普及度同样值得关注。在家庭监管方面，多数家长选择通过引导、教育及积极沟通的方式来管理儿童的上网行为，约有四成家庭采取了较为严格的上网限制措施。家长对儿童上网问题的高度警觉，不仅反映出他们在网络教育方面所面临的困惑与不足，同时也凸显了网络成瘾问题的严峻性。

儿童由于所处的发展阶段具有好奇心强、自我管理能力弱的特点，因此在接触网络不良信息后，极易引发各种品行问题，甚至产生犯罪行为。据中国青少年犯罪研究会统计资料显示，70%的少年犯是因为受到网络色情、暴力等内容的影响而产生盗窃、抢劫、强奸甚至杀人等严重犯罪行为。因此，家长应该加强对儿童网络使用的监管和引导，培养他们的健康上网习惯，预防网络成瘾的发生。同时，家长、学校和社会也应该共同努力，为儿童营造一个健康、安全、和谐的网络环境。

二、留守儿童网络成瘾的原因

（一）儿童的心理发展规律

儿童的心理发展规律是指儿童在成长过程中，心理特征、情感状态、认知能力和社会行为等方面所表现出的阶段性特征、连续性演变以及非线性发展趋势的综合体现。这些规律是儿童内在的遗传特质和外部的环境因素共同作用的结果，是塑造性格、行为和认知能力的基石，对儿童健康成长发挥着至关重要的作用。农村留守儿童这一特殊群体，由于家庭和社会支持不足，往往得不到足够的关爱和教育，进而无法形成健康的心理发展轨迹，更难形成健康的自我意识和人格特质。因此，他们在心理发展上往往面临着一系列复杂的挑战，其中，网络成瘾问题尤为突出，成为亟待关注与应对的重要议题之一。

（二）家庭教育缺位

家庭教育构成了留守儿童成长与发展的基石，对其价值观的培养、行为模式的形成以及人格的塑造具有至关重要的作用，并且深刻影响着留守儿童健康生活习惯的养成与自主管理能力的培养。但现实中农村留守儿童在家庭教育上却存在极大的缺失。

农村留守儿童网络成瘾的家庭原因可分为如下几方面。

1. 父母对智能手机、平板或电脑的认识过于片面

许多农村留守儿童的父母，由于工作或文化程度的限制，对手机等电子产品及其潜在风险缺乏全面且深入的认知。一部分家长仅将智能产品当作便捷的联系工具，未能充分意识到其中隐藏的不良影响。也有一部分家长对网络中潜藏的风险保持过度警惕，采

取完全禁止的极端措施，这样的行为不仅增强了儿童对这类产品的好奇心，促使儿童寻求其他途径接触它，也导致儿童对自己的行为更加难以控制。这些片面的认识和不恰当的管理与引导，都为留守儿童网络成瘾问题埋下了隐患。

2. 父母无法充分关注到孩子的身心健康

因外出务工，家长与孩子之间的沟通时间变得格外有限。尽管现代通信技术的发展确保了家长与孩子之间能定期通话，但通话内容也非常局限，基本只涉及学习和生活，很难关注到孩子的身心健康，这种心理关怀的缺失，使留守儿童易感到孤独、寂寞。因此，孩子转而在网络上寻找安慰和满足，这成了他们网络成瘾的导火索。更为严峻的是，父母由于缺乏科学的教育方法和手段，难以有效地帮助孩子建立正确的网络使用习惯，这也加剧了孩子网络成瘾的风险。

3. 隔代教育观念的落后

在农村地区，隔代教育现象尤为普遍。祖辈由于深受传统观念的束缚，难以跟上现代科技的快速发展，因此在照顾留守儿童的过程中，一方面，他们往往面临如何平衡孩子的娱乐与学业需求的挑战，同时也缺乏指导孩子识别并抵御网络不良信息的能力，因此，很多时候只能采取放任的监管方式。另一方面，由于受教育程度有限，他们无法为孩子的学习提供辅导，只能将教育的希望完全寄托于学校和老师，甚至会以学习的名义将手机交给孩子，借助“手机保姆”帮助孩子学习。这样的做法，无形中加剧了孩子在学习上的困扰，不仅无法帮助孩子建立正确的网络使用习惯，反而会让孩子在诱人的网络世界中迷失方向。

（三）学校层面

1. 学习压力大

农村学校因教育观念相对滞后，过度聚焦于分数至上的价值导向，导致课程设置与教学方式往往趋于单一化，难以满足儿童多元化学习的需求。在这种背景下，儿童更易被网络的丰富和新颖所吸引。与此同时，家长对分数的过度追求也给留守儿童带来了沉重的心理压力。他们渴望在学业上取得好成绩，满足家长的期望，然而现实却事与愿违，因此他们更倾向于通过网络来逃避现实中的压力与失望，这一行为进一步提升了网络成瘾的风险。

2. 教育资源落后

农村留守儿童在获取知识和信息方面受到较大限制。一方面，农村学校的教育资源相对匮乏，因此无法为学生提供足够的网络使用指导和监管。这导致留守儿童在接触网络时缺乏正确的引导和规范，容易陷入网络成瘾的困境。另一方面，农村教师对网络的了解相对有限，对网络成瘾的危害认识不足，同时缺乏有效预防和干预网瘾的策略，因此无法有效引导学生正确使用网络，同时也难以及时发现学生网络成瘾的问题，并提供有效的帮助与支持，以缓解其成瘾的状况。

3. 师生沟通不畅

教师的理解和关注在一定程度上能够弥补留守儿童的情感需要。然而，农村教师往往面临繁重的教学压力，难以充分关注到每位学生的情感需求，更别提为他们提供必要的情感疏导。因此，许多留守儿童易感到被忽视，只能在虚拟世界中寻求情感上的慰藉和满足。网络环境的匿名性和即时交互性特征，为留守儿童提供了一个能够迅速建立共鸣与认同感社交圈的平台，然而，这一特性也会对他们在现实世界中构建深层次、持久性人际关系产生负面影响。

4. 家校合作不足

学校作为教育的主要场所，本应与家庭形成合力，共同引导孩子健康成长。然而，由于学校对留守儿童心理健康的关注度不足，以及对留守儿童家庭教育的重视度不够，导致家校合作机制存在显著的缺陷和短板。因此，教师难以将孩子的在校表现及时、有效地反馈给家长，而家长也无法给予孩子足够的关注和引导。这种家校之间的信息断层和合作缺失，使留守儿童在家庭教育方面的缺失进一步加剧，从而增加了他们网络成瘾的风险。

（四）社会层面的原因

1. 网络平台监管疏漏

网络平台监管是儿童网络保护的核心，肩负着保护儿童、促进其健康成长的庄严使命。监管的疏漏不仅是对儿童权益的漠视，更是对社会责任的逃避。当前，部分网络平台因内容审核机制松懈，造成暴力、色情等不良内容泛滥的现象，这对心理发展尚未健全的留守儿童构成了巨大的威胁，其较低的辨别力和自我控制能力使他们极易受到这些不良信息的负面影响。

更令人担忧的是，一些网络平台在未成年人上网时间管理上也存在明显不足，未能设定合理的上网时间限制。在缺乏家长科学监管的前提下，留守儿童往往沉迷于游戏、视频等网络活动，无法自拔。这种无节制的上网行为极大地增加了他们网络成瘾的风险，对儿童的健康成长构成了严重威胁。因此，加强网络平台监管，确保儿童健康使用网络，已成为刻不容缓的任务。

2. 社会视线缺失

社会对留守儿童群体的关注度不足导致相关政策的制定和执行存在缺陷。与此同时，农村的网络环境发展相对滞后，加上教育引导和心理支援的极大缺失，使得留守儿童在面对网络诱惑时缺乏足够的自我控制能力和判断力，这不仅加剧了他们对于网络的依赖，也进一步阻碍了他们的健康成长。

关注留守儿童问题不仅是对个人发展的关注，更是对社会和谐稳定的维护。因此，加强社会对留守儿童的关注和帮助，具有重要的现实意义和深远的历史意义。

三、留守儿童网络成瘾特征

（一）上网目的

从上网目的来看，留守儿童网络成瘾通常源于对现实生活的逃避和对情感的渴望。这些孩子在现实生活中常感到孤独、无助和迷茫，内心深处渴望得到关爱和认同，但往往无法在现实中得到满足。因此，他们借助于网络游戏、社交平台等方式与他人建立联系，寻求情感寄托和满足感，以此来填补现实生活中的缺失。相比之下，那些常有父母陪伴的孩子在调控网络使用行为方面往往能够展现出更高的能力，能够有效规划个人时间，以科学、健康的方式运用网络资源来辅助其学习和生活。他们对于网络的使用拥有清晰、明确的认知和定位，因此能够成功地在网络空间与现实生活之间维持一种恰当的平衡与联系。

案例10-4

成绩之外的天赋

10岁的佳佳笑容满面地炫耀道："你别看我成绩不咋样，但你知道吗？其实我可是个拥有一千粉丝的画画小博主哦！"虽然爸妈的电话叮咛和爷爷奶奶的反复唠叨如同"紧箍咒"一般回响在耳边，但我明白，那满满的都是对我的关爱与期望。我也曾努力过，但就是没有成效，渐渐地我也就放弃了。然而，在心底深处，始终有一个声音在回响：成绩不好没关系，画画才是真正属于我的舞台。因此，我总会抓住每个空闲的时刻，在网络上搜集各种各样的绘画教学视频，跟着他们一笔一画地学，然后开心地在网络平台上分享自己的作品。我相信，总有一天，手中的画笔能够化作翅膀，带我飞向更美好的未来。

网络的广阔性和包容性，提供了一个广阔的平台，使留守儿童能够拥有展现自己的机会，从而发掘自己的兴趣和特长。但由于缺少良好的引导和正确的认识，他们在网络的使用和现实的学习与生活之间难以建立良好的平衡。

（二）性别差异

网络成瘾的性别差异主要指的是男性和女性在网络成瘾行为、原因、表现、影响等方面存在的不同。研究发现，男生更容易沉迷于网络游戏。这与男生通常对竞争性、英雄主义、刺激性强的网络游戏和小说更感兴趣有关。这些游戏和小说通常能够满足男生追求刺激、展现自我和竞争胜利的心理需求。女生通常更加注重情感和社交，因此更倾向于利用社交平台与他人分享生活点滴，满足分享欲和倾诉欲，建立和维护人际关系。男生与女生无论是在兴趣上、性格上还是在认知方式上都存在差异，因此也影响了他们在网络世界中的表现和偏好。了解这种差异，不仅有助于更好地理解留守儿童网络成瘾的原因和机制，还能更有效地制订相应的干预措施，帮助他们摆脱网瘾的困扰。

（三）人格特质

人格特质是指个体在不同时间与不同情境中保持相对一致的行为方式的一种倾向。在留守儿童网络成瘾的问题中，一些特定的人格特质可能起到了关键的作用。研究表明，神经质水平较高的留守儿童更容易形成网络成瘾。这是因为，神经质反映了个体的情绪不稳定性和情绪化的倾向，与情感的调节和承受压力的能力有关。留守儿童由于长期缺乏父母陪伴和监督，情绪的稳定性和抗压能力较差，因此，更易受网络的影响。所以，通过了解留守儿童的人格特质，并针对其特定的人格特点进行教育和引导，也是治理留守儿童网络成瘾的重要措施之一。

第四节　留守儿童网络心理问题的调适与指导

一、家庭方面

家庭在农村留守儿童网络心理问题调适与指导中占据重要地位。家庭氛围的温馨和谐有助于孩子形成积极健康的心态，进而能够理性地对待网络；父母的关爱和支持能减轻孩子的孤独感和心理压力，预防网络心理问题的发生。因此，家庭在留守儿童网络心理问题调适与指导中发挥着不可替代的作用，应高度重视并加强家庭教育的力度和效果。

（一）加强儿童教育的学习

（1）在应对留守儿童网络使用问题时，家长需提升认知水平，全面把握网络对儿童的潜在影响，以实施正面引导，促进儿童健康成长。为此，家长应有效利用网络资源广泛的优势，深化学习，掌握网络教育相关知识及正确使用网络的方法，实现“知己知彼”。具体策略包括：第一，参与网络教育课程。这类课程通常由专业人士设计，系统地传授网络使用规范、信息甄别技巧及如何培养良好的上网习惯。第二，研读权威研究报告与文献。这些资料大多是相关学者基于社会问题和现象进行的科学研究，能够深入剖析网络现象，为家长提供理论依据与实践指导。第三，加强家长间经验交流。通过分享与借鉴彼此的生活经验，探索适合各自家庭环境的网络管理策略，形成个性化的解决方案。总之，家长应积极融入网络环境，成为智慧型监护人，为儿童的网络健康保驾护航。

（2）为助力留守儿童培养健康上网习惯，保障其身心安全，家长应制订并实施一套科学合理的上网规则，具体如下：第一，设定合理时间限制。家长需要依据孩子年龄及学业需求，明确他们每日或每周的上网时段及时长，确保学习与娱乐的平衡。第二，内容筛选与引导。家长可以利用现代化的技术手段（如家庭路由器）和其他网络管理设备的辅助，保障儿童远离不良信息，同时鼓励他们积极探索有益的网络资源。第三，建立奖惩机制。家长可以与孩子协商，共同制订上网计划，明确阶段性的目标与成果，配套实施奖惩措施，激励自律行为的发展。第四，家长教育与参与。家长需要努力提升自己的网络素养，了解其中的潜在风险，掌握管理工具的使用方法，积极参与孩子的网络生活，提供必要指导。第五，持续监督与调整。家长需要严格执行规定，并且定期评估孩子的上网行为，灵活调整规则以适应孩子的成长变化，确保规则的有效性与适应性，促进孩子的健康成长。

（3）家长应密切关注孩子的心理健康，这对他们的全面发展至关重要。心理健康是一个多维度的概念，它涵盖了情感调节、认知功能以及社交技能等多个关键领域。特别是在义务教育阶段的孩子，正处于身心快速发展的关键时期，其心理发展尚未完善，因此更容易受到外界环境的干扰和影响，从而产生负面情绪体验。鉴于此，对这一群体的心理健康状况应给予更为密切的关注和重视。留守儿童家长因距离限制，更应重视心理陪伴。家长需学习儿童心理健康的相关知识，主动探索并实践科学的教育方法，走进孩子的内心世界。只有心理健康的孩子才能以积极的心态应对挑战，并在此过程中合理调节情绪，构建和谐人际关系，获得更为全面和可持续的发展。

总之，家长应敏锐捕捉孩子的情绪变化，多沟通多倾听，提供情感支持。在发现孩子存在复杂心理问题时，应勇敢寻求专业的心理咨询，通过科学的引导帮助孩子走出阴霾，重拾自信与快乐。

（二）建立良好的家庭氛围

1. 定期视频通话，分享日常生活

家长应与孩子保持定期通话，通过日常分享与深度交流，构建跨越地理界限的心灵桥梁，减少孩子因分离而产生的空虚与孤独感，增强家庭支持系统的效能，促进孩子心理健康发展，实现亲子间虽远犹近的情感联结。通话过程中，家长可以分享生活琐事与工作动态，增进孩子对家庭生活的参与感与理解，还可以展现生活艰辛，促进孩子共情能力及社会化的发展。与此同时，孩子则反馈日常的学习进展、兴趣探索及面临的挑战，此过程不仅能够加深家长对孩子成长轨迹的掌握，还能够促进家长与孩子之间的情感交流，使亲子关系更加紧密。

2. 设立家庭活动日，增进家庭互动

设立家庭月度特别日，作为家庭成员共同期待的标志性事件。通过精心策划的活动，促进亲子关系的深化与家庭氛围的和谐。活动日可以围绕共同观影或线上游戏等多种互动形式展开，营造轻松愉悦的氛围，促进亲子之间的情感交流与理解。例如，通过一起观看具有教育意义或情感共鸣的影片，引导家庭成员共同沉浸于故事情节之中，互相分享观影体验与感悟，增进彼此之间的情感共鸣与了解。家庭月度特别日的设立，不仅有助于构建积极向上的家庭氛围，还能在共同创造美好回忆的过程中，强化家庭成员间的情感联系与身份认同。这些宝贵的经历都将成为家庭的共有精神财富，为孩子的健康成长和家庭的和谐发展提供坚实支撑。

3. 建立情感支持系统，为孩子提供一个倾诉与求助的平台

构建家庭情感支持系统，对于促进亲子关系的深度发展具有重要意义。亲子之间共同设定的信号，能够作为家庭内部的心灵密码，为孩子提供一个安全、便捷的渠道，以表达其迷茫、无助或寻求鼓励的情感需求。当孩子遭遇心理困扰或情感挑战时，通过发

送此信号，能够迅速与家长建立情感联系，实现及时而有效的沟通。家长在接收到信号后，应展现出高度的敏感性与警觉性，以耐心倾听为基础，积极回应孩子的情感需求，努力为孩子提供必要的心理支持与引导。

家庭情感支持系统的建立，不仅能够在孩子情绪不良时，及时提供情感上的慰藉与帮助，缓解其心理压力和困扰，还能在亲子间建立起更加稳固的信任基础，促进双方对彼此的深入了解。长此以往，孩子将形成健康、积极的心理品质，增强他们面对生活挑战的勇气与韧性，同时也为家庭和谐及亲子关系的紧密联结奠定良好的基础。

（三）对留守儿童全方位的关心与关注

1. 对学习与生活的关怀

家长在孩子的成长中扮演核心角色，应全面助力其发展，而非片面侧重。在教育层面，家长需深入了解留守儿童的学习动态，适时提供正向激励与必要支持，以维持他们的积极态度，促进学业的提升。在生活领域，家长的关注应聚焦于孩子的饮食健康、安全保障，以及情绪状态的微妙变化，即使无法陪伴在身边，也力求将资源分配得合理且高效，避免盲目的物质补偿。建立稳固的沟通桥梁，增进亲子间的相互理解，可以确保孩子在遭遇情绪困扰时，愿意主动分享心声，从而使家长能够及时介入，有效干预，促进孩子身心健康的全面发展。

2. 兴趣与特长的培养

兴趣和特长的培养对留守儿童的健康成长有重要的影响。一方面，健康娱乐能够转移孩子的注意力，使其不被网络所迷惑。家长应耐心、细心地多观察孩子的兴趣爱好，提供尝试的机会，鼓励并支持他们深入探索，持续发展。另一方面，孩子发现自己的潜力与价值，能够增强自信心，在学习和参加相应活动的过程中也能得到多方面的锻炼。与此同时，兴趣特长还能丰富孩子的社交生活，帮助他们结交志同道合的朋友，建立积极的人生观和价值观。

3. 家校合作与沟通

家校合作与沟通是儿童教育中至关重要的一环。现代科技的发展为家长与学校之间架起了沟通的桥梁，突破了地域的界限，让远程交流成为现实。通过网络，家长能够及时了解和掌握孩子的学习动态、生活近况及学校教育的最新资讯。同时，家长还可以委托亲属或朋友作为代理人，积极参与学校的家长会及其他活动，确保孩子的教育情况能够得到持续的关注。通过家校的共同努力，可以为孩子营造一个更加健康、和谐的成长环境，助力孩子的快乐成长。

二、学校方面

（一）课程设计

良好的课程设计对于解决留守儿童网络心理问题具有重要作用。儿童的成长需要有效的引导和支持，学校作为留守儿童教育的“主要引导人”，应当积极践行这一职责。具体方法包括如下几方面。

（1）聘请专业教师。具有专业心理学背景和教学资质的老师，能够有效地传授识别网络风险的技能，并教授正确的心理调节技巧，使儿童能够对网络形成正确的认识，对网络的使用形成良好的态度。

（2）设置心理健康课程。课程内容应当包括网络心理健康知识，如保护个人隐私，预防网络成瘾等内容，帮助学生养成健康的网络使用习惯。

（3）策划主题活动。学校通过组织多样化的课外活动，不仅能激发学生对生活的兴趣，建立健康的心理状态，还能帮助学生更好地了解自己，从而增强自信和社会适应能力。

（二）教育教学

多样化和现代化的教育教学方式在留守儿童教育中扮演着重要的角色，通过数字化的教学方式能够更好地创设情境，激发儿童的学习兴趣，培养他们的自我管理能力。社交互动和心理健康教育对留守儿童网络心理问题具有积极的影响。因此，在留守儿童的教育过程中，教师应积极提升自身素质与能力，科学运用多样化的教育教学方式，为学生的全面发展提供有力支持。

一方面，在教学设计上，教师应深入了解学生，利用项目式学习、小组合作、案例分析等教学模式，激发学生的好奇心和求知欲，鼓励他们在探索与实践中学习。同时，教师在教学过程中，应积极运用现代化技术手段，引导学生正确认识和对待网络这一工具，帮助他们建立健康的网络使用习惯。

另一方面，教育教学是不断发展的过程，教师应保持终身学习的态度，不断提高自身的教学技能和专业素养。同时，鼓励学生主动参与知识的探索、发现和学习过程，培养他们的自主学习能力和团队协作精神。

（三）师生关系

融洽的师生关系对留守儿童网络心理问题能够起到情感支持、正确引导等多方面的积极作用。因此，在日常教育教学中教师需要扮演多重角色，以促进师生之间信任关系的建立，为留守儿童的健康成长提供有力的支持和保障。

（1）教师应是耐心的“倾听者”。留守儿童因家庭环境的特殊性，内心充满孤独，渴望得到理解。教师应当带着耐心和同理心倾听他们的心声，理解他们的情感需求，为他们提供特殊的关爱和支持。这种倾听不仅能够帮助教师更好地了解留守儿童的心理状态，还能够为他们提供一个倾诉和释放情感的渠道，有助于缓解他们的心理压力。

（2）教师应是积极的“引导者”。留守儿童在网络使用上可能缺乏足够的自我管理能力，容易受到不良信息的影响。教师应承担起教育和引导的责任，通过言语和行动帮助他们树立正确的网络使用观念，提升网络安全意识。教师可以通过班会活动，知识竞赛等方式，结合具体的案例和情境，向留守儿童传授如何识别不良信息、保护个人隐私、避免网络诈骗等网络安全知识，让他们能够更加理性地对待网络，学会在虚拟世界中保护自己。

（3）教师应是良好环境的“营造者”。通过组织多样化的班级活动和课外拓展，营造积极的学习氛围和社交环境，并鼓励留守儿童积极参与，可以增强他们的自信心和社交能力。同时，教师还应关注留守儿童的个体差异，尊重他们的兴趣和特长，为他们提供个性化的学习和发展机会。

（四）家校合作

学校在进行家校合作时，应从加强沟通与合作、共同制定教育策略、提供心理健康教育、关注留守儿童的情感需求、引导留守儿童正确使用网络等多个角度入手，促进留守儿童网络心理问题的全面解决。家校合作不仅能够提高教育的效果，还能够为留守儿童的健康成长创造和谐、稳定的环境。

三、社会方面

（一）加强对网络平台的监控与管理

网络平台监控管理主要包括完善法律法规，强化行业自律与技术监管，确保儿童网络使用安全健康。同时，网络平台应积极开发适合儿童的内容，提供有益的网络资源。政府应加大投入，完善留守儿童心理援助体系，让他们能够及时获得帮助。社区和学校都应积极参与，通过心理健康讲座和咨询活动，提升留守儿童的心理素质。只有多方共同努力，才能为留守儿童创造一个健康、安全的网络环境，促进他们身心的健康发展，为他们的成长提供坚实的心理保障。

（二）加强对留守儿童工作的关注

社会应聚焦政策保障与体系建设、教育引导与心理支持两个方面。第一，政府需出台具体政策，明确留守儿童工作的战略地位，提供法律保障，并建立长效机制，确保各项措施能够落到实处。这就需要构建一个由政府主导、社会各方积极参与、家庭尽职尽责的协同工作体系，为留守儿童提供全方位的支持。第二，针对留守儿童普遍存在的网络心理问题，教育和心理支持尤为关键。学校应建立健全心理支持体系，及时为留守儿童提供心理援助。同时，积极引入专业心理咨询师和志愿者，为留守儿童提供个性化的心理指导，以帮助他们建立健康的心态，提高心理素质，进而提升生活质量。

（三）社会力量的关注与支持

社会力量的关注与支持对改善留守儿童的生活和心理状态尤为重要。它能为留守儿童提供物质援助、心理关怀、教育资源拓展，并帮助他们更好地融入社会。同时，这种支持还能推动相关政策的制定与实施，为留守儿童提供更为全面有效的保障。

（1）提升社会对留守儿童问题的认知是首要任务。广泛宣传留守儿童的生活、心理需求和所面临的挑战，特别是网络心理问题，让公众深入了解他们的困境。同时，通过举办关爱留守儿童的主题活动，如志愿服务、亲子活动和公益活动等，鼓励公众和企业参与并提供实际支持。此外，政府可以对关爱工作中表现突出的个人和组织进行表彰，树立榜样，激励更多的人投身于这一事业。

（2）政府应出台政策扶持留守儿童关爱工作，为参与的社会组织、企业和个人提供税收减免、资金补贴等优惠，降低参与成本。同时，加强资源保障，设立专项资金支持关爱项目，并引导社会资本投入，共同为留守儿童提供全方位的帮助。

（3）建立跨部门、跨领域的联合机制，整合政府、学校、社会组织和企业等社会资源，共同推进留守儿童关爱工作。通过合作平台策划建立关爱项目，加强信息共享与交流，提升工作协作效率。通过建立信息库和数据库，支持决策和研究。定期举办研讨会、交流会等，推动工作创新和发展。通过联合机制的运行，吸引更多社会力量关注和支持留守儿童，为他们带来温暖与希望，助力他们健康快乐地成长。

综合案例分析

留守儿童网络心理健康影响因素的调适案例

一、背景介绍

小杰，12岁，男，小学六年级学生。父母因工作原因常年在北京务工，他跟随外公外婆生活在乡村。随着互联网的普及，小杰逐渐沉迷于网络游戏和社交媒体，每天花费大量时间在线，与家人的交流变得少之又少。外公外婆受教育程度较低，无法指导小杰的学习，并且由于对网络了解非常有限，难以有效监管他的行为。因此，他们将小杰的情况告诉了小杰的父母，父母了解到小杰的情况后，内心十分焦急，但也只能在通话中重复叮嘱小杰要关注学习，不能玩物丧志。最初小杰还能进行自我约束和控制，管理自己的网络行为。但是随着时间的推移，他逐渐深陷网络泥潭之中，展现成瘾的迹象。这不仅导致他的学习成绩急剧下滑，还影响了他的情绪状态，使他变得异常敏感且情绪波动剧烈，开始封闭自我，不愿与人交流，出现逃避现实和社交障碍等心理困境。

二、原因探析

网络环境影响：小杰所处的生活环境较为单调，缺乏多样化的娱乐和社交渠道，网络成为他逃避现实、寻求刺激的主要途径。游戏中的成就感和社交媒体的即时反馈，使他在虚拟世界中找到了自我价值，收获了心理上的满足和快乐，并对此产生了依赖，最终形成了网络成瘾。

家庭监管缺失：一方面，外公外婆年事已高，对网络知之甚少，无法有效监督小杰的网络活动，更无法提供正确的网络引导。另一方面，父母陪伴的缺失和教育理念的局限，未能给予小杰良好的家庭氛围。因此，小杰在浩瀚的网络世界中独自游荡，并逐渐迷失在虚拟的浪潮之中。

心理健康关注不足：小杰内心的孤独、无助和焦虑等负面情绪未能得到有效排解，而作为教育主力的家庭和学校也未能及时发现并给予足够的关注和支持，反而是网络给他带来了暂时性的放松，导致小杰的心理健康问题日益突出，对网络的依赖也日益加重。

社会支持薄弱：乡村地区的心理健康服务资源相对匮乏，缺乏专业的心理咨询师和相关的干预机构。学校、家庭、社区和医疗机构之间缺乏联动机制，因此，大众对于留守儿童的心理健康问题关注不够，未能形成有效的支持网络。

三、调适过程

家庭网络素养提升：学校组织网络素养教育讲座，邀请网络安全与儿童心理专家，为留守儿童的监护人举办专题讲座。讲解内容包括如何识别网络风险、如何引导孩子健康上网、如何利用网络维护亲子间的良好沟通等。通过相关的案例分析，互动交流，确保每位监护人都能掌握实用的网络技能。

个性化心理干预：通过学校或相关组织和机构的心理咨询师，针对小杰这样的特殊案例，进行一对一心理辅导服务，深入了解他的内心需求和心理状态，为小杰和他的监护人量身定制建议和指导方案。通过持续的跟踪和反馈，确保监护人能够营造一个良好的环境，帮助小杰认识到网络成瘾的危害，并引导他逐步减少上网时间。同时，教授他一些放松技巧和情绪管理方法，帮助他建立积极的心态和应对压力。

网络行为管理：家校合作建立紧密的合作机制，为小杰制订合理的网络使用计划，明确上网时间、内容和目的。安装网络监管软件，限制他访问不良网站和游戏的时间。同时，鼓励他参与线下的兴趣小组和体育活动，丰富课余生活，减少对网络的依赖。

社区支持网络建设：社区积极呼吁社会团体和个人对于留守儿童的关注行动，成立留守儿童关爱小组，定期组织心理健康教育、亲子互动游戏等活动，为留守儿童提供一个温馨、关爱的成长环境。同时，建立心理咨询热线，为有需要的家庭提供及时有效的心理支持和服务。

四、调适效果

通过以上调适措施，小杰的网络心理健康状况得到了显著改善。他逐渐减少了上网时间，重新找回了对学习的兴趣和动力；与家人和同学的关系也得到了改善，社交能力有所提升。这个案例表明，针对留守儿童的网络心理健康问题，需要家庭、学校和社会三方面联合，才能取得良好的效果。

五、总结与反思

小杰的案例凸显了留守儿童在网络时代面临的挑战，其成因主要包括网络环境影响、家庭监管缺失、心理健康关注不足及社会支持薄弱等。通过增强家庭网络素养、进行个性化心理干预、家校合力监管网络行为及社会支持网络建设，形成多方联合机制，有效促进了小杰的心理健康。我们要大力倡导通过情绪管理训练、心理咨询等调节方法，增强留守儿童的心理韧性。同时呼吁社会各界关注留守儿童，通过多方努力，构建全方位支持体系，促进留守儿童网络心理健康，为其学业、生活及未来发展奠定坚实基础。

第十一章

留守儿童心理健康教育展望

随着经济的快速发展和城市化进程的加速，留守儿童作为一个特殊群体，其心理健康问题日益凸显，成为社会关注的焦点。由于长期与父母分离，留守儿童面临着家庭关爱缺失、安全感不足等多重挑战，容易出现自卑、孤僻等心理问题。这些问题不仅影响他们的日常生活和学习，更可能对其未来的发展造成不良影响。

展望未来，留守儿童心理健康教育将迎来更多的机遇和挑战。教育模式的创新与多元化、专业队伍的建设，家庭、学校、社区的协同育人机制，以及科研与实践的深度融合是有效应对留守儿童的心理健康问题的干预趋势。在教育模式创新与多元化方面，通过建立家校合作机制、开设心理健康课程和活动、实施心理干预和辅导等措施，可以为留守儿童提供更加全面、个性化的心理健康教育。同时，整合社会资源、利用信息技术手段，以及推广成功案例和经验，也进一步丰富了留守儿童心理健康教育的内涵和形式。

教育模式的有效运行，离不开一支专业的心理健康教育队伍。当前，这支队伍在数量和质量上都存在不足，因此需要加强专业人才的培养与引进、完善培训机制、建立选拔与激励机制等，以提升其整体素质和服务能力。

家庭、学校、社区的协同育人也是解决留守儿童心理健康问题的重要途径。家庭是儿童成长的第一课堂，学校在教育中扮演着重要角色，而社区则是儿童生活的重要环境。只有这三方面紧密合作，共同为留守儿童提供全方位、多层次的心理健康教育支持，才能形成教育合力，促进他们的健康成长。

科研与实践的深度融合是推动留守儿童心理健康教育持续发展的关键动力。通过加强跨学科合作与交流、开展实证研究、建立科学的教育评价体系、加强政策支持与引导等措施，不断推动留守儿童心理健康教育领域的理论创新和实践创新，为留守儿童提供更加科学、有效的心理健康教育服务。

一、教育模式的创新与多元化

留守儿童的心理问题展现出多样性和复杂性，我们需提供更加细致和个性化的关注。然而，现行的心理健康教育体系未能充分认识到这些需求，导致服务与实际需求之间存在脱节。探索和实施创新的教育模式，以更精准地满足留守儿童的心理发展需求，成为一项迫切且至关重要的任务。

（一）教育模式的创新

1. 建立家校合作机制

家庭是儿童成长的重要环境，对于留守儿童而言，家庭关爱的缺失是导致心理问题的主要因素之一。因此，建立家校合作机制是创新留守儿童心理健康教育的重要手段。学校可以通过家长会、家访等方式了解留守儿童的家庭情况，为留守儿童提供个性化的心理健康教育方案。同时，学校还可以邀请专业心理健康教师为家长提供培训和指导，帮助家长更好地关注和支持留守儿童的心理健康成长。这种家校合作机制可以有效地弥补家庭关爱的缺失，为留守儿童提供更加全面的心理健康教育。

2. 开展心理健康课程和活动

学校是留守儿童主要的生活和学习场所，开展心理健康课程和活动是创新留守儿童心理健康教育的重要途径。学校应将心理健康教育纳入课程体系，通过课堂教学、主题班会等方式向学生传授心理健康知识和技能。此外，学校还可以组织丰富多彩的心理健康活动，如心理剧表演、心理拓展训练等，让学生在参与活动的过程中体验心理健康的重要性，提高自我认知和情绪管理能力，帮助留守儿童建立自信心和积极心态。学校还可以邀请成功人士、优秀学长等榜样与留守儿童进行互动交流，激发他们的学习动力和人生目标。

3. 实施心理干预和辅导

针对留守儿童的心理问题，实施心理干预与辅导是创新其心理健康教育的重要策略。学校应设立心理咨询室，并配备专业心理健康教师，为留守儿童提供心理咨询与辅导服务。心理健康教师可通过个别咨询、团体辅导等方式，协助留守儿童解决情感困扰、学习压力等问题，从而提升他们的心理健康水平。心理干预与辅导能够及时发现并解决留守儿童的心理问题，有效防止问题的恶化与扩大。

（二）教育模式的多元化

1. 整合社会资源

留守儿童心理健康教育需要全社会的共同关注和支持。因此，整合社会资源是多元化留守儿童心理健康教育的重要策略之一。政府可以加大对留守儿童心理健康教育的投入力度，提供政策支持和资金保障。同时，鼓励社会各界积极参与，例如企业可以通过捐赠资金或物资来支持学校开展心理健康活动，志愿者组织则可以为留守儿童提供心理陪伴与关爱。这种全方位的资源整合，可以为留守儿童提供更加全面和多样化的心理健康教育服务。

2. 利用信息技术手段

随着信息技术的飞速发展，在留守儿童心理健康教育中的应用日益广泛。学校可以充分利用网络平台，如建立心理健康教育网站或微信公众号等新媒体平台，发布心理健康知识与活动信息，便于学生和家长随时获取信息并参与。此外，学校还可以借助在线教育资源，开展远程心理健康教育和辅导服务，打破传统教育的地理限制，惠及更多留守儿童。信息技术的融入，为留守儿童心理健康教育注入了新的活力，确保了教育的普及性和个性化，为孩子们的健康成长提供了更加坚实的支持。

3. 推广成功案例和经验

留守儿童心理健康教育的实践中，积累了许多成功案例与宝贵经验。推广这些案例与经验，对于实现留守儿童心理健康教育的多元化具有重要意义。政府部门可以组织专家团队对这些成功案例与经验进行系统总结与提炼，形成可复制、可推广的模式与方案。同时，通过举办经验交流会、研讨会等活动，促进不同地区、不同学校之间的交流与合作，共同推动留守儿童心理健康教育事业的发展。通过成功案例与经验的广泛传播，不仅能提高心理健康教育的整体质量和效能，还能确保更多的留守儿童享受到高质量的心理健康服务和支持。

（三）展望

创新与多元化的教育模式为留守儿童心理健康教育带来了新的契机，同时也伴随着一系列前所未有的挑战。这些新模式的采纳，突破了传统的单一教育框架，为留守儿童提供了更为全面且细致的服务。通过建立家校之间的紧密合作关系，教育机构能更深入地洞察留守儿童的家庭背景与成长环境，为他们量身打造符合其需求的心理健康教育方案。同时，大力推动心理健康课程和活动的深入实施，使得留守儿童在亲身参与的过程中能够更好地认识自我、有效调节情绪，从而提升其心理健康水平。

实施有效的心理干预和辅导措施，有助于及时发现并解决留守儿童的心理困扰，防止潜在问题的进一步恶化和蔓延。整合社会各界的资源、利用先进的信息技术手段，则为留守儿童心理健康教育搭建了更为广阔的平台，提供了更为丰富的教育资源。积极推广成功的案例和宝贵的经验，有助于将优秀的教育理念和方法传播至更广泛的区域和学校，惠及更多的留守儿童。

未来发展过程中，持续关注留守儿童的需求和变化显得尤为重要，不断完善和创新教育模式和方法也是必不可少的。同时，加强对留守儿童心理健康教育的理论研究和实践探索，努力构建具有中国特色的留守儿童心理健康教育模式，将为留守儿童的健康成长提供更为坚实的支撑。

二、专业队伍的建设

构建一支专业的心理健康教育队伍，是保障留守儿童心理健康、促进其全面发展的关键要素。这支队伍不仅需具备深厚的专业知识和精湛的技能，还应怀有深切的爱心和强烈的责任心，致力于为留守儿童提供科学、有效的心理健康教育服务。

（一）留守儿童心理健康教育专业队伍的现状

1. 专业人员数量不足，分布不均

当前，留守儿童心理健康教育专业队伍面临的最大困境是专业人员数量的严重不足，特别是在偏远农村地区，这一问题尤为突出。由于这些地区工作条件艰苦、待遇相对较低，难以吸引并留住专业的心理健康教育人才。因此，众多留守儿童无法获得及时、有效的心理健康服务，心理问题得不到妥善解决，这对他们的成长和发展构成了极大的威胁。

2. 队伍整体素质参差不齐，专业能力亟须加强

现有专业队伍中，人员素质和能力水平存在较大差异。部分人员虽热心于留守儿童心理健康教育事业，但缺乏系统的心理学知识和实践经验，难以提供科学有效的心理支持和干预。留守儿童心理健康教育队伍的专业能力提升需要持续的职后培训。由于相关培训不足，间接制约留守儿童心理健康教育工作朝着更为深入的方向开展，影响留守儿童心理健康保障工作的整体成效。

3. 队伍间协作沟通不足，资源整合效率低下

留守儿童心理健康教育是一个需要多方面协作的系统工程。目前各专业队伍之间缺乏有效的沟通和协作机制，导致教育资源无法得到有效整合和利用。由于缺乏统一的教育理念和标准，不同队伍在教育过程中可能存在重复或冲突的情况，这不仅降低了教育效率，也可能对留守儿童的心理健康造成不良影响。因此，加强队伍间的协作和沟通，形成教育合力，是当前留守儿童心理健康教育专业队伍建设的迫切需求。

（二）留守儿童心理健康教育专业队伍建设的必要性

1. 保障留守儿童的心理健康与全面发展

留守儿童长期与父母分离，面临着孤独、焦虑、自卑等多重心理问题。这些问题不仅影响他们的日常生活和学习，更可能对其未来产生深远的不良影响。因此，建设专业的心理健康教育队伍显得十分迫切。专业的队伍能够针对留守儿童的具体问题，提供及时、有效的心理干预和辅导，帮助他们走出心理阴影，建立健康、积极的心态。同时，专业的心理健康教育还能促进留守儿童全面发展，提升他们的社会适应能力和抗挫折能力。

2. 提高留守儿童心理健康教育的专业性和有效性

留守儿童的心理问题具有复杂性和多样性，需要专业的知识和技能来应对。建设专业的心理健康教育队伍，可以确保教育的专业性和有效性。这样的队伍不仅具备扎实的心理学理论知识，还有丰富的实践经验，能够准确识别留守儿童的心理问题，提供科学、专业的解决方案。此外，他们还能在教育过程中不断总结经验，完善教育方法，提高教育的针对性和时效性。

3. 推动留守儿童心理健康教育事业的规范化与长远发展

随着社会对留守儿童心理健康问题的日益关注，留守儿童心理健康教育事业也迎来了新的发展机遇。这一事业的规范化、专业化发展离不开专业的教育队伍。通过建设专业的心理健康教育队伍，可以推动留守儿童心理健康教育事业的规范化发展，制定统一的教育标准和规范，提高教育的整体质量。同时，专业的队伍还能在教育实践中不断探索和创新，推动教育方法和手段的进步，为留守儿童心理健康教育事业的长远发展提供有力保障。

（三）留守儿童心理健康教育专业队伍的建设策略

1. 加强专业人才的培养与引进

留守儿童心理健康教育专业队伍的建设，首要任务是加强专业人才的培养与引进。一方面，通过高等院校、培训机构等渠道，大力培养具备心理学专业背景、热爱留守儿童教育事业的专业人才。另一方面，通过制订优惠政策、提高待遇等方式，吸引更多有经验的心理健康教育专家、学者加入留守儿童心理健康教育队伍中来。同时，还要注重人才的梯队建设，形成老中青相结合、专兼职相搭配的合理人才结构，确保队伍的稳定性和持续性。

2. 完善培训机制

留守儿童心理健康教育专业队伍的建设需要完善的培训机制作为支撑。要制订科学的培训计划，定期开展系统性的培训活动，包括心理学理论知识、心理咨询技能、教育教学方法等方面的内容。培训形式可以多样化，如集中授课、案例分析、角色扮演、实践演练等，以提高培训的针对性和时效性。此外，还要鼓励队伍成员参加国内外学术交流活动，拓宽视野，了解最新的研究成果和教育理念，不断提升自身的专业素养和实践能力。

3. 建立选拔与激励机制

为了激发留守儿童心理健康教育专业队伍的工作热情和创新精神，需要建立科学的选拔与激励机制。在选拔方面，要制定明确的选拔标准，注重考察候选人的专业素养、实践经验和教育理念等方面的能力，确保选拔出真正适合留守儿童心理健康教育事业的人才。在激励方面，要建立健全的薪酬体系、晋升渠道和奖励机制，为队伍成员提供良好的工作环境和发展空间，增强他们的归属感和成就感。同时，还要注重精神激励，如表彰优秀成员、宣传先进事迹等，营造积极向上的工作氛围。

（四）展望

1. 专业化程度日益加深

随着心理学、教育学等学科的不断发展，留守儿童心理健康教育所涉及的知识和技能也日益增多。未来的专业队伍将更加注重专业知识的储备和实践技能的提升。队伍成员将普遍具备心理学、教育学等相关专业背景，能够针对留守儿童的心理问题提供科学、专业的解决方案。同时，他们还应不断学习和更新知识，以适应留守儿童心理健康教育的新需求和新挑战。愈发专业化的趋势不仅有助于提高教育的针对性和时效性，还能为留守儿童提供更为精准、个性化的心理健康服务。

2. 系统化协作成为常态

未来的留守儿童心理健康教育专业队伍将更加注重与家庭、学校、社区等各方面的协同合作。三方合作不是简单的叠加，而是要建立全方位、多层次的留守儿童心理健康教育支持体系。队伍应与各方建立紧密的合作关系，共同制定和执行相关政策、标准和规范，确保教育的连贯性和一致性。同时，队伍还将积极参与家庭、学校、社区等各方面的教育活动，为留守儿童提供更为全面、系统的心理健康教育服务。

3. 科技助力提升效率

科技手段在留守儿童心理健康教育专业队伍建设中将发挥越来越重要的作用。未来的队伍应积极引进和应用先进的科技手段，如大数据分析、人工智能等，以提高工作效率和服务质量。例如，通过大数据分析，队伍可以更加准确地了解留守儿童的心理需求和问题，为制订个性化的教育方案提供有力支持。科技手段的应用还可以优化工作流程，提高工作效率，为留守儿童提供更为高效、便捷的心理健康教育服务。

4. 持续培训与完善机制

为了确保专业队伍始终保持领先水平和竞争力，未来的留守儿童心理健康教育专业队伍将更加注重持续培训和完善机制。队伍将定期组织内部和外部的培训活动，鼓励成员不断学习和进步。同时，还将建立完善的评估和反馈机制，及时发现问题并进行改进，确保队伍始终保持最佳状态，为留守儿童心理健康教育事业的持续发展提供有力保障。

三、家庭、学校、社区协同育人

家庭、学校、社区作为留守儿童成长的主要环境，对其心理健康发展具有重要影响。为了实现留守儿童的全面健康发展，必须构建家庭、学校、社区协同育人的机制，共同为留守儿童提供全方位、多层次的心理健康教育支持。三方紧密合作、资源共享，有助于形成教育合力，为留守儿童营造一个健康、和谐、有利于其成长的良好环境。

（一）家庭在留守儿童心理健康教育中的作用及实现途径

1. 家庭环境的重要性与教育观念的更新

家庭是留守儿童成长的摇篮，对于孩子的心理健康成长具有至关重要的影响。在孩子成长的早期阶段，家庭环境的温馨与和谐是培养积极心态和健康心理的基础。家长作为孩子的第一任教师，其教育观念直接影响着孩子的心理发展。因此，家长需要树立正确的教育观念，注重孩子的全面发展，不仅要关注孩子的学习成绩，还要关注孩子的心理健康，以及情感和社交能力的发展。

2. 科学教育方式的实践与对孩子个性的尊重

家长在教育过程中，应掌握科学的教育方式，尊重孩子的个性和需求。这意味着家长要避免过度干涉和过度保护，允许孩子在安全的环境中探索和尝试，从而培养孩子的独立性和自主性。家长应鼓励孩子表达自己的想法和感受，支持孩子在面对困难和挑战时自己寻找解决方案，这样的教育方式有助于孩子建立自信和应对生活压力。

3. 家庭教育指导的加强与资源共享

为了加强家庭教育指导，可以通过开展家庭教育讲座、亲子沟通培训等活动，提高家长的教育水平和亲子沟通能力。这些活动不仅能够给家长提供实用的教育技巧，还能增进家长对孩子心理发展的理解。此外，建立家庭教育资源共享平台，如在线论坛、社区图书馆等，可以为家长提供丰富的教育资源和信息，帮助他们更有效地支持孩子的心理健康。

4. 家校联系制度的建立与家长参与

建立家校联系制度是实现家庭与学校协同育人的关键。通过定期的家长会、电话沟通或电子邮件交流，学校可以及时向家长反馈孩子在学校的表现和遇到的困难，同时家长也能向学校提供孩子在家庭环境中的情况，实现信息的双向流通。此外，鼓励家长参与学校心理健康教育活动，如成为家长志愿者或心理辅导员，不仅能增强家长对学校教育的认同感和支持度，也能让孩子感受到家庭对其教育的重视。

5. 家长参与的多元化与心理健康教育的深入

家长参与学校教育的途径可以多样化，不仅限于传统的家长会，还可以参与课程设计、学校管理决策、心理健康教育项目的实施等。多元化的参与方式能够让家长更深入地了解学校教育的各个方面，同时也能为学校提供宝贵的家长视角和资源。家长、学校和社区共同构建一个支持留守儿童心理健康的教育生态系统，能够为孩子提供一个全面、协调、富有支持的成长环境。

通过上述措施，家庭在留守儿童心理健康教育中的作用可以得到充分发挥，为孩子们提供一个更加健康、和谐的成长环境，帮助他们建立积极的人生观和价值观，培养他们成为具有健康心理的社会成员。

（二）学校在留守儿童心理健康教育中的作用及实现途径

1. 学校教育的重要性与心理健康课程的开设

学校作为留守儿童接受教育的主要场所，对孩子的心理健康成长起着至关重要的作用。学校应将心理健康教育纳入课程体系，开设专门的心理健康课程，传授心理健康知识，帮助学生认识和理解自己的情绪，提高他们的心理素质和应对压力的能力。

这些课程不仅要涵盖理论知识，还应包括实践技能的培养，如情绪管理、人际交往、压力调适等。

2. 心理健康教育活动的多样化

学校应开展多样化的心理健康教育活动，以丰富学生的校园生活，提供实际操作和体验的机会。心理辅导、心理讲座、心理剧等形式的活动，可以让学生在参与中学习、体验和感悟，从而促进他们的心理成长。这些活动应定期举行，确保每个学生都有机会参与，并从中受益。

3. 心理健康服务体系的建立

学校需要建立完善的心理健康服务体系，为学生提供心理咨询、心理测评、心理危机干预等服务。这些服务的提供，可以帮助学生在遇到心理困扰时得到及时的帮助和支持，预防和解决可能出现的心理问题。同时，学校应配备专业的心理健康教育教师和心理咨询师，确保服务的专业性和有效性。

4. 心理健康教育师资队伍建设

加强心理健康教育师资队伍建设是实现学校协同育人作用的关键。学校应提高教师的专业素养和教育教学能力，通过定期的培训和专业发展机会，使教师能够更好地理解和应对学生的心理需求。此外，学校应鼓励教师参与心理健康教育的研究和实践，不断提升教育质量和效果。

5. 全方位心理健康教育课程体系的构建

构建全方位的心理健康教育课程体系，注重课程的系统性和针对性，是学校教育的重要组成部分。学校应根据不同年龄段学生的心理发展特点，设计和实施相应的心理健康教育课程，确保课程内容的科学性和实用性。

6. 心理健康档案的建立与跟踪评估

建立心理健康档案，对学生的心理健康状况进行跟踪和评估，是及时发现和解决问题的有效手段。学校应记录学生的心理健康状态，定期进行评估，根据评估结果调整教育策略和干预措施。

（三）社区在留守儿童心理健康教育中的作用及实现途径

社区在留守儿童心理健康教育中扮演的角色是多维的，它不仅是孩子们日常生活的场所，更是他们社会化和个性发展的重要基地。社区的积极参与对于留守儿童的心理健康教育具有不可替代的作用。

1. 社区文化氛围的营造

社区应致力于营造一个积极、健康、向上的文化氛围。通过组织各类文化活动，如节日庆典、文艺演出、书画展览等，不仅可以丰富留守儿童的精神生活，还能培养他们的团队协作能力和社交技巧。此外，社区可以建立图书室、电子阅览室等，提供知识学习的平台，激发孩子们的求知欲和探索精神。

2. 教育资源的整合与平台建设

社区需要发挥其资源整合的优势，通过建立教育平台，为留守儿童提供更多样化的学习机会。这包括引入在线教育资源、开展兴趣小组、举办各类讲座和工作坊等。通过这些活动，留守儿童能够接触到更广阔的知识领域，发展个人兴趣和特长。

3. 心理健康教育活动的开展

社区应积极开展心理健康教育活动，如定期组织心理健康讲座，邀请专业心理咨询师为留守儿童提供咨询服务，帮助他们了解和掌握基本的心理调适技巧。同时，社区可以组织心理剧表演、角色扮演等互动活动，让孩子们在参与中学习如何表达和管理情绪，提升自我认知和人际交往能力。

4. 家庭、学校与社区的协同合作

社区应与家庭和学校建立紧密的合作关系，形成一个支持留守儿童心理健康的网络。通过定期的三方会议、共同组织的活动等方式，确保信息的畅通和资源共享。社区可以成为家庭和学校沟通的桥梁，为留守儿童提供更加全面和连续的关怀与支持。

5. 社区支持系统的建立

社区应积极构建一个全面的支持系统。该系统涵盖志愿者团队、专业辅导人员、社区工作者等多方力量，旨在为留守儿童提供个性化、全方位的帮助与支持。通过这一系统，能够及时发现并解决留守儿童可能面临的心理健康问题，确保他们获得及时且恰当的关怀与辅导。

6. 政策倡导与环境优化

社区还应倡导政策层面的支持，争取更多的资源和关注投入到留守儿童的心理健康教育中。同时，社区应不断优化环境，提高居民对留守儿童心理健康重要性的认识，形成全社会共同关心和支持的良好氛围。

通过上述措施，社区在留守儿童心理健康教育中的作用将得到充分发挥。一个健康、和谐、充满活力的社区环境，将为留守儿童的全面发展提供坚实的基础，帮助他们建立积极的人生观和价值观，培养他们成为具有健康心理的社会成员。社区的参与和努力，将为留守儿童的心理健康教育贡献重要的力量。

（四）家庭、学校、社区协同育人的机制构建与策略实施

留守儿童的心理健康教育是一个多维度、多主体参与的系统工程，应从家庭、学校和社区三个层面出发，共同构建一个全面、科学的支持体系。在这个过程中，家庭、学

校和社区三者扮演着不可或缺的角色，它们之间的紧密合作与有效沟通是确保留守儿童心理健康成长的关键。

1. 沟通与协作机制的建立

建立家庭、学校、社区之间的沟通与协作机制是基础。这一机制要求三方明确各自的角色和责任，确保信息的透明交流和问题的及时解决。通过定期的会议、家访、工作报告，利用现代通信工具，如微信群、学校 App 等，实现信息的实时共享。例如，学校可以向家庭和社区提供学生在校的学习表现、社交能力和心理健康状况的反馈；家庭可以分享孩子在家庭环境中的行为变化、情绪波动和成长中的困惑；社区可以提供相关的教育资源、文化活动和志愿服务机会，让留守儿童在更广阔的社会环境中得到锻炼和成长。

2. 多元化心理健康教育体系的构建

多元化的心理健康教育体系应当涵盖家庭教育、学校教育和社区教育三个层面，针对不同年龄段、不同性格特点的留守儿童，设计和实施具有针对性的教育计划和活动。家庭教育应侧重于培养孩子的良好日常行为习惯、情绪识别与表达能力和基本的社交技能；学校教育应提供专业的心理健康课程，配备专业的心理咨询教师，为学生提供个性化的咨询服务；社区教育应通过组织各类文体活动、公益项目等，让孩子们在实践中学习团队合作、社会责任，增强自信心和归属感。

3. 评估与反馈机制的建立

建立一个有效的评估与反馈机制是确保教育质量的关键。通过定期的评估，可以监测教育活动的效果，了解留守儿童在心理健康方面的进步与挑战，同时收集家长、教师、社区工作者及留守儿童自身的反馈意见。这些信息对于及时调整教育策略、优化资源配置、满足留守儿童不断变化的需求至关重要。评估不应仅关注短期成效，更应着眼于孩子的长期发展，确保心理健康教育的持续性和有效性。

留守儿童的心理健康教育是一个复杂的系统工程，需要家庭、学校和社区的共同努力和持续投入。通过建立有效的沟通与协作机制、构建多元化的教育体系和实施科学的评估与反馈机制，可以为留守儿童创造一个更加健康、和谐、有利于其全面发展的成长环境。

（五）展望

留守儿童的心理健康教育是社会发展的重要组成部分，它不仅关系到个体的成长和发展，也影响着整个社会的和谐与进步。随着社会对教育重视程度的不断提升，留守儿童的心理健康教育将迎来更加广阔的发展前景。

1. 家庭教育的强化

家庭作为孩子成长的摇篮，将在留守儿童心理健康教育中扮演更加重要的角色。父母和监护人将更加重视孩子的情感需求和心理健康，通过学习和实践，掌握科学的教育方法，为孩子营造一个充满爱和支持的家庭环境。

2. 学校教育的深化

学校将继续优化心理健康教育机制，加强师资队伍建设，开发更多符合留守儿童需求的课程和活动。学校将利用现代信息技术，建立心理健康教育平台，提供在线心理咨询服务，使心理健康教育更加便捷和高效。

3. 社区环境的优化

社区将发挥其在地化服务的优势，组织更多适合留守儿童参与的社区活动，如兴趣小组、志愿服务等，让孩子们在参与中增强社会责任感和集体荣誉感，同时也为他们提供展示自我、发展兴趣的舞台。

4. 沟通与协作的深化

未来，家庭、学校、社区之间的沟通与协作将进一步加深。通过建立更加完善的信息共享平台，三方可以更快速、更准确地了解留守儿童的需求和问题，共同制订解决方案。此外，定期的联席会议、共同开展的活动等，进一步增强三方的合作关系，形成更为紧密的教育联盟。

5. 科技在心理健康教育中的应用

随着科技的发展，大数据、人工智能等先进技术将被更广泛地应用于留守儿童的心理健康教育。通过对留守儿童行为数据的收集和分析，可以更准确地评估他们的心理健康状况，实现早期识别和及时干预。同时，在线教育平台将为留守儿童提供更加丰富、多元的心理健康教育资源，打破时间和空间的限制，让每个孩子都能享受到优质的教育资源。

6. 个性化教育服务的发展

未来的心理健康教育将更加注重个性化服务。教育者将根据每个留守儿童的特点和需求，制订个性化的教育计划，提供定制化的教育服务。这不仅能够提高教育的针对性和有效性，也能够让每个孩子都能感受到被关注和重视。

7. 社会支持与政策扶持

展望未来，留守儿童心理健康教育将获得更多的社会关注和政策扶持。政府部门将出台更多有利于留守儿童心理健康发展的政策，提供必要的财政支持和政策引导。社会组织和志愿者也将积极参与留守儿童的心理健康教育，形成全社会共同参与的良好局面。

留守儿童的心理健康教育是一项长期而艰巨的任务，需要社会各界的共同努力和协作。展望未来，在家庭、学校、社区的共同参与下，在科技的支撑和社会的支持下，留守儿童的心理健康教育将取得更加显著的成效。他们将在一个充满关爱、支持和机会的环境中健康成长，成为社会的有用之才。让我们携手并进，为留守儿童的心理健康教育贡献力量，共同创造一个更加美好的明天。

四、科研与实践的深度融合

留守儿童，作为社会变迁中涌现的特殊群体，其心理健康问题已日益成为社会各界关注的焦点。长期与父母分离，缺乏必要的家庭关爱和教育，使得他们在成长过程中面临诸多心理挑战。因此，留守儿童心理健康教育的重要性愈发凸显，而科研与实践的深度融合则是推动这一领域发展的关键。

（一）科研与实践深度融合的必要性与意义

1. 科研为实践提供坚实的理论支撑

留守儿童的心理发展、情感需求和行为模式具有独特性。通过心理学、教育学等多学科的深入研究，能够更精确地揭示这些特点，为心理健康教育实践提供科学依据，并指明教育方向。基于多学科研究基础，教育者可以设计出更符合留守儿童实际的教育策略和方法，从而提升教育的针对性和时效性。

2. 实践为科研提供宝贵的反馈和验证

在留守儿童心理健康教育的实践中，科研成果得以付诸实施并接受实践的严格检验。实践过程不仅是对科研成果的一种验证，更是对其进行深化与完善的宝贵契机。教育者在实际操作中观察科研成果的应用效果，收集第一手的数据与反馈意见。这些数据与意见为科研提供了有力的实证支持，同时也可能揭示研究中存在的盲点与不足之处。正是这种反馈机制，促进了科研与实践之间的紧密互动，推动科研成果不断得到修正与完善，更好地服务于留守儿童心理健康教育的实践。

3. 科研与实践的深度融合有助于推动教育创新

在科研与实践的相互作用下，新的教育方法和技术得以不断涌现和探索，不仅体现在教育策略和教育手段上，更深刻地体现在教育理念和教育模式的革新上。科研为实践提供了前瞻性的理念和方向指引，而实践则为科研提供了丰富的实践土壤和试验场域。在这种深度融合的背景下，留守儿童心理健康教育不断突破传统束缚，探索出更加符合时代需求、更加贴近留守儿童实际的教育方式。深度融合模式不仅显著提升了教育的效果和质量，更为留守儿童的心理健康教育注入了新的活力和动力，有力推动了该领域的持续发展和进步。

（二）科研与实践深度融合的实现途径

1. 加强跨学科合作与交流

留守儿童心理健康教育作为一个复杂的系统工程，亟须多学科的交叉融合与协同作业。因此，深化跨学科合作与交流，成为促进科研与实践紧密结合的关键路径。通过心理学、教育学、社会学等多学科的深度交融，可以更全面地洞悉留守儿童的心理困境与需求，为其心理健康教育提供更加系统、深入的理论支撑与实践指导。跨学科的互动还促进了知识共享与方法互鉴，加速了该领域的理论创新与实践革新。

2. 开展实证研究，探索高效教育方法与技术

针对留守儿童的具体心理问题与需求，积极开展实证研究显得尤为重要，是发掘有效教育策略与技术的基础。研究可以采用实验、调查、案例分析等多种方法，旨在深入剖析留守儿童的心理特征与行为模式，为制订个性化教育方案提供坚实依据。将科研成果应用于教育实践，并密切监测其效果，收集实践数据与反馈，不仅为科研提供了实证支持与验证，还有助于识别潜在问题与改进方向。通过持续的实证研究与实践应用循环，不断丰富和优化留守儿童心理健康教育的方法与技术体系，推动该领域的持续进步与创新。

3. 建立科学的教育评价体系

建立科学的教育评价体系，是实现科研与实践深度融合的重要保障，需构建一套全面、客观、科学的评价体系，多维度评估留守儿童心理健康教育的成效，涵盖心理健康状态、社会功能恢复、学习成绩提升等多个指标。结合定量与定性评价方法，确保评价结果的准确性与可靠性。评价体系的建立，不仅能及时反映教育成效，为教育实践提供明确指导与反馈，还为科研活动提供了丰富的数据支持与分析基础，促进了科研成果的不断完善与创新发展。

4. 加大政策支持与引导力度

政府及相关部门的政策扶持与引导，是推动科研与实践深度融合不可或缺的力量。政府可通过制定相关政策、提供财政资助、建立合作机制等措施，为留守儿童心理健康教育领域的科研与实践活动提供坚实后盾。同时，增强与社会各界的合作与交流，营造全社会共同参与留守儿童心理健康教育的良好环境。通过强化政策支持与引导，为科研与实践的深度融合营造更加有利的外部环境，助力留守儿童心理健康教育事业的持续健康发展。

（三）挑战与对策

尽管科研与实践在留守儿童心理健康教育领域的融合已取得一定成果，但仍面临诸多挑战与问题。一是科研与实践之间的脱节现象依然显著，部分科研成果未能有效转化为实践应用，而实践经验亦未能及时反馈至科研领域以供深入研究。其次，跨学科合作的力度不足，不同学科间的交流与合作尚存隔阂，这在一定程度上阻碍了科研与实践深度融合的进程。最后，缺乏长期跟踪与评估机制同样是一个亟待解决的问题，当前对于留守儿童心理健康教育的长期效果及影响尚缺乏科学、系统的评估与跟踪。

上述挑战可采取以下对策：其一，强化科研与实践的沟通联系，构建有效的沟通机制与平台，促进科研人员与实践工作者之间的交流合作，加速科研成果的实践应用及实

践经验的科研反馈。建立科研成果共享机制与实践经验交流机制，推动科研与实践的良性互动与协同发展。其二，加强跨学科合作与团队建设，鼓励不同学科间的交流合作，打破学科壁垒，组建跨学科研究与实践团队，共同推动留守儿童心理健康教育的发展。此外，可通过建立跨学科研究平台与实践基地等方式，为跨学科合作提供更为便利的条件与支持。其三，建立长期跟踪与评估机制，对留守儿童心理健康教育的长期效果及影响进行科学、系统地评估与跟踪，为科研与实践的深度融合提供有力支持与保障。建立留守儿童心理健康档案与数据库，为长期跟踪与评估提供更加丰富、准确的数据支持与分析依据。

（四）展望

科研与实践的深度融合是留守儿童心理健康教育发展的驱动力，不仅加强了该领域的理论和实践创新，而且通过跨学科合作与交流，打破了学科间的界限，为留守儿童带来了更广阔的视角和多样化的解决方案。实证研究的开展，确保了教育策略和方法建立在科学、准确的数据和观察之上，增强了其针对性和时效性。此外，建立科学的教育评价体系有助于客观、全面地评估教育效果，为教育策略的持续优化提供了坚实的科学基础。

展望未来，随着心理学、教育学等学科的不断深化和科技的迅猛发展，科研与实践的深度融合在留守儿童心理健康教育领域的重要性将更加凸显。新的模式和途径，如更为紧密的产学研合作机制，将加速科技成果在教育实践中的转化和应用。这种转化有望显著提高教育的效率和质量，同时为留守儿童提供更加个性化和高效的教育服务，更好地满足他们多样化的心理需求。此外，必须持续关注并研究留守儿童心理健康教育的长期效果和影响。确保教育策略和方法能够与时俱进，不断优化，更好地服务于留守儿童的心理健康，为他们创造一个更加健康的成长环境。

参考文献

阿尔弗雷德·阿德勒，2017．儿童教育心理学［M］．张艳华，译．北京：清华大学出版社．

毕重增，任志林，2023．留守儿童社区心理健康服务［M］．重庆：西南大学出版社．

曹莉，雷雨，何庆欢，2020．农村留守儿童心理健康及行为疏导［M］．哈尔滨：黑龙江教育出版社．

曹慕贤，杨莹，2024．家庭功能对留守儿童学习自主的影响：核心自我评价和未来取向的链式中介作用［J］．全球教育展望，53（7）：99-111．

陈丽，2021．农村留守儿童积极心理品质及教育问题的探索性研究［M］．北京：人民出版社．

陈旭，2013．留守儿童的社会性发展问题与社会支持系统［M］．北京：人民出版社．

戴蒙，勒纳，2015．儿童心理学手册（第6版）：第2卷 认知、知觉和语言［M］．林崇德，李其维，董奇，译．上海：华东师范大学出版社．

邓纯考，2018．中国农村留守儿童教育变迁［M］．北京：中国社会科学出版社．

范先佐，郭清扬，2015．农村留守儿童教育问题的回顾与反思［J］．中国农业大学学报（社会科学版），32（1）：55-64．

范兴华，余思，彭佳，2017．留守儿童生活压力与孤独感、幸福感的关系：心理资本的中介与调节作用［J］．心理科学，40（2）：388-394．

H.鲁道夫·谢弗，2016．儿童心理学［M］．王莉，译．北京：电子工业出版社．

何桂华，2022．留守初中生心理健康与心理弹性的关联［J］．中国健康心理学杂志，30（5）：758-762．

李露菲，2017．留守儿童与流动儿童学习表现比较研究［D］．苏州：苏州大学．

李梦龙，任玉嘉，蒋芬，2019．中国农村留守儿童社交焦虑状况的meta分析［J］．中国心理卫生杂志，33（11）：839-844．

林崇德，2009．发展心理学［M］．北京：人民教育出版社．

刘梅，王芳，刘静洋，等，2021．儿童发展心理学［M］．3版．北京：清华大学出版社．

陆士桢，任伟，常晶晶，2003．儿童社会工作［M］．北京：社会科学文献出版社．

罗晓路，李天然，2015．家庭社会经济地位对留守儿童同伴关系的影响［J］．中国特殊教育（2）：78-83．

马文燕，2022．农村留守儿童心理资本现状及培养研究［M］．成都：西南交通大学出版社．

穆晓睦，张明星，2009．健康成长系列：农村留守儿童心理辅导手册［M］．成都：西南财经大学出版社．

潘璐，叶敬忠，2009．农村留守儿童研究综述［J］．中国农业大学学报（社会科学版），26（2）：5-17．

任苇，2020．留守儿童心理健康教育［M］．北京：开明出版社．

申继亮，刘霞，2015．留守儿童与流动儿童心理研究［M］．北京：北京师范大学出版社．

申继亮，刘霞，赵景欣，等，2015．城镇化进程中农民工子女心理发展研究［J］．心理发展与教育，31（1）：108-116．

沈瑶瑶，崔丽娟，2024．留守儿童社会适应现状及改善策略：基于网络分析的实证研究［J］．全球教育展望，53（7）：72-84．

施塔，卡拉特，2015．情绪心理学［M］．同仁来，等译．2版．北京：中国轻工业出版社．

孙宏艳，张旭东，2015．不一样的成长：全国农村留守儿童群体研究报告［M］．北京：中国青年出版社．

唐娜·S.威特默，桑德拉·H.彼得森，玛格丽特·B.帕克特，2021．儿童心理学：0～8岁儿童的成长（原书第7版）［M］．金心怡，何洁，译．北京：机械工业出版社．

汪义贵，徐生梅，2022．中国农村留守儿童心理健康研究述评（2004—2022）［J］．陕西学前师范学院学报，38（11）：111-119．

王天宇，周晔馨，2023．社会网络视角下的农村留守儿童心理健康：基于四川省的经验证据［J］．中国农村观察（5）：164-184．

王鑫强，霍俊好，张大均，2018．农村留守与非留守儿童的心理健康、虐待经历比较及其关系研究：基于两维四象心理健康结构的分析与对策建议［J］. 中国特殊教育（1）：58-64.

魏义方，张本波，2021. 农村留守儿童问题研究［M］. 北京：企业管理出版社.

徐碧波，2017. 农村留守儿童心理健康手册［M］. 武汉：长江出版社.

杨铮传，2022. 留守儿童心理援助与技术："留守儿童不另类"实证研究与探索［M］. 长沙：湖南科学技术出版社.

叶敬忠，贺聪志，吴惠芳，等，2010. 留守中国：中国农村留守人口研究［M］. 北京：社会科学文献出版社.

张莅颖，孙敬，2012. 学前流动儿童社会性发展现状及其特点［J］. 学前教育研究（12）：37-40.

张若晨，杜海峰，2024. 儿童留守轨迹与心理健康：西部县域研究视角［M］. 北京：社会科学文献出版社.

张筱竹，2024. 留守儿童身心健康研究：基于社会关系的视角［M］. 北京：光明日报出版社.

赵磊磊，2023. 农村留守儿童学校适应及其社会支持研究［M］. 南京：南京大学出版社.

赵巧娥，2016. 亲子教育缺失对农村留守儿童人际关系的影响研究：以甘肃省宕昌县 A 村留守儿童为例［D］. 武汉：华中师范大学.

周宗奎，孙晓军，刘亚，等，2005. 农村留守儿童心理发展与教育问题［M］. 北京师范大学学报（社会科学版）（1）：71-79.

朱智贤，2018. 儿童心理学［M］. 6 版. 北京：人民教育出版社.

邹艳萍，缪丽珺，杨怡姗，2024. 留守儿童学习压力与恶意创造力的关系：应对方式的中介［J］. 中国健康心理学杂志，33（8）：1151-1158.